"十四五"时期
国家重点出版物出版专项规划项目

现代学前教育观念丛书

丛书主编　原晋霞　虞永平

ERTONG ZIRAN JIAOYUGUAN

儿童自然教育观

宫盛花　著

江苏凤凰教育出版社
Phoenix Education Publishing, Ltd

感谢您使用本书。您在使用本书时如有建议或发现质量问题，请联系我们。

【内容质量】电话：4008283622
【印装质量】电话：4008283610

图书在版编目（CIP）数据

儿童自然教育观 / 宫盛花著 . —南京：江苏凤凰教育出版社，2023.11
（现代学前教育观念丛书 / 原晋霞　虞永平主编）
ISBN 978-7-5743-0255-6

Ⅰ . ①自… Ⅱ . ①宫… Ⅲ . ①儿童教育 Ⅳ . ①G61

中国版本图书馆 CIP 数据核字 (2022) 第 244911 号

现代学前教育观念丛书

书　　名	儿童自然教育观
作　　者	宫盛花
出版策划	刘　煜
编辑统筹	林　静
责任编辑	马　笑
封面设计	马海云
出版发行	江苏凤凰教育出版社（南京市湖南路 1 号 A 楼　邮编 210009）
苏教网址	http://www.1088.com.cn
照　　排	南京理工出版信息技术有限公司
印　　刷	南京顺和印刷有限责任公司（电话 025-83682876）
厂　　址	南京市江宁区麒麟街道天和路 78 号
开　　本	787 毫米 ×1092 毫米　1/16
印　　张	16
版　　次	2023 年 11 月第 1 版
印　　次	2023 年 11 月第 1 次印刷
书　　号	ISBN 978-7-5743-0255-6
定　　价	52.00 元
网店地址	http://jsfhjycbs.tmall.com
公 众 号	苏教服务（微信号：jsfhjyfw）
邮购电话	025-85406265，025-85400774
盗版举报	025-83658579

苏教版图书若有印装错误可向承印厂调换
提供盗版线索者给予重奖

总　序

架起金桥通胜境

"现代学前教育观念丛书"即将出版了。这是一套凝聚了作者们心血和智慧的丛书，也是一套承载了理论研究者和实践工作者希冀的丛书。感谢作者们的齐心协力和发奋进取，感谢不断给我们提供启发和经验的广大幼儿园教师。感谢江苏凤凰教育出版社的大力支持。这套丛书的出版试图达成以下几个方面的目的。

第一，在教育原理和教育实践之间架起桥梁。这套书的主要目的不是原理性知识的生产，而是对基本原理的汇集、解读和说明，在此基础上扩展和充实解释性知识。因此，这套丛书关注对基本理论的梳理和解读，关注对理论核心内涵的解释，关注对不同理论观点的整合和融汇。围绕相应的观念，形成对观念的解释体系，使理论在不同的层次上得到呈现。本套丛书还努力用实践经验和事实说明理论，用理论解读学前教育实践的改革和发展，即将理论和实践结合起来，让理论真正指导实践，让实践提升和充实理论。

第二，在理论前沿和焦点问题之间形成联结。这套丛书关注了近十年来影响学前教育实践的重要观念。根据理论的逻辑，形成了一整套相对完整的观念体系。这些观念具有理论的前沿性，能体现理论研究的最新问题和最新进展，触及理论研究的最新成就，关注国际学术研究和国内学术研究的综合性成果。同时，所选择的观念又具有强大的实践关联性，具有明显的问题导向，聚焦实践研究的焦点问题。在学术前沿性和问题焦点之间形成联系，强化丛书的先进性和实践指导性。

第三，在理论运用和理论创新之间形成张力。这套丛书对原理的解读、解释和细化是为了实践运用。运用理论是学前教育科学化的必然要求，是学前教育高质量发展的必然要求，也是学前教育理论发展的重要路径。现代学前教育的重要标志就是对发展心理学、学前教育原理等理论的运用，真正让科学理论来指导学前教育实践。教育理论运用的前提是理论学习，通过学习把握理论、理解理论。学前教育理论运用的现实基础是反思性实践，通过反思明确问题和不足，借鉴理论，形成解决问题的思路和策略，并进一步检验、创新和发展理论。因此，理论运用和理论创新经常是同一个过程的两个方面，两者之间形成了张力，相互促进和提高。

第四，在理论研究者和实践工作者之间生发对话。这套丛书本身就是一场理论和理论之间的对话、理论和实践之间的对话。这场对话是旷日持久的对话，是延续，也是起步。所谓延续，是因为这种对话长期进行着，是旷日持久的。所谓起步，是我们期待这套丛书能引发更深入、更广泛的对话，更好地拉近理论研究者和实践工作者之间的距离。相信本套丛书倡导的教育观念将在实践中引发实践工作者之间、实践工作者和理论工作者之间更加广泛和深入的对话，尤其是能生发实践工作者和理论研究者之间的积极对话，使他们相互理解、相互促进。在对话中，实践探索不断推进、深化理论的运用研究，反思实践过程，生发更多的实践策略、实践智慧；在对话中，不断反思理论，不断提升实践经验，不断充实理论表达，拓展理论内涵。在理论研究者和实践工作者之间形成一种相互启发、相互促进和相互成就的力量。

无论是理论创新还是实践变革都是一个渐进的、艰难的过程。形成一种处于学术体系中介层次上的学术成果也是需要不断磨炼和积累的。作为一套具有中介和桥梁性质的读物，我们的工作只是告一段落，还没有正式结束。我们为此而努力了，但还需要不断研究、不断探索、不断为在理论和实践之间架起坚实的桥梁而努力。

虞永平

2023 年 5 月

目 录

绪 论 1
 第一节 研究的背景与意义 2
 第二节 文献综述 10
 第三节 核心概念 16
 第四节 阐释学方法论 26

第一章 自然教育的本体论 31
 第一节 自然教育之信念 33
 小结：施莱尔马赫的心理学阐释 46
 第二节 自然教育何以存在 47
 第三节 自然教育是什么 54
 第四节 自然教育如何存在 71
 小结：狄尔泰的客观精神 92

第二章 自然教育的认识论 97
 第一节 主观能动论 99
 第二节 感性至上论 109
 第三节 身心和谐论 120
 小结：伽达默尔的认识论阐释 130

第三章　自然教育的课程论　133
第一节　全纳课程论　135
第二节　实践课程论　141
第三节　表达课程论　145
第四节　生命课程论　150
小结：理解表现的不同程度　163

第四章　自然教育的方法论　167
第一节　生态系统论　169
第二节　个性发展论　180
第三节　教劳结合论　196
第四节　实践经验论　206
小结：再创造好于原创造　212

结　语　走向自然教育的终极目标　215
第一节　儿童的道德世界　217
第二节　幼儿的精神世界　230
第三节　自然教育的终极目标　239
小结：教育是自然有机的发展　245

致　谢　249

绪　论

人的发展受到外在和内在自然的制约。外在自然是指人们生存的自然环境，人必须依赖自然所提供的物质条件、遵循自然的运行规律才能生存下来。内在自然指人与生俱来的本性、天赋、生长倾向和潜能，如人的探索、创造和交往等。"对人的内在自然起作用的是机体和环境相互作用的相关规律和生物遗传规律。"[①]马克思曾指出："人的这些潜能、素质是人的自然历史赋予的，是人自身的自然中'沉睡着'的力量。它的目的是使自身的自然中沉睡着的潜力发挥出来，并且使这种力的活动受他自己的控制。"[②]在他看来，人类的这些潜力若不被唤醒，就会萎缩乃至泯灭；它们若得到引导、开发，便会发展成为人类特有的感觉能力、思维能力、情感意志以及体力等。[③]人的发展就是人的内在自然和外在自然共同起作用的结果，而外在自然的作用必须以人的内在自然为基础。

教育是文明的基石，儿童[④]教育是教育之根，在儿童教育中开展自然教育，无疑是寻本逐源之举。儿童有亲生物的本能，顺应他们的自然天性需求，是儿童教育之根本。本研究立足于自然教育的本体论，从认识论、课程论和方法论三个方面展开，最终走向自然教育的培养目的，将经典思想植入幼师之心，让自然魅力根植于儿童之魂。

---

① 夏甄陶.人是什么[M].北京：商务印书馆，2000：94.
② 马克思恩格斯全集（第二十三卷）[M].北京：人民出版社，1972：202.
③ 丁学良.马克思的"人的全面发展观"概览[A].瞿葆奎.教育学文集·教育与人的发展[C].北京：人民教育出版社，1989：43.
④ 本书中多次出现"儿童"和"幼儿"这两个概念，为协调历史上教育学家们的研究对象和本学前教育丛书的研究对象，并未严格区分这两个概念，本书中的"儿童"和"幼儿"专指早期儿童。

第一节　研究的背景与意义

历史的沉淀、现实的异化、儿童的需求、国家的战略、政策的号召以及笔者的学术根基、实践优势和生命旨趣，构成了本研究的缘起，促成了研究的开展。

一、研究的背景

人是自然的一部分，因依存于大自然而延续至今。无论过去还是未来，无论相似还是不相似，自然环境都能够满足个体成长所需要的身体健康、情感依恋、自我概念、个人身份、批判性思维、解决问题的能力、好奇心和想象力、道德审美以及对整体文化等的需求。

（一）自然与儿童的亲密关系

1. 儿童需要大自然

人与自然的关系始终是生态学的核心。在自然环境里，儿童可以认识生物，理解各生物之间、人类与自然、自然与自然的关系，树立保护自然的意识。儿童是自然之子，儿童与自然有着天然的心灵联结，这种关系对于儿童身心健康的发展至关重要。在儿童与自然元素亲密接触的过程中，孩子们通过将自己浸润在自然世界里，他们发展出一种自然身份，也就是生态身份。通过这种生态身份，孩子们将自己视为自然的一分子。与此同时，大自然一定要给予儿童各种福祉作为回报，这些福祉是儿童成长过程中不可或缺的财富。

儿童被学者们称为"生物学家"，他们的基因决定了他们是通过自由游戏的方式来了解世界、成长与发展的。如果说儿童的感官是他们感知外部世界的手段，那么自主的户外游戏就是激活各种心理能力的过程。一个丰富、开放的环境将不断为儿童的创造性参与提供可选择的场所。大自然是一个充满活力和灵性的地方，可以激发儿童强烈的探索欲望并满足儿童实验和理解的需求，孩子们可以在其中选择、创造并不断地改变自己的生活。孩子们与大自然亲密接触，不仅会令他们着迷，而且能让他们在自然的游戏中体验敬畏、惊奇和喜悦。研究表明，孩子们在户外可以茁壮地成长，其"身体和思想能够得到最好的发展"①。在自然中,儿童可以增强对"生命和非生命"的理解,提高探索和调查等各种能力。大自然对儿童的成长如此有利,当然,所有儿童也都拥有在大自然中体验和享受的本能和权利。

2. 大自然为儿童提供各种福祉

大自然生养并哺育了她的儿女,在养育的过程中,她会为儿女们提供生长所需的各种养分。研究表明:大自然为儿童的成长提供各种福祉。

(1)有利于儿童身体的健康。在进化过程中,人类繁衍的动力源泉,即我们生存的起源,不断反映着我们与自然世界的内在联系。大自然对儿童的健康和发展具有一定的形成性影响,"有积极的自然经历的儿童常常表现出更强大的运动能力,包括协调性、平衡性和敏捷性"②。有大量的研究将儿童在户外时间的增长与体育活动的增加联系起来,结果表明:接触自然的时间越多,受益就越大。③儿童的健康和成熟、安全感和积极的身份认同、批判性思考和解决问题的能力、自信心和自尊心的形成,一直并将继续依赖与自然世界的有益互动。

(2)有利于儿童智力的发展。自然环境通过对儿童的多种感官进行刺激促进儿童各方面的发展;自然环境可以为儿童提供自由场所,使他们能够将非正式游戏与正式学习结合起来,从而帮助儿童构建智力发展所必需的认知结构;自然环境为儿童的建构活动提供各种材料的同时,以一种特殊的方式激发儿童的想象力和创造力;自然环境能够把儿童的感知集中在儿童实际生活的区域;自然环境能够凭借儿童的初级经验帮助他们理解自然系统;自然环境也在一定程度上展示了自然原理,如生态网络、生物循环和进化过程。"大自然拥有独特的再生过程,它支持儿童学习跨学科的自然教育课程;它提供舒适的微观气候和灵活、宽松的环境,对所有儿童都具有一定的审美吸引力。"④ 如今,各种指标表明儿童的自然多样性经历在质量和数量上存在严重不足时,儿童与自然联系的需求就显得特别急

---

① ALMON J. The fear of play[J]. Exchange, 2009(3): 42-44.
② FJORTOFT I. The natural environment as a playground for children: The impact of outdoor play activities in pre-primary school children[J]. Early Childhood Education Journal, 2001, 29(2): 111-117.
③ DOWDELLK, GRAY T, MALONE K. Nature and its influence on children's outdoor play[J]. Journal of Outdoor and Environmental Education, 2011, 15(2): 24-35.
④ KELLERT S R. Reflections on the article "More kids in the woods: Reconnecting Americans with nature"[J]. Journal of Forestry, 2009, 107(7): 377-378.

迫。儿童的自然经历是一种健康、重要且不可替代的资源，孩子们的智力发展与大自然息息相关。

（3）有利于儿童心理和情感的发展。儿童的心理健康直接影响他们的学习能力，心理不健康的儿童通常在学习及其他方面会有困难。研究发现，儿童与自然接触有利于心理健康发展。孩子们在"绿色课堂"中会有更多的创造性活动，从而更好地促进认知和情感的发展；自然环境能够帮助孩子们树立良好的心态；自然环境也能够增强孩子们的自尊心，给他们一种平和的感觉。另外，在大自然中，一起玩耍的孩子对彼此有更积极的认同，这能够增进他们之间的友情。再者，大自然对于特殊儿童的心理治疗也有积极作用。研究表明，残疾儿童与自然直接互动会产生积极的行为变化。针对问题儿童的户外教育项目研究表明，那些被诊断为有精神健康问题的儿童在自然环境中的治疗效果明显。

除此之外，大自然还能够缓解儿童的生活和学业压力，能够提高儿童的环境保护意识和道德水平等，益处不一而足。所以，成人需要认识到，恢复儿童与大自然的联系不仅是为了促进儿童智力的发展，而且能让他们有体验奇妙、喜悦、敬畏甚至恐惧的机会，这是儿童正常和健康发展的原始动力；成人需要认识到，与大自然的接触不仅涉及儿童与户外生物系统中的所有物直接接触，而且涉及与以故事、图片等方式揭示的自然世界的间接接触等；成人还需要认识到，儿童还需要自主的、直接接触的、危险系数低的自然环境，他们需要在无监督的情况下自由、自发地与自然世界发生亲密的关系。

3. 儿童的成长需要自由的环境

自由是每一种生物成长所需要的，尤其于人而言，它是人之为人最重要的体现。对于0—6岁的儿童来讲，尽管其身心处于发育的启蒙期，需要父母的精心照顾，但他们更需要一个不受约束的自由环境。只有如此，他们才能如鱼儿般自在地潜游，如鸟儿般快乐地飞翔，如草儿般茁壮地成长。也就是说，他们需要自然的环境，但更需要自由探索的时间和空间。所以，成人应该积极提供条件，帮助他们自由地成长，使他们能够顺利并快乐地度过人生中重要的儿童期。

（二）自然与儿童的异化关系

儿童要健康成长，需要以各种具有代表性的直接和间接的方式体验自然，成人应该将这种体验作为家庭、学校等日常生活的组成部分。孩子们天生就有一种惊奇的感觉和探索周围世界的强烈愿望,但他们需要对此也感兴趣的成年人来提供鼓励、支持和指导。然而现实并不令人满意,去自然化现象比比皆是。

1. 儿童户外活动时间减少

国际上,在竞争日趋激烈的基础教育阶段,成人因为担心孩子在学业上输在起跑线上,所以将孩子的游戏时间加以严格限制、减少甚至取消。许多中产阶级家庭的孩子要严格遵守家长安排的课外日程,这使他们几乎没有任何自由的户外游戏时间。[1]儿童待在室内的时间越来越多,这种现状引发了越来越多专业人士的担忧:限制儿童自主户外探索和亲身体验大自然的权利,将会对儿童的发展造成多大程度的伤害?这些变化对社会和地球又会产生什么影响?

2. 儿童户外活动空间缩小

在历史上,诸多国家曾经拥有的宽广的空地,城市中开放的港口,废弃的铁路、老工业区,不管有没有得到主人(当局)的同意,儿童经常非正式地使用它们。但是,近年来,由于各国更加严格地规划城市土地的使用,那些曾经的空地被重新开发或保护起来,儿童失去了巨大的玩耍空间。另外,随着住宅区域不断扩大,人们更多地将土地用于建筑,儿童的户外活动空间变得愈发狭小,减少了儿童体验户外环境的机会。

(三)自然异化之成因

能够让儿童自由游戏的户外空间变得越来越少,儿童世界自然化的障碍和限制不断增加,儿童被迫回到室内。导致这种后果的原因如下:

1. 城市化与文化的变迁

越来越多的人搬迁到城市生活,他们远离了森林和绿地,与自然的关系变得越来越脆弱。儿童也因此减少了与户外的联系,失去了不少接触自然的机会。随着城市的不断变迁,文化多样性也在逐步改变着人们原有的观念。

2. 高密度交通的危险

城市化的发展、住宅区和主要街道交通密度的增加,是限制孩子认识社区环

---

[1] ADAMS E. Back to basics: Aesthetic experience [J]. Children's Environments Quarterly, 1991, 8 (2): 19-29.

境一个普遍的或者说主要的因素。随着交通流量的增加,一些城市开始重新规划住宅和街道,以便以更安全的方式容纳更多行人的活动。不断增加的交通网络又进一步减少了孩子进入自然场所的机会;与此同时,社区中可以用来举办各种活动的区域也越来越少。

3. 妖怪综合征的作祟

"妖怪综合征"一词是由美国作家理查德·卢夫创造的,指父母害怕孩子在户外玩耍时被诱拐、绑架或身体受到伤害。媒体耸人听闻的报道也大大加剧了家长们的焦虑,使他们愈加限制孩子们的户外活动。即使有的父母懂得户外游戏的重要性,他们也发现自己夹在允许儿童自由和担心后果之间摇摆不定。孩子们的生活正呈现出如卢夫所称的"自然-死亡紊乱"状态,卢夫用这个词描述儿童与自然分离导致的相关问题,包括多动症和肥胖症的儿童增多及缺乏创造力和好奇心的儿童增多,以及儿童对当地动植物群的无知、对自然和生活世界的不尊重以及社区意识薄弱等问题的增多。

4. 家庭关系的改变

家庭结构和生活方式的变化,尤其是单亲家庭和父母都工作的家庭由于陪伴孩子的时间减少,会给孩子的童年生活留下空白。研究发现,美国有超过50%的十岁以下儿童的母亲要外出工作。以前的孩子们在多个母亲的共同监护下,在社区的户外自由、尽情地玩耍,但现在白天有时间看护儿童的双亲已经非常之少。

5. 电子媒体的普及

加尔巴里诺(Garbarino)认为,电子产品不断地毒害社会环境,电视的普及与社会暴力的增长成正相关。不幸的是,绝大多数孩子成长于此种环境。不健康的电视、电子游戏以及电脑的过度使用,使孩子们待在室内的时间更长,特别是在户外空间单一、缺乏吸引力的时候,这种情况愈加严重。理查德·卢夫在他的《林间最后的小孩》一书中提到了"自然缺失症"这一概念,① 意指伴随工业化、城市化和社会现代化的进程,人类渐渐远离了自然,人们的感官都被电子化了,影响最大的是手机、电视和电脑。

儿童远离自然会出现直接或间接的不良后果,如造成儿童感官的逐渐退化、引发注意力紊乱和抑郁现象等,此类病态现状会严重影响儿童身心健康的发展。

---

① LOUV R. Last child in the woods [M]. Chapel Hill, NC.: Algonquin Books, 2005: 334.

（四）回归自然教育之紧迫性

儿童期是人发展的起始期和关键期，为个体一生的发展奠定基础。这一阶段判断儿童教育成功与否最主要的标准在于教育能否满足儿童的需要，能否促进儿童的自主发展。康德曾经说过，教育的根本在于发展人类的自然秉性。促进人与自然的和谐发展，已经成为世界各国教育的主题。美国幼儿教育协会（National Association for the Education of Young Children，简称 NAEYC）和北美环境教育协会（North American Association for Environmental Education，简称 NAAEE）正努力促进人们对儿童早期自然和环境教育的重视。NAAEE（2010）发表了《儿童环境教育项目：卓越指南》，自然和环境教育被正式纳入教师教育计划中，以便将儿童教育与自然和环境教育融合起来。

我国也大力倡导学前自然教育。党的十九大报告要求今后"大力度推进生态文明建设"，坚持人与自然和谐共生，构筑尊崇自然、绿色发展的生态体系。《国家中长期教育改革和发展规划纲要（2010—2020年）》提出要"遵循幼儿身心发展规律，坚持科学保教方法，保障幼儿快乐健康成长"。《国务院关于当前发展学前教育的若干意见》强调要"为儿童创设丰富多彩的教育环境，防止和纠正幼儿园教育'小学化'倾向"。2001年我国《幼儿园教育指导纲要（试行）》总则强调："城乡各类幼儿园都应从实际出发，因地制宜地实施素质教育，为幼儿一生的发展打好基础。"《3—6岁儿童学习与发展指南》的颁布，体现了儿童教育的自然性、生活性、终身性与生态性，明确将"爱护动植物，关心周围环境，亲近大自然，珍惜自然资源，有初步的环保意识"列为科学教育目标，关注儿童的生命意识和生命状态，并要求为儿童提供健康丰富的环境，尊重儿童身心发展规律，促进每个儿童的个性成长。但是，目前的儿童教育依然存在以成人价值需求为导向、脱离儿童生活实际、不符合儿童发展规律、无法满足儿童发展的自然需要等问题。

（五）导师的引领和个人的经历

1. 导师的学术引领

笔者自然教育研究的引路人是博士后合作导师虞永平教授，他在儿童自然教育方面具有深厚的理论学养，在国内外观摩、指导了大量幼儿园教育实践，多次主持并参加了中国高层次学术会议的研讨，在肯定中国幼儿自然教育实践努力的同时，他也发现当下中国学前自然教育存在诸多弊端：成人化、小学化、富贵化，将符号当作自然行"去自然化"教育。基于中国当下儿童自然教育存在的弊端，虞老师希望通过回归经典重提自然教育，精心研究幼儿内在与外在自然教育，普及自然教育的理念，以改善中国当下幼儿园的非自然化教育，从而造福幼儿。

2. 个人学术之路

（1）博士阶段的理论奠基。

笔者博士阶段的研究方向是教育基本理论，较多地关注自然主义教育，研究了历史上著名的自然主义教育家（如夸美纽斯、维柯和卢梭等）的思想，这为本研究奠定了理论基础。博士学位论文《维柯和谐人文教育思想》研究意大利著名思想家维柯，其鸿篇巨制《新科学》研究了人类社会早期自然发展问题，属于人类的早期教育问题，复演到个体的身上，就是学前儿童自然教育问题。

（2）美国学前自然教育访学研究经历。

自 2018 年 11 月到 2021 年 3 月，笔者在美国内布拉斯加大学林肯分校做学前自然教育访问学者期间，师从美国著名的学前自然教育专家茱莉亚·托尔夸蒂（Julia Torquati）教授和道恩（Dawn）教授，获得"CITI 计划"（Collaborative Institutional Training Institutive）中"行为研究的研究者和关键人员"（Behavioral Research Investigators and Key Personnel）、"生物医学负责研究行为"（Biomedical Responsible Conduct of Research）两个领域的研究资格；参加了"早期儿童教育质量实践和环境评估"（Assessments of Quality Practices and Environments in Early Childhood Education）、"幼儿环境教育"（Environments in Early Childhood Environmental Education）、"自然环境对孤独症谱系障碍儿童症状表达的影响"（The Effects of Natural Environments on Symptom Expression of Children with Autism Spectrum Disorder）三个与自然教育有关的研究团队；参加了"自然教育"（Nature Education）和"儿童早期工作记忆"（Working Memory in Early Childhood）两个与自然教育有关的读书会；在内布拉斯加大学林肯分校选修了博士研究生的研究方法和儿童自然教育的相关课程。这些经历拓展了笔者的国际自然教育的视野，夯实了实证研究的基础，奠定了研究的科学基础。

笔者在拥有 99 年自然教育研究历史的内布拉斯加大学林肯分校学前教育系

下设的露丝·斯泰博（Ruth Staple）实验室观察研究了一个学期，接受了系统的 Growing Up Wild 的培训；在林肯一所四年连贯制的私立幼儿园观察研究了六个月；多次去由巴菲特基金创办的 Educare 幼教机构测量评价；在美国加州等四个州参观、调研多所自然教育幼儿园。这些自然教育领域的研究积累和幼儿园实践经历，夯实了笔者的理论和实践基础。

二、研究的意义

（一）理论意义

1. 丰富儿童自然教育理论研究成果

通过对自然、自然（主义）教育等核心概念系统的梳理，研读世界上各大权威的百科全书，以及进行较为全面的学术思想史的回顾，笔者尽可能充分把握"自然教育"的丰富内涵，以便落实自然教育思想；系统耙梳儿童自然教育的演变史，追溯自然（主义）教育的发展历程以及研究历史上主要自然教育思想家（夸美纽斯、维柯、卢梭、福禄培尔和蒙台梭利等）的思想，分述他们有关自然教育的思想，掌握自然教育的内涵外延（这可使我们意识到新时代自然教育发展的巨大意义）。本研究详细阐释了自然教育对当下基础教育理论建构的重要价值，为基础教育史研究挖掘并补充新的资料，丰富基础教育理论大厦。

2. 夯实基础教育方法论研究

本研究基于弗里德里希·阿斯特（Friedrich Ast）、弗里德里希·施莱尔马赫（Friedrich Schleiermacher）和威廉·狄尔泰（Wilhelm Dilthey）等的传统阐释学，从汉斯-格奥尔格·伽达默尔（Hans-Georg Gadamer）现代阐释学的视域融合和应用功能阐释学的视角，全方位地梳理、绘制了一幅自然教育史的图谱。通过耙梳自然教育思想家的时代背景、国家背景、学术背景、生活背景和信仰背景等因素，寻找其自然（主义）教育思想形成的原因，分析各种自然教育思想之间的联系与区别，并深入思考：自然教育的价值在哪里？他们如何从不同层面对人类思想文化史作出贡献？通过文献综述，笔者发现国内幼儿教育领域尚无人运用此方法论对此问题做出系统研究。所以本研究可以充实基础教育的方法论，夯实基础教育理论研究。

（二）现实意义

1. 实行去小学化的有效途径

采用自然教育的方式，遵循儿童热爱自然的本能，充分利用自然资源，引导儿童多感官参与，满足儿童内在发展的需要，促进儿童身心和谐以及注意力、语言和想象力等的发展，可以有效地摒弃当下儿童教育坚守的知识本位和死记硬背的学习方式，有利于学前教育从小学化教育转向素质教育。

2. 转变幼师主控式教育观念

系统地挖掘历史上著名自然教育思想家的思想，转变成人对儿童自然教育观念的认识，从而尊重儿童、认同儿童发展的自主性和自由性。尽管不少幼儿园已经认识到自然教育的重要性，意识到将儿童与大自然割裂开来会导致儿童后续发展的不足，但诸多幼儿园只是在外部环境的创设上以及自然资源的利用上有些许改变，这显然不够。我们还需要继续深入思考：儿童自然环境是谁的环境，是谁体验到的环境，儿童内在自然成长对外在环境的要求是什么等等问题。对这些问题的回答，要求我们关注如何满足儿童成长的内在需求，这就需要成人重视儿童外在自然与内在自然的结合，给儿童时间，使他们成为不受成人约束的儿童，以改正当前儿童教育中成人化、功利化和形式化的弊端。通过对历史和理论的系统分析，逐步改变幼儿教师和小学教师的教育理念，使之外化于行并持久有效，促进教师专业发展。

第二节　文献综述

本研究搜索了国内外有关专著、权威工具书、期刊和硕博论文等，其中，期刊主要搜索中国知网所包含的所有数据库以及国外 Elsevier、Routledge、Springer、ResearchGate、JSTOR、AERA、Procedia 等数据库。目前国内自然（主义）教育研究领域主要集中在以思辨研究为主的自然（主义）教育思想、精神教育、儿童文化、童年生活这四个主题和以实证研究为主的生态主义教育、自然主义课程、环境教育和自然智力这四个主题上。国外有关自然教育理论的研究主要集中在自然教育思想、自然与哲学和宗教的关系、生态主义、自然对人类的益处、自然教育与道德的关系、自然教育与科学教育的关系、环境教育、自然资源利用等主题上。由于本研究着眼于理论研究,所以本部分的文献只聚焦自然教育理论研究,相关实证研究则在笔者的《儿童自然教育的形态学研究》专著中呈现。理论研究采用的是逻辑思辨、理论与历史结合的叙事方式,用宏大的视角研究了自然教育与哲学和历史的关系问题,包括人与自然的关系、自然与上帝的关系、自然教育思想人物的研究、自然教育发展的历史研究、自然与技术、自然与文化等。

一、从教育史和教育哲学层面探讨思想家自然教育思想、人与自然和谐的意义和儿童精神的规范研究

国内有关思想家自然(主义)教育思想研究之风颇为兴盛,主要分为六类。第一,研究思想家自然教育思想,专著以台湾薛文蔚的《自然主义与教育》①和刘黎明的《西方自然主义教育思想史》②为代表,前者主要探究自然主义的起源、意义、原理、教材、影响等方面,论述了卢梭的教育观;后者从历史的角度出发,系统分类、研究并评价了西方教育思想家。另有研究着重探讨了人文社会科学创始人维柯的自然教育思想,关注人类初年那些民族婴儿(infants of the nations)的特性与相应的教育:诗性教育、想象教育、语言教育、解放教育。③相关论文较多,比如专门研究卢梭、裴斯泰洛齐、老子、杜威等的教育思想。④第二,中西自然教育人物思想比较研究、中西方自然教育思想发展史比较研究,如黄英杰⑤、王文礼⑥、倪娟⑦、于书

---

① 薛文蔚.自然主义与教育[M].上海:商务印书馆,1930.
② 刘黎明.西方自然主义教育思想史[M].武汉:华中科技大学出版社,2014.
③ 宫盛花.维柯和谐人文教育思想[M].太原:山西人民出版社,2020.
④ 戴晓光.《爱弥儿》与卢梭的自然教育[J].北京大学教育评论,2013,11(1):147-156;李艳,张立昌.基于不同人性论的卢梭与裴斯泰洛齐自然主义教育思想比较[J].内蒙古师范大学学报(教育科学版).2018(10):19-22;程军.老子"自然无为"教育思想刍议[J].宿州学院学报,2015,30(4):24-27.
⑤ 黄英杰,王小丁,张茂恩.西方自然主义教育思想的嬗变与和合[J].西华师范大学学报(哲学社会科学版).2009(6):92-97.
⑥ 王文礼."道法自然"与"以天性为师"——中西方自然教育观之比较[D].郑州:河南大学,2006.
⑦ 倪娟,李广州.自然·自然观·自然教育思想发微——兼评新课程改革中"回归自然"的适切性[J].教育研究与实验,2007(2):26-31.

娟①、宫盛花②等人的研究。第三,从学理层面上研究人与自然的关系,如易建从理论的角度对人与自然的关系进行了思辨;③虞永平在疫情背景下重提儿童自然教育的紧迫性;④宫盛花等对国际幼儿与自然关系的研究进行了综述,期望重建希望的生态。⑤第四,全面发展的人是精神世界丰富的人,刘晓东借用霍尔和泰勒的"儿童是成人之父""儿童是未来的人的父亲"的观点,说明儿童既是我们的前身,又是我们的未来;⑥丁海东认为儿童是不同于成人的,儿童的精神世界是一种独立的存在,走进儿童独特而丰富的精神世界,思忖儿童精神的文化属性,解读儿童精神的人文性特质,品味儿童精神的人文魅力,无疑是保卫童年、回归童年,以促成儿童和谐成长和设计人文化教育的必然要求。⑦宫盛花、战家香从词源学的视角挖掘了幼儿活动中存在的诗性智慧,希冀重温幼儿的本性。⑧这些研究使得对儿童的研究从儿童的外在景况走向了儿童的内心世界。第五,儿童的自然从来就不可与自由分离,刘晓东提出了"儿童是自然之子",是自然的造化,教育者必须要尊崇天性,尊重人的身心发展的规律;⑨姚伟、孟香云认为要把儿童看作儿童,守护儿童的世界,遵循儿童的身心发展规律,保护儿童的天性。⑩第六,在教育史上,有关自然教育广为通用的分类是客观的自然主义教育与主观的自然主义教育,较具影响力的研究者有蒋径三、雷通群、薛文蔚以及日本的中岛半次郎。⑪

---

① 于书娟.自然无为与自然顺应:中西方历史上的自然教育思想之比较[J].江南大学学报(教育科学版),2008(4):20-26,31.
② 宫盛花.儿童内在自然教育刍议——基于维柯和蒙台梭利儿童学的共同性[J].教育评论,2015(10):165-167.
③ 易健.人的诗化与自然人化[M].海口:南方出版社,2000:19.
④ 虞永平.在疫情中重新认识学前教育可持续发展[J].学前教育研究,2020(6):3-8.
⑤ 宫盛花,虞永平,官于彤.创建希望生态:幼儿自然场所教育的国际研究综述[J].教育学术月刊,2022(5):29-36.
⑥ 刘晓东.儿童精神哲学[M].南京:南京师范大学出版社,1999.
⑦ 丁海东.儿童精神:一种人文的表达——论儿童精神的人文性[D].山东师范大学,2005.
⑧ 宫盛花,战家香.维柯词源学视角下儿童游戏诗性智慧的回归[J].教育学术月刊,2018(7):86-92.
⑨ 刘晓东.论教育与天性[J].南京师大学报(社会科学版),2003(4):69-75.
⑩ 姚伟,孟香云.自然主义教育对当前学前教育的启示[J].幼儿教育,2003(5):8-9.
⑪ 蒋径三.西洋教育思想史[M].福州:福建教育出版社,2011:85-86;雷通群.新兴的世界教育思潮[M].上海:商务印书馆,1935:70-71;薛文蔚.自然主义与教育[M].上海:商务印书馆,1933:21;中岛半次郎.教育思潮大观[M].郑次川,译.上海:商务印书馆,1933:86-88.

  汉斯·克里斯蒂安·奥斯特研究了人与自然的关系，认为自然本身是无限的，而人的理解力有限。① 奥谢则专门研究儿童的本质，他认为："一切可以用来考察自然的训诫，都必须从最基本的真理出发，即整个自然是无限的理性意志的启示，科学的任务就是尽可能地认识有限的力量。"② J.J.钱布利斯研究了希腊人对教育史的一项持久的贡献——对教育的一种思考方式的发展。"它是一种思维方式，人类将自己作为自然的一部分，而不是与自然相分离，他们学会如何充分利用自己的潜力，去了解自己的局限性并试图努力克服自己的无用性。"③ 托马斯·戴维森系统研究了卢梭的《爱弥尔》，认为"卢梭的自然教育仅仅是他的自私的、不合群的自我表征，被外在的天意以一个不可能的导师的形式强行阻止，从而导致那个进入悲惨的'黑暗森林'自我从畸变中解脱出来"。④ 勒罗伊·鲁纳认为"西方世界的宗教倾向于把自然视为上帝历史剧的舞台，历史是一种自然现象。在许多宗教反思中，大自然被忽视或贬低了"。⑤ 约瑟夫·格兰奇认为："作为一种体验，城市和自然既高度排斥又强烈连接。一方面，城市代表着所有文明的、人类的、值得称为'文化'的东西；另一方面，大自然代表着所有活着的、新鲜的、未受污染的、有生命力的东西。这是一个分裂的世界，一个二元宇宙，我们已经远离了统一性这一本质。"⑥ 自然主义则认为心灵与自然是连续的，文化源于自然，而"人类本质上与自然宇宙的过程是一体的"⑦；这些都应该包括对自然现实主义的辩护，因为"自然现实主义对现代西方文化影响很大"⑧。彼得·科茨认为自然与文化的基本并置在西方思想中根深蒂固、无处不在，自然常常被认

---

① OERSTED H C. The soul in nature: With supplementary contribution[M]. London: H. G. Bohn, 1852: 33.
② O'SHEA M V. The child: His nature and his needs[M]. New York: Arno Press, 1924.
③ CHAMBLISS J J. Nobility, tragedy, and naturalism: Education in ancient Greece[M]. Minneapolis: Burgess Pub. Co., 1971: 07.
④ DAVIDSON T. Rousseau and education according to nature[M]. New York: C. Scribner's Sons, 1898: 02.
⑤ ROUNER L S. On nature[M]. Notre Dame, Ind.: University of Notre Dame Press, 1984: 08.
⑥ GRANGE J. Nature: An environmental cosmology[M]. Albany, NY.: State University of New York Press, 1997: 11.
⑦ GRANGE J. Nature: An environmental cosmology[M]. Albany, NY.: State University of New York Press, 1997: 17.
⑧ ROUNER L S. On nature[M]. Notre Dame, Ind.: University of Notre Dame Press, 1984(6): 02.

为是"一种客观现实,它具有不受时间、文化和地点因素影响的普遍特性,自然最了解一切"。① 瑞内特·凯恩和杰弗里·凯恩通过"揭示一个完全自然的、基于生物学的生理过程"②,提出了关于儿童如何自然地学习以及信息技术如何服务于教育的新方法。迈克尔·波伦讲述了他"在花园里受教育的故事"。③ 以上专著,涉猎面广,绝大多数具有哲学、自然科学和历史的视角,其宏大叙事对儿童自然教育有一定的启示。

上述研究,基于教育史和教育哲学立场,以思辨的方法,以历史和理论作为研究的主阵地,深描幼儿的本质,是幼儿自然教育研究之根。

二、从儿童课程论层面追溯自然(主义)教育课程历史、回归自然课程诉求的逻辑思辨与实证研究

工业文明的弊端,导致人们开始思索人、自然和社会之和谐关系,生态主义思想范式逐步兴起。王牧华、靳玉乐认为生态主义课程思潮可以杜绝制度化教育体制下学生人格扭曲和精神分裂现象,所以自然是确定课程目标的重要依据。④ 陆晨从理论层面上阐述了自然主义课程的历史、现实诉求、教育目标、内容的选择与组织、实施及评价等,强调学前教育应当在充分尊重"自然"的基础上建构课程。⑤ 吴宇则考察分析了幼儿园课程与自然的现状,初步建构幼儿园课程回归自然的框架。⑥ 这些研究强调在教育领域里重视环境教育研究,这就要求我们既要尊重自然生态规律,又要满足人的内在需求;⑦ 幼儿园生态环境教育则要致力于

---

① COATES P. Nature: Western attitudes since ancient times [M]. Berkeley, CA.: University of California Press, 1998: 01.
② CAINE R, CAINE G. Natural learning for a connected world: Education, technology, and the human brain [M]. New York: Teachers College Press, 2011: 12.
③ POLLAN M. Second nature: A gardener's education [M]. New York: Grove Press, 1991: 01.
④ 王牧华,靳玉乐.生态主义课程思潮引论[J].辽宁师范大学学报(社会科学版),2000(4):43-46;王牧华,靳于乐.课程目标研究的生态主义解读[J].河北师范大学学报(教育科学版),2003(3):32-36.
⑤ 路晨.学前自然主义课程研究[D].重庆:西南大学,2009.
⑥ 吴宇.归于自然的幼儿园课程研究[D].银川:宁夏大学,2013.
⑦ 崔建霞.环境教育:从意识到行动[J].中国德育,2017(8):1(卷首语).

使儿童与自然、社会和谐并促进其心理和谐统一发展。① 霍力岩、孙冬梅注意到了多元智能理论中的自然智力的重要作用，以将对自然观察智力的培养与其他多种智力的培养结合起来，激发儿童对大自然的热爱和好奇。② 上述研究，立足于幼儿课程论学科之上，以实证研究作为主要研究方法，证实了幼儿自然课程建构的可能性与必要性。

三、农村幼儿园充分利用自然资源的思辨研究

国内有关农村儿童自然教育的文献较多，主要聚焦在充分利用农村自然资源创设相应环境，促进儿童的发展方面。如周素珍研究了"如何利用农村自然资源促进幼儿主动发展"的问题；③ 刘瑛在学前教育均衡发展的视野下，研究如何利用并开发农村特色自然课程资源的问题；④ 皮军功从学理的层面强调了利用农村自然资源的重要性，并深入地提出农村儿童教育应该遵循儿童的自然天性，以儿童的自然生活为最终追求，实现儿童的幸福生活。⑤ 农村幼儿自然教育研究对弥补农村教育资源的不足、促进教育公平等方面起积极作用，但仅立足于逻辑思辨、局限于强调农村资源利用的重要性，这是远远不够的，实证研究有待深入。

实践层面的研究，能够有针对性地满足现实的某些需求，但是自然教育的含义远远超过上述三方面的内容，这些研究只能解决儿童教育中的某一或某几方面问题。

通过文献检索，学界对自然（主义）教育的研究颇为兴盛。百余年来，自然教育有关理论、历史、课程开发和利用农村自然资源的思辨研究，对建构自然教育理论和指导实践极具贡献，也为笔者的研究提供参考和借鉴。但是，这些研究

---

① 彭蝶飞，彭谦俊，谭春风.生态文明视域下幼儿园生态环境教育现状及对策研究［J］.嘉应学院学报，2015，33（9）：93-100.
② 霍力岩，孙冬梅.在探究活动中培养儿童的自然观察智力［J］.学前教育研究，2005（9）：46-47；霍力岩，孙冬梅.自然观察智力及其在幼儿园教育中的培养［J］.教育科学，2006（3）：82-85.
③ 周素珍.利用农村自然资源促进幼儿主动发展的研究［J］.民族教育研究，2008（3）：72-76.
④ 刘瑛.学前教育均衡发展视野下的农村自然课程资源的利用与开发［J］.天津市教科院学报，2013（2）：77-78.
⑤ 皮军功.自然教育：农村幼儿教育的基本理念［J］.学前教育研究，2012（11）：17-25.

主要立足于教育史、教育基本理论和课程与教学论等专业领域，而极少专注儿童教育领域。另外，现有研究主要聚焦于历史人物有关自然（主义）的思想，或者不同人物自然（主义）教育思想的比较，或者中外自然（主义）教育思想史的比较。这些研究，深入地探究了什么是自然（主义）教育，不同思想家的自然教育观如何，中西方自然教育观的异同为何，它们对当下中国教育的启示为何等问题。这些自然教育的思想产生于不同时代、不同国度、不同文化背景、不同生活经历、不同学术经历的思想家之手，他们的观点有一定差异，甚至在某些方面观点相左，我们需要系统梳理分类这些观点，才能逐步在儿童教育中深入应用。此外，理论研究中的人与自然的关系、儿童精神、儿童文化、儿童生活等主题，扩展了学前教育的研究领域，要求我们要注重儿童的内在需求，从不同视野来关注儿童。

总而言之，有关自然（主义）教育研究的文献较多，从古至今，从中到外，视角广博。但是，从儿童教育的学理层面及历史走向角度，从自然教育的本体论、认识论、课程论、方法论等方面专门而系统地论述历史上儿童自然（主义）教育思想家，如夸美纽斯、维柯、卢梭、福禄培尔和蒙台梭利等的自然教育理论的研究，目前笔者没有找到相关文献。在此，笔者在合作导师虞永平教授的指导下，进行了大胆的尝试，力求通过对自然教育思想的历史追寻，构建内在自然教育与外在自然教育恰如归一的理论体系，以期对当前儿童自然教育片面观念和实践的转变起到积极的作用。

第三节　核心概念

既然研究儿童自然教育，就极有必要追溯并系统梳理"自然""自然（主义）教育"等核心概念。而"自然"这个词汇，就像"文化"一样，含义极其复杂，绝非三言两语能够说得清、道得明。为彰显其丰富的内涵与外延，下文将从词源学、哲学和宗教、工具书、教育思想家等几个方面，全方位、立体化地梳理相关概念。

一、何为自然？

（一）词源学上的追溯

作为人文社科领域核心概念之一的"nature"（自然、天性）是语言中最复杂的词。英国学者雷蒙·威廉斯（Raymond Williams）对此进行了词源学上的追溯："ature"最接近的词源为古法文"nature"，也是拉丁文"natura"（出生）的名词形式，这两个词源自拉丁文"nasci"（为过去分词），意指"出生的"（从这个拉丁词也衍生出"nation、native、innate"等）。其最早之意，就如同古法文"nature"与拉丁文"natura"，是指某个事物的基本性质与特性。①"成为事物生来就具有的特征、自然的不可改变的本质和性质等"，①这便是源头上"nature"的含义。

后来，威廉斯经过对文化和历史的考证，归纳出"nature"的三种含义："1.某个事物的基本性质与特征；2.支配世界或人类的内在力量；3.物质世界本身，可包括或不包括人类。"①由于"nature"本身在社会历史进程中不断演进，出现单复数、拟人化的形式，其含义也随着时代和政治的变化而发生变化。比如后来衍生出"原始本性、原始的天真特质、天生的特质""大自然之神""大自然的铸型""代表'造物主'的旨意和超然的法则""自然状态""善良（goodness）与纯洁无瑕（innocence）""乡村""未经破坏的地方"等含义。②但无论如何变化，都未超出其原初的含义及后来所包含的三方面的范畴。

（二）哲学、宗教层面的梳理

"自然"一词，除去词源学的初始含义外，其具体情境下的含义是凭借暗示或对比与之形成关联的其他术语来获得的。

哲学层面，主要从它与人的对立面以及与神的对立面来研究。从与人的对立面的方面来看，像自然与艺术、自然与习俗、自然与教养、自然与自愿、自然与文化或文明、自然与自由等方面的问题，它们之间既相互补充，又相互联系。在与神的对立面的方面，观点有二：一种是非创造论，意思是指自然是可感、可变的物质世界；一种是创造论，即指自然是被造物的世界整体，既包括物理世界和可感世界，又包括精神和灵魂世界。

在宗教层面，基督教神学认为，非物质的存在如同物质存在，都是被创造的

---

① ［英］雷蒙·威廉斯.关键词：文化与社会的词汇［M］.刘建基，译.北京：生活·读书·新知三联书店，2005：326.
② ［英］雷蒙·威廉斯.关键词：文化与社会的词汇［M］.刘建基，译.北京：生活·读书·新知三联书店，2005：326–333.

自然物。只有上帝不是被造物，自然事物是上帝的作品。① 斯宾诺莎却持有不同的观点，在他的眼里，自然是等同于上帝的无限的、永恒的实体。此处"自然"的含义更为宽泛，包罗万象，包括物质的和非物质的整体。自然有时候甚至是超出了这个整体，因为上帝的无限本质大于各部分之和。斯宾诺莎还分出了能动的自然和被动的自然。能动的自然指的是那种存在于自身并且通过自身被设想的表现出的永恒和无限的本质，也就是作为自由因的上帝；被动的自然是指遵循上帝的本性的必然性，或者是上帝的任何一种属性的任何事物，这些事物被认为存在于上帝之中，没有上帝就无法存在，也无法被想象出来。

总而言之，不同时期不同哲学流派和宗教流派对"自然"的界定有所不同，这充分显示了自然概念的复杂性。但无论如何，他们在使用"nature"这个单词时，都有一个共同点，那就是大写且单数；而且涉及"自然"含义的时候，都超越于物质世界中的大自然。强调这一点对持有唯物主义世界观的国家来说，尤为重要。

（三）工具书上的界定

"nature"是语言学中最复杂的概念之一，那么权威工具书一定会对它有不同的界定，下面梳理权威工具书中的定义。

《西方大观念》界定了"nature"的五种含义：（1）作为事物特性和行为的内在来源；（2）作为宇宙或万物的整体：上帝与自然的同一性；（3）作为感知对象的复合体：普遍法则决定下的事物；（4）自然秩序；（5）作为正确与否或好坏的标准（包括人类天性和人之善、财产、财富、国家和政治义务的自然性、创造或美的准则）；（6）宗教、神学和诗歌中的自然。② 该工具书对"自然"的界定包含广义和狭义两方面，较为全面地解释了"自然"的内涵与外延。

《辞海》中的"自然"，指"天然：非人为的；不造作：非做作的"，③ 该界定侧重非人为性。

冯铗等主编的《外国哲学大辞典》对自然的发展史进行了系统性梳理：从

---

① 西方大观念（第二卷）[Z].陈嘉映，等译.北京：华夏出版社，2008：1023-1025.
② 西方大观念（第二卷）[M].陈嘉映，等译.北京：华夏出版社，2008：1024.
③ 裴娣娜.现代教学论第一卷[M].北京：人民教育出版社，2005：220-225.

古希腊时期开始，包括苏格拉底的"一种始基于以解释万物的变化"、柏拉图的"自然是由永恒的理念世界所建立的变化的王国和事物的生长"到亚里士多德的自然"具有人工的创造物、非永恒不变的、包含质料与潜能、具有内在的运动原则、具有形式与本质"五个特征；到斯多亚学派的"人与神的体系，没有东西是在自然以外的"；中世纪埃里金纳认为自然是创造的部分与被创造的部分；奥卡姆则强调自然层次完全依赖于上帝的意志。启蒙运动时期，法国笛卡尔认为自然是占有空间的广延的物体，而有限的灵魂与上帝则在自然之外；荷兰斯宾诺莎继承了斯多亚学派的把人与神都当成自然的观点，认为实体自然界和神是同一的，并以能生的自然和派生的自然的观点说明自然的运动变化。英国经验主义者洛克认为自然作为实体的经验的对象，是独立存在的；贝克莱则把自然看成上帝印在人们头脑中的一连串的观念，开创了把自然看成观念的理论；休谟认为自然是由我们认识中的观念材料形成的，有一定的秩序，具有规律性。德国康德用自然指现象世界；黑格尔把自然界看成绝对观念的外化，是绝对精神的外壳与束缚，认为绝对精神是第一性的，而自然是派生的。法国唯物主义者与德国费尔巴哈都把自然看成是客观的物质的自然界，前者大多把自然与社会看成相互联系的体系，后者则把自然界与人作为其体系的主要研究对象。马克思主义认为自然包括宇宙中的一切存在物，是包括自然界的事物与社会的存在。① 唯物主义者和唯心主义者在表达"自然"含义时，所指各有侧重，但即便是最狭义的概念都不局限于客观物质世界，至少也应该包括物质世界和人类社会。

《西洋哲学词典》中这样界定"自然"：（1）生命体生来就有或成长过程中出现的特征；（2）较广义指任何存有物从其起源即已有的本质特征；（这两种意义的"nature"可以译为"天性""本性"或"自然"）（3）指的是写于每一存有物以内的构造计划；（4）具有变化的天性的事物之整体，即自然界或大自然。该词典进一步区分了自然与精神、自然与文化、自然与超自然。② 谭鑫田主编的《西方哲学词典》则从广义上和狭义上对"自然"进行了界定。广义的自然指的是具有无穷性和多样性的一切存在物，它与宇宙、存在、客观实在这些范畴是同义的；

---

① 冯契，徐孝通.外国哲学大辞典［Z］.上海：上海辞书出版社，2000.
② 布鲁格.西洋哲学辞典［Z］.项贤结，编译.台湾：先知出版社，1976.

狭义的自然是指不以人们的意识为转移，与人类社会相区别的客观存在的一切事物和现象及其变化、发展过程的总称，或称自然界。①

由此可见，中西方对于"自然"的界定具有明显区别。西方相关的工具书对"自然"的界定，内涵极为丰富，涵盖包括或者不包括自身在内的一切自然物和非自然物。中国编撰的工具书，"自然"的定义分为广义和狭义两种：广义的自然涵盖世界一切存有物，包括自然界和人类社会，以及人类的道德世界等；狭义的自然局限在了自然界这个范畴。在唯物主义哲学观基础之上的"自然"狭义概念的界定，在某种程度上影响了中国学界对"自然"概念的全面的理解和应用。

（四）教育思想家的自然教育观

古今中外，思想家从未停止过对自然的探究，梳理不同时代、不同国家、不同生活背景的思想家的自然观，我们会看到一幅异彩纷呈的"自然"图画。在亚里士多德那里，自然是指具有运动源泉的事物（自然存在物）之"本质、本性、天性"。夸美纽斯的自然包含自然界及其普遍法则和人与生俱来的天性。在卢梭看来，这个词主要是指"一种事物保持其本来面貌、原始倾向、外界不强加干预、非人为的状态"。裴斯泰洛奇认为自然是"指大自然本身的活动及其规律，更多的是指人的自然本性及其发展规律"②。英国史学家梅因说："自然指的是物质世界，是某种原始元素或规律作用的结果。而后期的希腊学派在自然的概念中，在物质世界以外又加上一个道德的世界。他们将这个名词的含义加以扩展，使它不仅包括有形的宇宙，还包括人类的思想、习俗和希望。"③

通过上文的追溯，可以确定有三个广义的自然观：人类中心主义、本土整体主义和生态中心主义。第一，人类中心主义，是在历史的变迁中随着科技发展而逐步形成的。这种主义认为，人类是自然的控制者，将自然视为改善人类福利的工具。因此，自然仅具有"工具性"价值。第二，本土整体主义，指的是人与人之间的和谐关系，人与自然以及人类对生态的认识所达到的逻辑极限。

---

① 谭鑫田.西方哲学词典［Z］.济南：山东人民出版社，1992.
② 吴式颖，任钟印.外国教育思想通史［M］.长沙：湖南教育出版社，2002：376.
③ ［英］亨利·萨姆奈·梅因.古代法［M］.高敏，瞿慧虹，译.北京：中国社会科学出版社，2009：42.

这一主义强调，人类与自然密不可分，自然是远超物质世界的存在，人类依靠自然而生存，人类和自然相互联系。第三，生态中心主义，认为人类是宇宙的组成部分，是自然的一部分而不是它的主人。这种观点专注于地球上所有物种的价值和利益。不像人类中心主义和本土整体主义那样，生态中心主义突出所有生命之间相互联系的重要性，强调人类是众多物种中的一种，是与自然环境交织在一起的，是与非人类的其他形式的生命共享自然的。本书将采用本土整体主义的自然观。

基于本书的立场，我们简单将自然的含义归纳一下：第一，它指事物特性和行为的内在来源；第二，它作为宇宙或万物的整体，即上帝与自然具有统一性；第三，它作为感知对象的复合体，即普遍法则规定之下的事物。从"nature"的重要的词义演变过程来看，其本身的复杂性不足为奇。但我们可以通过追溯其含义来明晰其长期以来就包含的许多重要的人类思想，我们有必要去了解其复杂性。因而，教育应向自然界开放，与自然界融为一体，使学生有机会走向自然，并在感受、认识和探索自然的过程中，谋求对大自然、自身、他人与社会的伦理精神、审美体验、求真意志和自由解放的统一，进而成为自然的关爱者、有创造力的生活者、有责任的环境保护者和自食其力有独立人格的自由人。

二、何谓自然主义？

"自然主义"也是一个非常复杂的哲学概念，既是哲学中的本体论，也是方法论。自然主义是以自然及其原因为基础的哲学一元论，它把自然看作是一切存在的最原初和最根本的源头。针对这个概念的梳理，应落脚于对国际权威百科全书和思想家的观点的梳理。

（一）百科全书中的解释

《大英百科全书》这样解释："自然主义"一词范围极为不确定，作为主体的人和客体的世界经常产生冲突，因此自然主义就同时具有主观和客观两方面的含义。作为最初的、基本的主观意义，自然的和后天获得的、人工的、世俗的或者偶然的相对立。……主观的自然主义最终成为我们俗称的"感觉主义"或"联想主义"，近似于客观的自然主义因而也就将外部世界降低为所描述的物质和运动那样的机械主义。①

　　《牛津英语词典》解释了自然主义的三种含义："（1）起因于或者基于自然本能的行为，没有精神指导的具有纯粹的自然基础的道德或宗教体系。（2）一种有关世界和与人类关系的观念，在这其中，人们只承认或接纳自然法则和力量的行为（而不是超自然或精神的行为）。（3）一种风格或方法，其特点是紧密地跟随、忠实地代表自然或现实。"②

　　《大美百科全书》认为："自然主义是一个哲学的立场，认为世间万物都是自然存在的。换句话说，自然主义是自然时空进程的一部分，或者，如果有任何形式的非自然存在的话，它也只有通过与大自然发生关系产生影响才能为大众所知。可以被经验（体验）的一切均在自然的时空秩序之中。作为一个系统的自然过程，自然拥有一定程度的秩序，可以被理解，但不能作为一个整体被解释，其道德价值也不能作为一个整体被表达。然而，道德价值观可能会出现在人类作为自然的一部分和自然的其他部分之间的关系之中。作为自然的一部分，人类顺从合法的自然过程。"③

　　《新哥伦比亚百科全书》认为："在哲学上，一般来说自然主义试图通过严格的自然范畴（与超自然相对）解释所有现象和所有原因。自然主义的特殊含义随着它的对立面的变化而变化。人们通常认为它是唯心主义的对立面，有时等同于经验主义和唯物主义，不易与实证主义区别开来。"④

　　《美国百科全书》认为："在哲学上，自然主义是一种信仰，相信自然能够代表被现实所认知的一切，相信科学方法是决定真理的唯一手段。自然主义不仅仅是一个严格的哲学体系，它还被描述为处理哲学问题和抵达问题答案的一系列特定的方式或方法。自然主义否认宇宙间任何超自然的存在，认为如果有任何违背自然的实体存在，就只有通过观察他们对自然客体产生的影响才能够被认知。"⑤

---

① Encyclopedia britannica [Z]. Edinburgh: Adam and Charles Black, 1947: 88.
② The Oxford English dictionary [Z]. Oxford: Clarendon Press, New York: Oxford University Press, 1989: 38.
③ Grolier academic encyclopedia [Z]. Danbury, Conn.: Grolier International, 1983: 50.
④ HARRIS W H, LEVERY J S. The new Columbia encyclopedia [Z]. 4th ed. New York: Columbia University Press, 1975: 1896.
⑤ The encyclopedia americana [Z]. International ed. New York: Americana Corporation, 1980: 796.

《新大英百科全书》也将自然主义认为是一种哲学理论。"它通过证明存在于宇宙（无论它们的内在特征如何）中的万事万物是自然的从而将科学方法与哲学结合起来。……虽然自然主义经常被等同于唯物主义，但它的范围更广。唯物主义的确是自然的，但反过来说自然主义是唯物主义就不正确了。严格说来，自然主义没有本体论偏好，比如说，它不偏向于任何特定现实分类（类别），二元论和一元论、无神论和有神论、唯心主义和唯物主义都可与它强力兼容。只要所有的现实是自然的，就没有其他限制。自然主义者实际上表达了各种各样的观点，甚至包括有神论的自然主义。"①

国内的《哲学大辞典》中的观点是："自然主义泛指主张用自然原因或自然原理来解释一切现象的哲学思想、观念。它贯穿于欧洲哲学发展的全过程。这种思想在17—19世纪哲学家和自然科学家中相当流行。他们认为自然界的一切本该如此，他们反对用自然以外的原因来解释自然界，因为人是自然存在物，是自然界的一部分，自然界离开人的思维而独立存在，所以他们否认自然界听命于上帝意志的说法。"②自然主义理论充分肯定自然，肯定自然的研究方法可以用于一切研究领域，肯定事物或人的存在是由自然存在体的性质所决定的。

综上，不同的词典对自然主义的界定有所不同，有将之视为一种哲学思潮的，有视为一种方法或者方法论的，有把它理解为一种信仰的，不管如何，自然主义体现了人与自然世界是一种不可分割的客观存在。

（二）思想家对自然主义的界定

约翰·亚当斯（John Adams）根据教育理论的进化考究了"自然"个别天性、与艺术和人为对立以及大自然界的三个重要意义；③怀特海（Whitehead）提出了一种既是宗教的又是科学的新型自然主义；大卫·雷·格里芬（David Ray Griffin）归纳自然主义的最终形式为"sam-自然主义"，"sam"三个字母代表"感觉主义的"（sensationist）、"无神论的"（atheistic）和"唯物论的"

---

① GWINN R P, NORTON P B, MCHENRY R. The new encyclopedia britannica［Z］. 15th ed. Chicago, IL.: Encyclopedia Britannica, 1993: 560.
② 金炳华. 哲学大辞典［Z］. 上海辞书出版社, 2001: 2066.
③ 薛文蔚. 自然主义与教育［M］. 上海: 商务印书馆, 1930: 14.

（materialistic）。①

薛文蔚认为，教育上的自然主义，有两个方面的意义："（1）以完全发达的人性自然的本能为教育目的；（2）依照自然的顺序。"②他区别了自然主义与个人主义之间的关系："自然主义可以是个人主义，但个人主义不必一定是自然主义。自然主义主张自内生长，是自然发展的，不是可以训练的。"③

杨廉则在总结卢梭教育思想后对自然主义有了另外的界定："自然主义的着眼点不在理智的辉煌，而在感情的表现，不在崇敬智识阶级，而在对一般民众表示同情。根本上便信赖自然，排斥人为，以为人生来是善的，一到人手里便坏了。故自然主义在政治方面是排斥当时专制的政府，而赞美自然状态下人民相约的统一政府（就是民治的政府），在社会生活方面，是排斥虚伪的，繁华不堪的社会生活，而咏歌浪漫的，单纯的，自然的乡村生活。在教育方面则是'顺杞柳之性以为桮棬'，尊重儿童的本能与个性；任儿童照自然的程序发展，既不加以压抑，亦不揠苗助长。所用教材亦以自然为主。自然主义所包的方面既这样多，故及于后代影响之大，也不仅教育为然了。"④

与上两位教育者的观点相左，詹姆斯·马克·鲍德温（James Mark Baldwin）认为自然主义是一切思想体系所特有的精神态度，它否定超越自然和感官经验的秩序的存在，把对现实的解释局限于一般的观点，即自然是所有哲学问题的正常和唯一的最终答案。尽管哲学家们对生命的具体理论各不相同，但自然主义要求他们把超自然的东西排除在每一个假说之外，并保持在自然的范围内，努力寻找解决问题的办法。⑤乔治·海沃德·乔伊斯（George Hayward Joyce）将自然主义定义为"一个自然哲学和人文哲学中具有突出特征和超越经验的系统"。⑥威廉·欧内斯特·霍金（William Ernest Hocking）说："应该把自然作为整个现实哲学。它排除了任何超自然的东西，任何看似独立于

---

① 大卫·雷·格里芬.复魅何须超自然主义：过程宗教哲学[M].周邦宪，译.南京：译林出版社，2015：29.
② 薛文蔚.自然主义与教育[M].上海：商务印书馆，1930：13.
③ 薛文蔚.自然主义与教育[M].上海：商务印书馆，1930：20.
④ 杨廉.西洋教育史[M].上海：中华书局，1932：89.
⑤ BALKWIN J M. Dictionary of philosophy and psychology[M]. New York: The Macmillan Company, 1901: 137-138.
⑥ JOYCE G H. Principles of natural theology[M]. London: Longmans Green and Company, 1924: 511.

自然法则之外的事物，如人类的生命或想象的产物，实际上都是自然法则的一部分。"①

自然主义，其核心理念是坚持从自然的立场出发，解释自然界、人和社会；客观的存在先于一切形式的主观经验，客观实在的物理世界先于精神，自然是人类思想最本质和最直接的基础；个人和心灵是自然界与社会长期进化的结果。总之，不同时代背景、不同国家背景，其所指的重点有所不同，有机械简化论之说，有哲学感官论之说，有宗教说，亦有三者或多者合一说。针对这一核心概念，为避免窄化其含义，本文择取其广义，即如上文格里芬所言的"sam""三主义"。

三、何为自然（主义）教育？

基于上述"自然"与"自然主义"概念的复杂性，那么对"自然（主义）教育"的理解也是仁智不同。纵观西方教育史，亚里士多德"效法自然"，夸美纽斯"遵循自然法则"，卢梭培养"自然人"，裴斯泰洛齐"适应儿童自然"，杜威倡导"儿童中心主义"，这些自然观吸收了自然教育的精华，那就是强调教育必须尽力呵护、顺应儿童的自然天性以及促进这一天性的全面发展，强调教育引导下儿童自然发展的价值，这便是本研究所指的自然教育的内涵。

在中国社会的语境下，我们一般喜欢给出弹性的定义，即有狭义和广义之分：狭义上的自然教育指的是客观的大自然，而应用较为广泛的含义指的是卢梭主张的自然教育，即遵循人的自然本性，与人的身心发展的各阶段相一致，既不要超前，也不要滞后的教育。广义上的自然教育则是集自然（主义）哲学家和教育家思想之大成的教育，概括地说是：以自然育人，自然地育人，育自然之人。最终回归自然，回归生活，谋求个人与社会的和谐发展。②自然教育的基本内涵是：贴近大自然、符合人的天性、减少人为干预、回归自然状态的教育。也就是说，教育的出发点是以儿童为中心，教育的目的是促进儿童自然而自由地发展，教育的方法应顺应儿童的自然本性。下文对自然教育的分析是通过宏阔的视野，以广义的自然教育为主，分析历史上思想家的自然教育思想。

---

① HOCKING W E. Types of philosophy [M]. New York : Charles Scribner's Sons, 1959: 43.
② 翁乾明. 我所理解的自然教育 [J]. 福建教育, 2017（30）: 26-29.

第四节　阐释学方法论

本研究将使用文献法，阐释历史上自然教育思想家的思想，涉及对古典文献的解读、对现实世界的理解。那么，该采用何种认识世界的理论？应该用什么样的方式方法来观察历史问题和现实事物？应该如何处理相关的自然教育问题？本研究将采用人文社科领域普遍采用的方法论——阐释学来回答上述问题。

一、什么是阐释学？

从神话学的角度来看，"阐释学/诠释学（hermeneutik）一词来源于赫尔墨斯（Hermes）"。① 赫尔墨斯是一位信使，"其主要职责是翻译和解释神意，要做到这一点，他首先必须要理解诸神的语言和指示，唯有理解了诸神的语言和指示，才能进行翻译和解释，因此理解就成为翻译和解释的前提"。② 简言之，阐释学在古代就是一门关于理解、翻译、解释和应用的学科。

按照古典阐释学的创始人施莱尔马赫的看法，理解与解释是没有差别的。在现代阐释学的鼻祖伽达默尔看来，"诠释学的工作就总是这样从一个世界到另一个世界的转换，从神的世界转换到人的世界，从一个陌生的语言世界转换到另一个自己的语言世界"。③ 解释是在不同语言和语境之间的转换，是用一种语言解释另一种不同的语言，其目的在于促成理解和加强理解。在伽达默尔看来，阐释学从词源学上看至少包含三个要素，即理解、解释（包括翻译）和应用。这三者之间没有前后之别，解释就是理解，应用也是理解，理解的本质就是解释和应用。

二、施莱尔马赫之阐释学类型

根据施莱尔马赫的观点，阐释学具有两种类型，其一是独断型阐释学，其二

---

① 洪汉鼎.诠释学——它的历史和当代发展[M].北京：人民出版社，2001：1.
② 洪汉鼎.诠释学——它的历史和当代发展[M].北京：人民出版社，2001：3.
③ 汉斯-格奥尔格·伽达默尔.真理与方法（下卷）[M].洪汉鼎，译.上海：上海译文出版社，2004：92.

是探究型阐释学。阅读历史文本，找出这些文字、符号形式里所包含的教导性真理和指示，并把这种真理和指示应用于当前的具体情况，这就是独断型诠释学。①独断型诠释学即古典阐释学，它代表了一种认为作品的意义是固定不变且唯一的所谓客观主义的诠释学态度。此类阐释学认为作品的意义只是作者的意图，我们解释作品的意义，就是发现作者的意图。作品的意义是一义性的，因为作者的意图是固定不变的和唯一的。我们不断对作品进行解释，就是不断趋近作者的唯一意图。这种诠释学态度的主要代表人物是施莱尔马赫，理解和解释的方法就是重构或复制作者的意图，而理解的本质就是"更好地理解"，要不断地趋近作者的原意。本研究的第一步是走进作者的思想，试图最大限度地理解作者，显然需要独断型阐释学。

由于本研究着眼于历史文本，势必涉及语词、语句和文本的意义，我们试图去理解不同作者通过文本所展示出的时代意义，尤其是理解历史上儿童自然教育思想家就某一方面的论断的异同之处。对此类理解的解释，就需要应用探究型阐释学。探究型阐释学以研究或探究文本的真正意义为根本任务，其重点在于："我们为了获得真正的意义而必须要有哪些方法论准备。"②本探究型阐释学就是重构作品的意义和作者原初所想的意义，这种重构可能正确，也可能不正确，它不是实践型的，而是理论型的。综上所述，本研究将使用这两种类型的阐释学，双管齐下，在当前的语境下，既要理解不同作者的教育思想，也要努力比作者更好地理解作者。

三、阐释学之特质

施莱尔马赫之所以能将之前的独断论阐释学发展成为一般阐释学，在于以下两方面："首先，解释之所以可行是因为解释者可以通过某种方法使自己置身于作者的境地，使自己的思想与作者的思想处于同一层次；其次，解释之所以必要，还在于作者和解释者之间存在一定的差别。如果思想在作者和解释者之间是绝对同一的，即没有差别，那么就没有必要解释，但如果思想在作者和解释者之

---

① 洪汉鼎.诠释学——它的历史和当代发展[M].北京：人民出版社，2001：16.
② 洪汉鼎.理解与解释——诠释学经典文选[M].北京：东方出版社，2001：16.

间的差别是绝对不可克服的，那么解释就根本不可能。"① 因此，在任何情况下，总是有某种思想差别存在于讲话者和听话者之间。但这种差别可以在一定程度上被消减，达到一定程度上的理解，这就是阐释学存在的必要性。

（一）阐释学是一门避免误解的艺术

施莱尔马赫认为，阐释学的出发点是对文本的普遍性误解。也就是说，当我们接触文本时，正常的情况是先误解文本而不是我们直接理解文本。施莱尔马赫认为出现误解才是正常情况，因而他主张解释不再是偶然的教育手段，而是理解的必要条件。但施莱尔马赫为什么认为出现误解是我们接触文本的正常情况？他认为，这是因为主体间交往的中断。主体间交往之所以中断，在他看来，是由于作者与解释者在时间、语言、历史背景、环境和文化上存在的差异造成的。伽达默尔曾引用施莱尔马赫在《美学》中的话："一部艺术作品也是真正扎根于它的根底和基础中，扎根于它的周围环境中。当艺术作品从这种周围环境中脱离出来并转入到交往时，它就失去了它的意义。它就像某种从火中救出来但具有烧伤痕迹的东西一样。"② 所谓"烧伤痕迹"是指因时间、语言、文化、制度和意识形态等差异而造成的异化。而且在施莱尔马赫看来，这种差异不仅出现在遥远的过去的文本，而且也出现于当前的会话。③ 施莱尔马赫的一句名言"哪里有误解，哪里就有阐释学"表明：真正严格的阐释学只有在存在误解时才能自行发生，所以所有的理解与解释都不可避免地存在误读。可以说有一千个解释者，就有一千个哈姆雷特。

本研究对历史思想家思想的解读，完全基于历史文本，这些文本的语言包括英文和其他语种的中译本。所援引的很多文献不是作者的原语言，是经过翻译的"一手"文献。毫无疑问，除了文化、时代等，作者自身的语言以及翻译后的语言所引发的误读一定普遍存在。在这种情况下，研究成果不能最真实地表达作者的思想，只是笔者认为作者是如此表达，认为自己从某种程度上理解了作者。所以，整个研究会出现误读的现象。而本研究就是在阐释学这一误解特质上，运用

---

① 洪汉鼎.理解与解释——诠释学经典文选[M].北京：东方出版社，2001：71.
② 汉斯-格奥尔格·伽达默尔.真理与方法：哲学诠释学的基本特征（上卷）[M].洪汉鼎，译.上海：上海译文出版社，2004：191.
③ 洪汉鼎.理解与解释——诠释学经典文选[M].北京：东方出版社，2001：73.

作者的原始文献或经过别类语言翻译的"原始文献",尽可能减少误解的产生,达到理解的高度,以此来领会作品的意义和精神。

(二)理解是重构作者思想

施莱尔马赫通过下述步骤发展他的普遍诠释学:首先他把需要理解的东西与理解过程区分开来;其次是区分对作者个人意图或意见的理解和对作品真理内容的理解。在他看来,理解对象独立于理解者,我们应当把理解对象置于它们赖以形成的那个历史语境中,以使它们与我们现在的理解过程相分离,而我们要理解的东西不是作品的真理内容,而是作者本人的个别生命。按照这两点,施莱尔马赫得出以下结论:"文本的意义就是作者的意向或思想,而理解和解释就是重新表述(reformulation)或重构(reconstruction)作者的意向或思想。"① 重构的过程,在他看来,分为客观的重构和主观的重构。客观的重构是一种语言的重构:"我们对语言具有像作者所使用的那种知识,这种知识甚至比原来读者所具有的知识还精确。"① 主观的重构则是对作者心理状态的重构:"我们具有作者内在生活和外在生活的知识。"① 对于施莱尔马赫来说,主观的重构更为重要,他主张,只有我们重构了作者的心理状态,才算诠释了作者的思想。所谓重构作者的心理状态,就是努力从"思想上、心理上、时间上"去"设身处地"地体验作者的原意或原思想。② 只有让理解者与作者处于同一层次,处在同一话语系统内,通过与作者处于同一层次而进行思想交流,文本才能被理解为作者的生命的独特表现。

但施莱尔马赫所说的理解不是相互理解,而是单向度的理解,即解释者对作者的理解,而且理解不是对一个共同关心的主题达到理解,只是规定解释者如何对作者意图和动机进行理解。本研究对夸美纽斯、维柯、卢梭、福禄培尔和蒙台梭利等思想的解读,表面上是努力走进作者的时代,实际上又带上了笔者本人的时代和文化的烙印以及立场和理解,所以势必存在作者的思想和笔者思想之间的偏差。另外,在挖掘不同历史时期思想家思想的过程中,笔者尽量使用主观的理解,努力走进作者的心理,以求能够把握作品的意义和作者的精神。但是,由于

---

① 洪汉鼎.理解与解释——诠释学经典文选[M].北京:东方出版社,2001:74.
② 洪汉鼎.理解与解释——诠释学经典文选[M].北京:东方出版社,2001:75.

语言的限制和笔者本人能力的限制，不少的研究实际上采用客观的理解方式，这也在所难免。整个研究的过程，是笔者单向度地理解作者意图和思想的过程。

施莱尔马赫把理解与解释等同，解释不是一种在理解之后的偶尔附加的行为，而是理解就是解释，解释就是理解。但这种观点也存在一定的缺陷。他强调对作者意图或意见的理解，这意味着把对真理内容的理解与对作者本人的理解分开，以致使人认为理解或解释仅是重新表述和重新构造作者的意见或心理状态，这使得诠释学传统本来所具有的对真理内容的理解消失不见。本研究结合理解与阐释的方法，努力摸清历史上自然教育思想家的意图的同时，也尽可能地考虑作者表达出的时代真理和精神。

在"人类中心主义"和后疫情时代，如何和谐地与大自然相处？如何充分利用外在大自然和遵循儿童内在自然本性的发展？内在自然教育是什么？本能与无意识的关系何为？这些都将成为关注的焦点。荣格认为，"本能活动必须包括在无意识过程中，这种无意识过程只有通过其事后的结果才能被我们意识到，但无意识却不可能全部归入本能活动之中。本能行为的最大特征是它具有普遍一致性和可重复发生性"。[1] 当然，"只有那些来自遗传的、普遍一致的和反复发生的无意识过程才能称为本能过程"。[2] 但在荣格看来，"无意识是所有那些失落的记忆、所有那些仍然微弱得不足以被意识到的心理内容的收容所"。[3] 无意识也就是所有那些未被意识到的心理现象的总和。本能的行为，人们是意识不到隐藏在行为后面的心理动机的。康德认为本能实际上就是一种内在需要。通过对思想家（教育家）的思想及其思想来源的分析，本研究将思考自然教育的理论基础是什么，人性论是什么，认识论是什么，儿童的本能是什么，如何处理好本能与教育的关系，各思想家所处时代的科学思潮、启蒙观念和时代浪潮是什么，思想家们的自身经历、性格特质、宗教信仰等又是什么等诸多问题。本研究将沿着儿童自然教育的本体论、认识论、课程论、方法论的路线，充分挖掘、梳理儿童自然教育思想家的经典论述，阐述儿童内外在自然的理论、原理、方法和宗旨，为解决当下儿童自然教育的困境提供理论依据。

---

[1] 卡尔·古斯塔夫·荣格.荣格文集[M].冯川，译.北京：改革出版社，1997：2.
[2] 卡尔·古斯塔夫·荣格.荣格文集[M].冯川，译.北京：改革出版社，1997：3.
[3] 卡尔·古斯塔夫·荣格.荣格文集[M].冯川，译.北京：改革出版社，1997：5.

第一章

ZIRAN JIAOYU DE BENTILUN

自然教育的本体论

人与自然的关系具有悠久的历史，已被学术界认定为一个基本的概念。人类诞生于大自然，是自然的一部分，为了在自然界中生存下去，需要不断积累和传承关于自然的知识，所以，人类的发展史就是一部自然教育史。"只要一个人的身体享受自然，那么他与自然之间就存在着内在的和相互的联系。"① 作为人类早期阶段的儿童，其亲生物性的本能显示，发展更离不开自然教育。那么，自然教育的起点在哪里？本体论关注的是我们对自然教育所存有的信念，它包括什么存在以及它们是如何存在的。本章关涉自然教育的本质，探究自然教育背后的深层因素。根据文献资料和个人思考，本章将着眼于自然教育存在之根基、何为自然教育以及自然教育如何之存在，追求追根溯源的致极性，踏上儿童自然教育的觅根征程。

第一节　自然教育之信念

教育是一种教人向善的活动，其出发点和归宿都是人。凡是研究与人有关的主题，无不起始于并终结于关于人性问题的思考，教育学如此，心理学如此，儿童教育亦如此。因为人性不是抽象的、空洞的虚体，而是具象的、明确的实体，任何教育理论与实践都会有意或无意地建基于某种人性假设之上。比如，在教育中，我们需要不断地追问：基于何种人性的教育是好的教育？儿童的特质是什么？应当把儿童培养成什么样的人？等等。这些问题是教育的出发点和归宿，也是自然教育存在之根基。

---

① HUNG R. Educating for and through nature: A Merleau-Pontian approach [J]. Studies in Philosophy and Education, 2008(27): 355–367.

一、人性之追问

（一）"人性"之词源考察

"人性"在英文中主要有"humanity、human、nature"或"the nature of human"之表述。① "humanity"包含有"human、humane、humanism、humanist、humanitarian"等词的含义或部分词的含义，其拉丁文为"humanus"，意为"of or belonging to man"（属于人的）。16世纪前，"humane"有"人性"之义，此后，它主要指"仁慈、亲切和礼貌"等；"humanity"在15世纪末期后与"divinity"（神性）相对，指"有限的人性"，从而代替此前人类（humanity）和代表动物或野蛮人的次人类之间的区分。但在18世纪以后，"humanity"指涉及人的一般特点或属性，并且增加了人文主义者（humanist）和人文主义（humanism）等意义。② 在哲学词典中，"humanity"是仁慈地做事的原则，但也意指我们控制自己的言说或表现过程来最大程度地发挥其他理性人的主体作用，而不是把仁慈当作一种权利或义务。③ 概言之，"humanity"主要有人性所包含的与人有关的人道和慈爱等含义。

（二）"人性"之界定

在古汉语中，"人性"被分而论之，释义主要集中在"性"字上面。许慎《说文解字》讲："性，人之阳气，性善者也，从心，生声。"④ 在现代汉语中，"人

---

① 在现代英语词典中，"human nature"被解释为"general characteristics and feelings common to all people"（所有人共有的普遍特性和情感）。而"humanity"具有三个词义：1. 人、人类（总称）；2. 人道，仁慈；3. 人性，其复数形式"humanities"指人文学科（尤指文学、语言、历史和哲学）。[霍恩比. 牛津高阶英汉双解词典（第四版增补本）[Z]. 李北达，译. 北京：商务印书馆，2002.]

② 雷蒙·威廉斯. 关键词：文化与社会的词汇[M]. 刘建基，译. 北京：生活·读书·新知三联书店，2005：208-213.

③ SIMON BLACKBURN. 牛津哲学词典[Z]. 上海：上海外语教育出版社，2000：178.

④ 按照徐复观对早期典籍的归纳，"性"之原义指人生而即有的欲望、能力等所谓的"本能"；"从心"即遵从人的感知觉，"生声"指欲望等生而有之，且具备于人的生命之中，在生命之中，人自觉有此作用，非由后起，于是即称此生而即有的作用为性。正文中《说文解字》的引文和注释中的说明皆出自：徐复观. 中国人性论史——先秦篇[M]. 上海：上海三联书店，2001：6.

性"指:"1. 在一定的社会制度和一定的历史条件下形成的人的本性;2. 人所具有的正常的感情和理性。"①《辞海》对人性的定义为:"人性是与'神性''兽性'相对的人的共性,是人的自然属性和社会属性的统一。"② 一方面,人性指所有人都具有的属性,即一切人的共同性、普遍性,而某些人所具有的特殊性,不可言道德善恶;另一方面,指人区别于他物的特性,如经验性、偶然性和可变化性等,有后天习得之意,可言道德善恶。前者是人性的"体",后者就是人性的"用",二者辩证统一。《辞海》实际上将"人性"中的"人"进行了"群体"和"个体"的划分。"人"既指个别的、实在的、具体的人,也指一般的、作为类的人,即作为"社会关系总和"的共性的人。③ 因此,人性又可以分为个体的人性和总体的人性。个体的人性强调个体的肉身、情感、欲望、需要和活动等方面;总体的人性强调在人类实践活动中抽象总结出的人类具有的主体性、自为性、社会性、实践性、意识性、超越性等性质。二者在实践活动中走向统一。人的属性包括构成人的一切要素,如人的自然属性、社会属性和精神属性。本研究的思想家们所关涉的"人性"中的"人"既包括个体,也包括人类;所讨论的儿童的本性,均涵盖儿童的自然、社会和精神属性。儿童之本性是自然教育的本质问题,下文将逐一分析儿童本性观。

二、儿童人性观

有关人性,古今中外的学者们对此进行了充分的讨论。西方学者有"德性主义人性论""自然主义人性论""理论主义人性论"和"非理论主义人性论"之说,中国有"善恶之分""善恶一体""非善非恶""性三品"之说等。人性与教育始终紧密相连,是教育的本质所在,教育与人性的相互关系也在不断完善。人性论思想会潜移默化地影响成人对儿童的观念,从而影响教育的效果。所以,认识儿童的人性观,有利于学前教育的人性化。

---

① 中国社会科学语言研究所词典编辑室. 现代汉语词典(第5版)[Z]. 北京:商务印书馆,2005:1148.
② 王海明. 人性论[M]. 北京:商务印书馆,2005:绪论.
③ 徐长福. 走向实践智慧——探寻实践哲学的新进路[M]. 北京:社会科学文献出版社,2008:43.

（一）儿童人性中的中性

1. 本能性

儿童的人性，也即天性。不同的思想家对此做了各自的阐释，表述不同，但所指相近。17世纪捷克资产阶级民主主义教育家、教育学之父、西方近代教育理论的奠基者扬·阿莫斯·夸美纽斯（Johann Amos Comenius，1592—1670年）阐述过天性，包含两种含义：其一，我们初始的原本的状态。① 他赞成对人类的研究需要回到起点的观点，原因在于原始状态中的人的本性是纯真善良的，需要通过教育恢复人性最初的本善。其二，天性是一种内在的力量。① 夸美纽斯善用比喻手法，借用大自然运行的规律阐发教育，认为儿童有巨大的内在力量，其头脑如同一粒种子或者果核，一旦将它们种入土中，就会生根、发芽，然后长出枝叶、开花并结果，这一切都自然而然。因此，"没有必要从外部给人注入任何东西，只需要人把自己所固有的隐藏在内部的东西伸展出来、显现出来，只需要注意每一个个别的成分就好"②。人的内在力量是巨大的，在人的发展过程中，不需要施加任何外力，人就可以将内在的东西很好地表现出来。生命力旺盛的幼儿具有生存的内在本能，成人更要顺应孩子的天性，不要过分地对其进行干预。一切在自然而然中进行，便是最好。

意大利著名的思想家乔瓦尼·巴蒂斯塔·维柯（Giovanni Battista Vico，1668—1744年）在其鸿篇巨制《新科学》中利用词源学、语言学、神话学和历史学等不同学科的最原初的资料，充分证明早期人类心灵的自然本性，"世间事物都不会离开它们的自然本性而仍安定或长存下去"。③ 维柯用复演论反复证明：各民族最初的野蛮人就是人类的儿童，这些原初人（即民族的婴儿）的自然本性，其实就是个体儿童的自然本性。这种本性是在从野兽到人的实践转变中形成的，在自然世界中还是野兽的野人，在创造民族世界的过程中，他们凭借着自己的原始本能，一步一步地形成了人类儿童的自然本性。也是这样："凡是碰到与他们

---

① 夸美纽斯.大教学论·教学法解析[M].任钟印，译.北京：人民教育出版社，2006：39.
② 夸美纽斯.大教学论·教学法解析[M].任钟印，译.北京：人民教育出版社，2006：41.
③ VICO G. The New Science of Giambattista Vico[M]. New York: Cornell University Press, 1968: 916.

最早认识到的一批男人、女人、事物或有些类似或者有些关系的男人、女人和事物，他们都会依最早的印象来认识他们，依最早的名称来称呼他们。"① 这条公理说明人类在其婴幼年时代所形成的诗性意向是何其生动。这些原初人的人性即儿童群体的天性，是先天具有、无可避免且不可摒弃的。

2. 共同性

上文已讲，本研究所关涉的人性，是群体性的、普遍性的人性。从历史上看，人性指那些人类所具有的共同性和普遍性的东西。夸美纽斯的"人性"专指人性的普遍性。他认为，人类具有共同性，在所有人中都有相同的人性。这种共同人性的基础是自由和不受限制的意志。尽管夸美纽斯强调说人性在每个人中都是相同的，但每个人都需要处理自己有限的思想，因此每个人本身又具有无限的创造能力。"在精神世界中，人性与人的自由意志之间的关系就像至高无上的创造与黑暗深渊的结合那样"，② 这种矛盾的结合既可能会导致救赎，当然，也可能会导致永恒的诅咒。但他的人性非基于人类的属性，而是将人性的渊源归功于造物主的创造，即一切尽在上帝的创造之中。因为上帝以自己的形象创造了人类，并让他们在各方面都获得自由，他一开始就赋予了人自由做善或恶的意愿。其实夸美纽斯想要说明的是：人类具有人性并且能够认识到自己的本性，这一切都得益于上帝的恩惠，正是缘于上帝的创造，才有了人的共同性。

维柯在其《新科学》中使用了两个词汇——"共同意识（common sense）""心理词典（mental dictionary）"来证明彼此互不相识的各民族之间存在着一致的观念或者是共同的真理基础，正是这些真理基础促使各部落的野蛮人一步步走向文明。这些真理基础是：他们都有某种宗教；都举行隆重的结婚仪式；都埋葬死者。这些共同的真理基础支配了一切民族的婴儿，指使他们从这三种制度开始创建人类，以避免回到野兽般的野蛮状态中。维柯其实也要说："作为各民族的婴儿，他们都有着共同的人性。"③ 他依据古埃及将人类的时代划分为"神的""英雄的"和"人的"

---

① VICO G. The New Science of Giambattista Vico [M]. New York: Cornell University Press, 1968: 206.
② ČÍŽEK J. The pansophia of Jan Amos Comenius with regard to his concept of nature [J]. Acta Comeniana, 2014 (28): 51-93.
③ VICO G. The New Science of Giambattista Vico [M]. New York: Cornell University Press, 1968: C2.

三种时代，三种不同时代的人分别具有三种不同的人性。

第一种自然本性是野蛮人的本性。由于野兽般的原初人（gentile）"想象力最强而在推理方面却最弱，此时的人的本性是一种诗性的或创造性的自然本性"。① 维柯考证道："这种诗性的或者创造性的本性就是神学诗人们的本性，在一切异教民族中，神学诗人都是最早的哲人。"② 但是，由于原初人的无知以及想象力本身所具有的欺骗性，他们始终相信，这个时期的人的自然本性是凶狠的、残酷的，只有靠宗教才能钳制住原始民族的凶狠性。

第二种自然本性是英雄的。"英雄们都相信自己来源于天神"③，由于无知，他们相信"一切事物都是由神造的"④。因此，他们相信自己是天帝约夫的子孙，是在天帝占卜典礼下生育出来的合法之人。这样英雄们在物种上就属于人类而不属于野兽类，他们因此就会相信他们的英雄本性天生就具有一种自然高贵性。

第三种自然本性才是人的自然本性。人的本性具有以下特点："首先关注自己生活的必需（necessario），而后是便利（commodo），最后是喜悦（piacere）。"⑤ 人类的这种自然本性是自私自利的，考虑任何事情的前提是满足自己的需求，但他们用理智把良心、理性和责任感看成法律，因而也是谦恭而和善的。

通过这三种人性演变的过程可见："各族人民的本性最初是粗鲁野蛮的，而后才逐步变为严肃、宽和且文雅的。沿着这种顺序一直变下去，最后就变为淫逸……"⑥ 此时，维柯认为人类离灭亡就不远了。而作为人类的初年，即是神的时代的那波野蛮人的人性，便是个体儿童的人性。维柯的《新科学》实际上专门论

---

① VICO G. The New Science of Giambattista Vico [M]. New York: Cornell University Press, 1968: 376.
② VICO G. The New Science of Giambattista Vico [M]. New York: Cornell University Press, 1968: 916.
③ VICO G. The New Science of Giambattista Vico [M]. New York: Cornell University Press, 1968: 449.
④ VICO G. The New Science of Giambattista Vico [M]. New York: Cornell University Press, 1968: 377.
⑤ VICO G. The New Science of Giambattista Vico [M]. New York: Cornell University Press, 1968: 918.
⑥ VICO G. The New Science of Giambattista Vico [M]. New York: Cornell University Press, 1968: 242.

证了民族婴儿的共同特性。

3. 能动性

儿童从来不是一个被动的受体，而是具有主观能动性的个体。这种主观能动性主要指儿童的意识的能动性，即他们在认识世界和改造世界中所具有的有目的、有计划和积极主动的有意识的活动能力。下面以维柯论证整个人类的主观能动性来说明这一观点：维柯尽管在《新科学》中反复强调天神意旨的重要性，信仰宗教的重要性，那是因为在意大利宗教盛行时期，他不得已而为之，是一种障眼法，醉翁之意不在酒。维柯首先把天神摆出来，却把神束之高阁，只给他一只天眼，让他远远地观看而不插手人世间的事情。维柯把充满各种烟火气息、生机勃勃的现实世界，交给人类自己去创造和管理。维柯其实要做的是弱化天神的无限性，而要说明人类的巨大能力。这种能力之一在于："人尽管羸弱，却有自由选择的能力和权利，能够把情欲变成德性。"[①] 人的这种自由选择，不是对欲望的无限膨胀，而是对肉体的控制。维柯说："意志自由是一切优良品质（包括公平或正义）的来源或寄所；是公平事物和一切凭公道制定的法律。人必定想要并拥有和使用自由意志，他们借此就能够逃避不公的命运。而没有这种自由，他们就无法规避命运。"[②] 维柯在《新科学》中真正要说明的其实是凸显人类的能动性：基于人的自私自利的本性和自由意志的选择，原始初民凭借自己的双手创建了属于自己的世界，而不是神创造出来的。这一切的根源在于人有自由选择的本能和权利。这一能动性实际上就是儿童的本性。

本能性、共同性和能动性，构成了儿童人性中的群性，所有儿童都具备这一特性，教育的功用在于将这些中性的群性引向善性。

（二）儿童人性中的善性

1. 神性

人性不但具有群性，还具有共同的神性。夸美纽斯对此深信不疑："人性不

[①] VICO G. The New Science of Giambattista Vico [M]. New York: Cornell University Press, 1968: 310.

[②] VIGO G. The First New Science [M]. Cambridge: Cambridge University Press, 2002: 9.

是在神庙之门上，不是在书名之页上，不是在人之舌头、耳朵和眼睛上，而是在他们的心上！"① 基于这样的认识，他就希望所有从事教育的人都能做到这一点，这样他们就能够体会到工作的尊严和自身素质的卓越，并尽一切力量来实现人的神性！在他眼里，人性与神性其实就是一回事。福禄培尔相信人具有神性，尤其是儿童。他对儿童的神性持有深深的敬畏，认为儿童的神性是上帝赋予人的宝贵的礼物。尽管在特定的语境下，我们并不相信人的神性，但不可否认的是，教育具有神圣性。在儿童教育领域里，教育者应该认识到并学会欣赏自己以及所从事工作职责的神圣性，善于发现自己和儿童的优势。无论是工作还是生活，教育者应该把这种神性传递给孩子们，让这种意识铭刻在孩子们的心中，让他们知道自己的独特性和神圣性。这种认识，在中国的儿童教育中，尤其需要引起重视。

2. 善性

人性善是卢梭一贯持有的观点，他尤其强调儿童的善性。生命最初的性善冲动始终是好的，卢梭认为在人的心灵中根本没有什么生来就有的邪恶，善良之心是人类与自己及其同伴关系的本能产物。然而，卢梭认为，了解善与热爱善并不是一回事。当人们了解善良后，他们就会本着良心去寻求良善，以便使自己的良知更像上帝。当然，人们也意识到，如果没有良心，人就与动物无异。但有人认为知识和理性是通向真理的唯一途径，卢梭并不认同这一观点。因为他认为研究不会带来任何道德行为，道德行为取决于人心中的内在感觉。美德不仅仅是热爱道德秩序，它更是一种道德行为。除此而外，卢梭还区分了善恶：善良接受神圣的秩序并关心整个人类，邪恶则只按照自己的意愿来安排秩序，而良心则说出了被人类遗忘的自然语言。实际上，遵循人类的自然语言，不加以虚饰，人类便会遵循良心与善。人类之所以善，是因为天意之善，使人类共享宇宙这个整体。

3. 自然性

人类的本性就像树一样，拥有自然的生存方式。"自然的基本特征是自我保护且具有同情心"，② 作为人类，我们必须具有这样的同理心，采取既能维持个人生命又能努力维持他人生命的方法行事。卢梭认为，自然也是保存生命的过

---

① COMENIUS J A. The Great Didactic of John Amos Comenius [M]. London，A.，and C. Black，1907: 26.

② PECKOVER C. Realizing the natural self: Rousseau and the current system of education [J]. Philosophical Studies in Education，2012(43): 84-95.

程，自然也是人类生活美好的一种标准。但是，卢梭也强调："当人与人之间的互动违反自我保护或同情心，并被操纵以使处于权力中心的人受益时，他们就变得不自然。"① 所以，他建议，人类针对自己的教育最好的做法就是参与并避免干扰自然界的方式。但是，现在的教育愈加制度化和规范化，儿童探究自然、满足好奇心的机会越来越少。在权力不对等、人格尊严不对等的师幼关系中，儿童处于不利地位，在诸多的权益得不到保障的环境中，还何谈保存儿童的自然性呢？

4. 情感性

人是有感情的动物，但能否成为或不成为真正意义上的人在很大程度上取决于他所处的社会状态。在自然状态下，卢梭认为人只有两种原始的激情：自爱和怜悯，它们是本能，而不是激情。卢梭通常将"激情"一词用于对自然的冲动，一种处于自然状态不需要控制的自然冲动。适当控制这种激情非常重要，因为人一旦完全不再依赖本能，就会不信任本能的激情以及对自然的热情。因此当他进一步确保人受到激情（尤其是性刺激）的影响时，理性就应该可以控制这些激情。在卢梭看来，保持人类的情感性，是自然而然的事情，是一种本性。维柯在其论证人类所具有的诗性的本能的时候，也反复强调原初人类所具有的情感性问题。可见，情感性是儿童的本性，毋庸置疑。现实世界中的儿童，哪一个不具有丰富的情感性？作为教育者，该如何保持并进一步激发儿童美好的情感性呢？

5. 自爱性

卢梭在《爱弥儿》一书中反复强调人的另一天性：欲念即自爱。他说："我们种种欲念的发源，所有一切欲念的本源，唯一同人一起产生而且终生不离的根本欲念，是自爱。它是最原始的、内在的、先于其他一切欲念的欲念，而且，从一种意义上说，一切其他的欲念只不过是它的演变。……为了保持我们的生存，我们必须要爱自己，我们爱自己要胜过爱其他一切的东西。"② 他认为自爱是纯粹且符合自然的，是一种原始肉身性的本能，甚至说是动物性的本能，因为动物同

---

① PECKOVER C. Realizing the natural self: Rousseau and the current system of education [J]. Philosophical Studies in Education，2012（43）：84-95.
② 让-雅克·卢梭. 爱弥儿 论教育（上卷）[M]. 李平沤，译. 北京：商务印书馆，1978：289.

样具有情绪和自我保存的欲望。最初，人的欲望是有限的，所以大自然只赐予人有限的能力，而把更大的能力隐藏在人的内心深处，等到需要的时候再爆发出来。只有在人生的最初阶段，我们才能享受到真正的幸福，因为只有在那个阶段，我们的欲望和能力是平衡的。人越是接近自然状态，能力和欲望之间的差距就越小，因而更容易获得幸福。拥有的东西越少，所感觉到的痛苦也就越少，幸福则越近。而自爱作为积极的自我保存，既是一种原始情感，也是一种原初的欲望。而情绪作为变异的自爱，也是一种变异的欲望，即一种消除不安和危机的反应，而消除不安本质上就是自我保护和自我保存。因此欲望是没有高下之分的，放眼望向追逐欲望的世人，不过都是不安的灵魂在寻求自爱的安宁而已。

或许有人会批评卢梭的自爱是一种自私自利的行为，但他认为，自爱并不意味着利己主义，而是一种自我修养。首先，自爱可以描述为一种对自我、他人和整个世界的复杂态度；其次，这是对自我的一种关注，是对人自身思想和存在的一种考虑；第三，它是"人们净化、改造和改变自己的自我负责的行为表现"[1]。因此，自爱是一种积极的自我训练，旨在学习抑制自己的利己主义欲望，为他人谋福利，这其实是一种利他主义的自我锻炼。在幼儿园教育中，教师要爱孩子，首先要懂得自爱；同样，小朋友要爱别人的前提，也是先学会爱自己。

6. 自我完善性

在文艺复兴时期，许多思想家将人类置于神与动物之间，置于动物的邪恶与神圣的善之间，置于野蛮与文明之间。因此，人类处于半兽半天使的境地，这导致人们认为人类的灵魂是理性和善良的，而身体却是感性和邪恶的。卢梭将人类的自然状态首先描述为一种动物的自然状态，这种状态在某些方面优于其他动物，在其他方面则为劣等，但具有其他动物所缺乏的先进品质。在他看来，两个人类之间的差异可能大于某些人类与野兽之间的差异，因为人类与其他动物的差异不在理解上，而在于程度上，在于拥有自由意志和判断、选择的能力和抵抗力上。卢梭认为，人类另一个显著特征是人类天生拥有自我完善的能力，这使得人类与动物有明显的不同。因此必须对人类进行教育，使其成为人并征服其动物性，也只有通过教育，人类才可以变得善良、理性和人道。正是通过教育，给儿

---

[1] WOLFF L A. Nature and sustainability: An educational study with Rousseau and Foucault [J]. Environmental Education Research, 2014, 20 (3): 430-431.

童提供各种条件，才促使他们自我完善其本能成为可能。

（三）儿童人性中的恶性

1. 自私性

儿童自私自利吗？从教育实践中我们发现，很多儿童为了食物和玩具与其他小朋友争执不下。窥一斑而见一豹，可以看出儿童具有一定的自私自利性，但这种自私自利性并非邪恶。维柯通过对词源学和神话学的考证发现，人类心路历程的发展有一系列的变化。这一变化表现如下："首先，就群体而言，人在野兽情况下只希求他自己的福利；娶了妻子，生了儿女之后，就希求自己和家庭的福利；进入了公民生活之后，就希求他自己和他所属的那个城市的福利；等到那个城市的统治推广到若干民族后，他就希求自己的和民族（或国家政权）的福利。如果若干民族由于战争、和约、联盟和通商而结合在一起后，他就希求他自己的和全人类的福利。"① 正是由于这种类的自利性，人类才从野蛮走向文明，但如果不对自利加以遏制，任其膨胀，人类就会逐步走向堕落。"其次，就个人而言，他首先感到必须，然后是效用，再次注重舒适，再迟一点就寻欢作乐，接着在奢华中就放荡起来，最后就变成疯狂，把钱财浪费掉。"② 这种心路历程，表明人类一切以满足自己的感官需求为前提。也正是基于自己感官需求的满足，人类才会逐步走向堕落。维柯想说，不管是个体的人还是群体的人，在任何情况下，人主要希求他自己的利益。这些行为表现充分说明了人的自私自利的本性，他们需要外部世界不断地满足日益增长的个体需求乃至不断膨胀的欲望。人类腐化的本性受制于自私欲或自爱的暴力，这种自私欲迫使他们把私人利益当作行动的向导，他们追求一切对自己有利的事物，而不追求对他人有利的事物。人类之所以会如此，维柯分析，是因为在现代社会（指大洪水之后的人所创立的社会，不是现代意义上的现代社会），人没有了信仰，便没有了畏惧感，也就没有了崇拜，人们竭尽全力地倡扬自己的感官需要，人性得以无节制地发挥。那么，真正意义的现代人性是否超越了维柯所批评的那个时代的人性？答案是否定的。从物质方面来

---

① VICO G. The New Science of Giambattista Vico [M]. New York: Cornell University Press, 1968: 341.
② VICO G. The New Science of Giambattista Vico [M]. New York: Cornell University Press, 1968: 241.

看，现代人由于自私自利，已经提前消耗了子孙后代的财富；从精神方面来看，因为过度追求物质导致心灵空虚，精神充满危机，更显示出人的自私自利性。

实际上，原初人自私自利在维柯那里不是批判与嘲讽，而是人之本性，无所谓善恶之分。恰恰是这种本性，成了推动历史发展的力量。当然，维柯在强调人性的同时，也不忘记声明：人类历史发展的原动力还是天神意旨，人凭着它，才会被限制在各种秩序之中，只得他应得的一份，即公道。唯有天神，才能维持世间的公道，人类社会是凭天神意旨来行使公道的。我们可以这样理解：自私自利是人的本性，人需要在一定程度上得到满足，但也不可无限放大这种自利性。这需要有一股制衡欲望和现实的力量，在外应借助法律的力量，在内需借助宗教、道德和自省的力量。

2. 自大性

维柯为了真实地了解最原初人的本性，抛弃掉书籍，以防止学者和历史的虚骄讹见影响他探究真实的人性。在研究了拉丁文词源学、古罗马神话学、古罗马民俗学和语言学之后，他得出了人类初年原始人心灵的特点，其中之一就是人具有自大性。

维柯依据各学科考证的结果断言：就事物的自然本性来说，人类的起源一定是微小、粗陋和渺茫幽暗的。野蛮时代的人类（婴儿）第一次听到雷鸣，心理就产生了一种强烈的畏惧感，这正是人类面对陌生的不可理解的事物时而产生的畏惧的心理特质。面对畏惧，人类如果要进行揣测，就必然要找到一个想象的起点，这个起点便是：一、以己度物。"由于人类心灵的不确定性，每逢处在无知的场合，人就把他自己当作权衡一切事物的标准。"[①] 二、以知揣无。"人对辽远的未知的事物，都根据已熟悉的近在手边的事物去进行判断。"[②] 三、以己释疑。"人们对与他们有关系的但还有疑义而不甚清楚的事物，自然而然地经常按照他们自己的某些自然本性以及由它们所引的情欲和习俗来进行解释。"[③] 他们通过想象，

---

① VICO G. The New Science of Giambattista Vico[M]. New York: Cornell University Press, 1968: 120.

② VICO G. The New Science of Giambattista Vico[M]. New York: Cornell University Press, 1968: 122.

③ VICO G. The New Science of Giambattista Vico[M]. New York: Cornell University Press, 1968: 220.

将雷鸣电闪视为天神的暗示，将自然人格化。正是这种自大的本性，人类得以不断发展。由于原初人（婴儿）的无知，他们仅凭感官和想象做出判断，故他们的选择是最不确凿可凭的，只有需要和利益对他们来说才是最确凿可凭的。由于这种不确定性，"人类心灵就相信它所不认识的东西比实际的更伟大"①。而且"人心由于它的不确定性，每逢他坠入无知中，就会把自己当作衡量宇宙的标准，去对待所不认识的一切"②，让自己成了宇宙的中心。这一特点，和儿童认识外部世界时，把自己当作一切的中心是多么地相似！

3. 无知性

人类似乎生来就好为人师。早期的人类"在描绘未知的或辽远的事物时，由于自己对它们并没有真正的了解，却又想对不了解此事物的其他人解释，就总是要利用自己熟悉的或近在手边的事物的某些类似点加以说明"。③ 人类由于无知，认识不到事物产生的自然原因，因而轻易就产生了迷信。人类对大自然无知而产生的恐惧，使人类相信有一股超自然的力量在支配着他们，于是就产生了神灵崇拜。知识来自好奇，好奇来自无知，所以，真正的创造并不是来自已知，而是无知。因为只有不知道才会产生想象，才会以己度物，以知揣无；也正因为不知道，才会产生畏惧，夸大事实并产生信仰。原始人类的想象、揣测、畏惧、迷信等心理特质，恰是人的诗性的基本表现，也是人类创造性思维的基本条件。

4. 堕落性

夸美纽斯基于自己的信仰，分析了人由圣人变成凡人的历程：上帝以自己的形象创造了人，并赋予了人类有限的理性和自由意志，上帝不想剥夺人类的这些特权，便允许人类堕落。人由于堕落而腐败，被黑暗笼罩，他的灵魂就渴望邪恶和罪恶，因而他神圣的灵魂和生命，就从不朽变成了凡人。夸美纽斯说："人本身并没有能力摆脱自己的堕落，只有通过上帝与人之间的合作才能完成，包括在创造过程的延续上以及重生上。同样，他们自己无法发起重生，依旧需要依靠上

---

① VICO G. The New Science of Giambattista Vico [M]. New York: Cornell University Press, 1968: 48.
② VICO G. The New Science of Giambattista Vico [M]. New York: Cornell University Press, 1968: 181.
③ VICO G. The New Science of Giambattista Vico [M]. New York: Cornell University Press, 1968: 741.

帝的力量。重获新生的人必须根据自己的自由决定权，通过敬虔的行动来确认自己的皈依，并服从上帝的旨意。"① 因此，从绝对意义上说，人不能没有上帝，上帝也不想没有人。换句话说，在上帝的恩典与人的自由意志、主动和被动的原则之间达成一致，是极为必要的，因为没有彼此的合作，人类的救赎是不可能的。一切活着的事物都渴望并追求其最高的利益，然而，人类在短暂的一生中靠自己的力量无法实现这一点。因此，必须存在一个至高无上的永恒世界，在这个永恒的世界里，人类能够实现自己的最高利益，也可能实现自我，从而完成人类的任务。这个永恒的世界，就是上帝。因此，夸美纽斯一再强调，只有在上帝的允诺和庇护下，人类才能获得一切的知识、无限的行动和一切想得到的结果。在夸美纽斯看来，人类所具有的共同性、神性和堕落性，都离不开上帝的允许。在儿童的世界里依然如此，因为儿童是上帝给予人类的最好的礼物。

对于儿童的人性，通过上述的分析和实践观察，我们发现，儿童既有善性，也有恶性，但这里的恶性不是指儿童邪恶多端，而是指儿童本身所具有的特性。明晰儿童身上的善恶之质，旨在要求成人读懂儿童的本性，在教育中能够顺应并发扬其善性，在一定程度上满足并节制其恶性，从而使其健康成长。本节的论述，为后文自然教育的展开奠定了讨论的基础，无论是认识论、课程论还是方法论，以及人的培养问题，都需要起始于人性的探究并终结于人性的讨论。

小结：施莱尔马赫的心理学阐释

研究思想家的人性观，无法跳过思想家的时代背景和生活背景，因为他们的思想都打上了时代的烙印，而人性又离不开人的社会性。夸美纽斯、维柯和卢梭，这三位教育思想大师生活于风云变幻的激荡时期，他们出生的时间和地点之特殊告诉我们，欧洲历史上的"姊妹"思想革命运动——文艺复兴和启蒙运动，其前奏和续曲的关系，势必要影响他们卓越而独创的思想。揭开历史的序幕，他们的人性观之根源就清晰地展现在我们的面前。夸美纽斯的人性观完全来源于上帝的创造，因为他生活在国破家亡的黑暗时代，作为"捷克兄弟会"会长的他，要竭尽全力地维护他所归属的宗教的合法性。因此，他的人性论充满了浓重的宗

---

① COMENIUS J A. The Great Didactic of John Amos Comenius [M]. London, A., and C. Black, 1907: 33.

教色彩是理所当然的。维柯生于文艺复兴和启蒙运动交替时代的原欧洲文明发源地意大利，处于侵略战争之中，那不勒斯王国（the Kingdom of Naples）遭受外军的蹂躏，处于西班牙哈布斯王朝统治之下，历时长达百年之久，意大利人民长期处于煎熬之中。随后，那不勒斯又为奥地利和法国波旁王朝统治。那时的意大利，甚至还不能算是一个国家，它其实是由教皇和很多个小王国分割控制着。西班牙国王派总督管理意大利，教皇和王国之间纷争不断。天主教的统治在意大利是相当严酷的，思想自由、信仰自由受到了教会的压制。受宗教势力和西班牙政治势力的压迫，维柯既要迎合宗教势力，又受到文艺复兴和启蒙运动的影响，他的人性论既体现了对宗教的尊重，又体现了"反对宗教神权，宣扬世俗人权"的光辉。出生于18世纪欧洲启蒙运动高潮时期的卢梭，因祖辈躲避宗教的迫害而来到瑞士，其人性观中彰显人类的善、自由与完善，合情合理。

以上分析，属于阐释学中的心理学解释。其规则主要是从作者生活的整体研讨作者思想的产生，这是一种对"促使作者去交往"的原始决定或基本动机的研究。按照施莱尔马赫的看法：心理学的解释所关心的则是作者的个性和特殊性，这种解释是内在的。① 心理学解释在施莱尔马赫那里实际上是一种他所谓的预感行为，即一种心理转换，一种把自己置于作者整个创作活动中，一种通过想象、体验去对作者创作活动的模仿。因此在施莱尔马赫看来，理解就是对原来的生产品的再生产，对已认识东西的再认识。他认为，"正确的解释就是要消除解释者自身的成见和主观性，也就是要成功地使解释者从自身的历史性和偏见中摆脱出来"。② 所以，要理解这三位思想家所说的人性的差异性，就要站在这些思想家的时代背景和生活背景中去体悟他们的言说。如此，对于夸美纽斯对上帝的笃信、维柯对上帝的口是心非以及卢梭把上帝从他的人性中抛离出去的做法，我们就不足为奇了。

第二节 自然教育何以存在

印度圣人喇嘛尊者说过，童年教育是人一生的基石，童年播下的种子，他日

---

① 弗里德里希·施莱尔马赫.1819年讲演纲要［C］//洪汉鼎.理解与解释——诠释学经典文选.北京：东方出版社，2001：77.
② 洪汉鼎.诠释学——它的历史和当代发展［M］.北京：人民出版社，2001：74.

终将开花结果，童年教育何其重要！现今的一些孩子，衣食无忧，却体力欠佳、意志薄弱，造成这种情况的一个重要原因是他们远离了自然。让孩子在大自然中生活，让他在荒野中体验大自然物种间的互助与互赖，感受自然的宽容与博大，是培养孩子绝好的方式。这种思想已被很多人接受。早在三百余年前，诸位思想家们就为此振臂呼吁过。而今，对于重建儿童与自然的关系来说，最有益的莫过于重温自然教育存在的必要性。

一、早期教育之必要

（一）学校教育

夸美纽斯认为，好的教育不是从中间或者结尾开始，而是越早越好。他运用自然现象进行论证："树木还在生长时，不论长得高或矮，不论树枝直或曲，它都保持原样不变，当它长成大树以后，就不能改变了。"① 这是因为改掉自己的某种长期习惯是很难的事。如果要使一个长期在不良教养中成长的人回到他以前的状态，是极为困难的。"一切产生的事物的本性就是，在它柔嫩时易于弯曲和塑造，当它长结实以后，就不易改变了。"② "如果要使一个人成长为一个善良、正直人，就必须通过教育来培养他；只有将知识、美德和虔诚的种子自然地植入了孩子体内，这些种子才能发芽、长大、开花并结出果实。"③ 儿童时期是接受教育的最佳时期，是最有可能朝着教育者希望的方向发展的时期。他呼吁道："如果每个人都心怀自己子女的福利的话，那么请让他们赶紧为自己的子女及时种植、修剪以及浇灌创造条件，以使他们可以审慎地在信仰、德行和虔诚方面取得长足的进步。"④ 正如西塞罗所说，蜡在柔软时易于固定和取样，在坚硬时却容易断裂。儿童教育要趁早，尤其孩子还小，正是最容易受到环境影响的时候。如果此时的孩子受到了不良环境的影响，就会影响以后的成长；而一旦秉性成形，就绝不会

---

① 夸美纽斯. 大教学论·教学法解析［M］. 任钟印，译. 北京：人民教育出版社，2006：19.
② 夸美纽斯. 大教学论·教学法解析［M］. 任钟印，译. 北京：人民教育出版社，2006：57.
③ COMENIUS J A. The Great Didactic of John Amos Comenius［M］. London, A., and C. Black, 1907：52.
④ COMENIUS J A. The Great Didactic of John Amos Comenius［M］. London, A., and C. Black, 1907：60.

轻易改变。俗语"三岁看大,七岁看老",正是这个道理。

文艺复兴,不仅标志着人的理性觉醒和逐步成熟,而且强调人的价值、精神、尊严和自由。但是从某种意义上讲,文艺复兴唤醒的只是"成人",而不是"儿童"。在教育史上,是卢梭首先发现了"儿童",他肯定了童年的内在价值:"人类生来因为软弱,需要力量;因一无所有,需要帮助;因生来愚昧,需要判断的能力。人类生来所没有的而后来又需要得到的东西,都只能靠教育赐予。植物靠栽培,人类靠教育。"① 在宗教束缚和政治压迫严重的十八世纪,卢梭提出了其富有革命性的儿童观:"童年不是成人的准备,不能因为成年而否定童年,童年有其固有的价值。"② 童年不幸,一生不幸。但如果童年快乐,即便是以后不幸福,但至少有了这么一段幸福的童年时光,也为以后的生活储备了活力和生命力。"如果他在童年时期确实是那样的单纯和善良的话,我深信,他到了青年时期必然是心地仁慈和十分厚道的,因为情感的真实在很大的程度上是依靠观念的正确的。"③ 对于卢梭而言,他相信只有大自然才能够培养出善良而单纯的人。

童年对于一个人的一生很重要。童年能激发幼儿的游戏兴趣、发掘幼儿的本能和养成良好的习惯,我们绝不能忘记什么是适合儿童需要的事物。人类在事物的秩序中占有一席之地,童年在人类生活的秩序中占有一席之地。作为西方世界为儿童呐喊第一人的卢梭说过:"在万物的秩序中,人类有它的地位;在人生的秩序中,童年有它的地位;应当把成人看作成人,把孩子看作孩子。"④ 所以,我们必须站在人的立场上考虑人,站在孩子的立场上考虑孩子。

蒙台梭利也非常重视童年,重视儿童,那么儿童研究也就显得尤为重要,因为它能触及人类所有的难题。每一次科学重大领域的突破,都与儿童有关,于此而言,儿童对推动社会发展具有重要的作用。每一个生命的到来都有其自身存在的意义、与生俱来的能量和潜在的本能,这些因素都决定了这个生命的特殊性,决定了他应当进行的自然活动、形成的特征以及发展的方向。儿童,在蒙台梭利的眼里,是社会发展的强大的原初动力,是人类的希望和未来。

---

① 让-雅克·卢梭.爱弥儿:精选本[M].彭正梅,译.上海:上海人民出版社,2011:11.
② 彭正梅.现代西方教育学的历史考察[M].上海:上海教育出版社,2010:17.
③ 让-雅克·卢梭.爱弥儿 论教育(上卷)[M].李平沤,译.北京:商务印书馆,1978:313.
④ 让-雅克·卢梭.爱弥儿 论教育(上卷)[M].李平沤,译.北京:商务印书馆,1978:74.

（二）家庭教育

早期教育的重要性体现在学校教育中，更体现在家庭教育中。福禄培尔对此也进行了相关的阐述。他十分重视儿童和童年的过程，他的整个儿童教育思想建基于其哲学思想——回应、关系和责任（response，relationship and responsibility）之上。这种哲学观点，在他的家庭教育中充分体现。每个人的童年都应当被看作人生中不可缺少的重要组成部分，父母作为上帝指派的监护人，应更加深刻地认识到自己对儿童和对人类的责任。在同样程度上，父母还应当把自己的孩子放在一定的时空中进行联系，放在同人类发展的现在、过去和将来有明确关系和活生生的联系中进行考察，并使儿童的训练和教育同人类和民族当前、过去和未来的要求联系、协调一致起来。于儿童而言，他们天生具有创造力，游戏可以让他们意识到自己在世界上的地位。福禄培尔的家庭教育，既重视个体的家庭教育，又超越家庭领域，将儿童个体的发展同民族、人类的发展结合起来，立意高远。

二、自然教育方式之重要

（一）集体教育之可能

大自然为我们提供了无限的启示，夸美纽斯通过观察大自然，如森林中大量生产木材、田野中大量生产草、湖泊中大量生产鱼、地球内部大量生产金属等实例，告诉我们：无论什么东西都要大量生产，且都必须在某个地方生产。既然如此，人才也有必要大量生产，学校的集体教育正可以培养大量的人才。果园越大，树木生长得越好；鱼塘越大，鱼生长得越大。"正如鱼塘是为鱼而挖的，果园是为果树而造的，学校也应该为年轻人而建。学校可以以较少的人力、物力为社会提供成批的有用人才，有利于促进社会的进步。由于父母很少有足够的能力或足够的闲暇时间来教孩子，所以孩子入学就是必然的。"① 尽管有一部分孩子的父母有闲暇时间照顾孩子，但夸美纽斯认为，"(这些孩子) 最好还是与年轻人一

---

① COMENIUS J A. The Great Didactic of John Amos Comenius [M]. London, A., and C. Black, 1907: 63.

起在大的班级中读书，因为当一个小学生要获得更好的成绩和更多的乐趣时，这些大一点的年轻人就起到了榜样的作用，年轻人的这种行为也激励着其他年轻人"。① 为了达到夸美纽斯从自然习得的高效的课堂教学的目标，使课堂教学表现出更多、更快、更好的优势，他制定了具体的课堂组织形式：根据孩子的年龄和知识水平分为不同的班级，每个班级有一间教室；每个班级有 10 名学生，并从其中选拔 1 名优秀学生作为 10 名学生的负责人，以协助课堂管理和学习。每个班级制定统一的教学计划，编写统一的教材，并规定统一的工作和休息时间。这样做有利于教育对象的扩大和教学的普及。同时，面对教室里大量的学生，教师教学热情会很高，这也有利于提高学生的积极性。在小组学习中，学生也能够相互鼓励、互相帮助并提高学习效率。集体教学，相较于个别教学，既经济又高效。也正因此，夸美纽斯的班级授课制为全世界所接受并一直延续至今。

（二）回归自然环境之必要

卢梭的自然教育的主阵地在大自然中。在大自然中培养自然人，在哲学和生活经历中，卢梭不断地寻求个人与自然的和谐。如果人类不真切深入地感受与体验自然的美好，就无法享受上帝的丰富馈赠。自然世界在卢梭的眼里是遐想的理想空间，充满着诗意与浪漫。大自然有美丽的天空、湖泊、花朵……所有这些景物都有助于生活在如此之美的大自然之中的卢梭以及其他人获得幸福。自然景色中的生命，是存在于人的心中的，要理解它，就需要对它有所感受和体验。孩子看到了各种景物，但是他不能看出那些景物之间的关系，他也不能理解它们彼此之间的和谐。"要能感受所有这些感觉综合起来的印象，就需要有一种他迄今还没有取得的经验，需要一些他迄今还没有感受过的情感。"② 感受大自然，体验大自然的情感，发现事物与事物之间的内在关系，就应该让孩子多去接触大自然。否则，大自然在孩子眼中仅仅是一种摆设而已。如果孩子没有在干燥的原野上跑过，如果他的脚没有被灼热的沙砾烫过，他就很难去领略早晨的清新空气。不在草地上软绵绵地行走，就不会使感官上更加畅快。② 所以，多带孩子去感受大自然中

---

① COMENIUS J A. The Great Didactic of John Amos Comenius [M]. London，A.，and C. Black，1907: 63.
② 让-雅克·卢梭. 爱弥儿 论教育（上卷）[M]. 李平沤，译. 北京：商务印书馆，1978: 218.

的每一个事物，本身就是对孩子的一种教育，这种教育也是大自然带给孩子的。不经历大自然生活的人，不能称之为生活过的人，甚至还不能称之为受过教育的人。生活在自然环境中的自然人和生活在社会环境中的自然人是大有区别的。

卢梭在乡下漫长的流浪生活中不仅实现了自己的遐想，而且实现了自身灵魂的净化，因此他尝试鼓励儿童进行更多的乡村活动。他认为，如此美好的自然环境，也只有乡村才最纯正。他说："把孩子送到农村去，他们在那里自然地使自己得到更生……跟着也就获得了快乐。"① 他丝毫不掩饰对自然的赞美和对人类社会的批判："大自然是那样的和谐，那样的匀称，而人类则是那样的混乱，那样的没有秩序！万物是这样的彼此配合、步调一致，而人类则纷纷扰扰、无有宁时！"② 这种思想导引着卢梭倡导一种观点：只有在自然状态下，儿童才能够在生活中获得自由、恬静、幸福和快乐！

（三）建造"儿童的花园"之急迫

为顺应儿童的本性，福禄培尔开始了他的智力之旅，来到了被他称为"孩子的花园"的地方。在福禄培尔看来，花园以及自然是灵性的体现。例如，植物可以生长，但若是缺乏适当的阳光和水就无法生长。福禄培尔也如卢梭般批判成人："孩子的成长会遵循自然，而老师却在保卫孩子的幸福和权利的过程中脱离了自然。"③ 他认为教育者应该把自己看作是园丁，主要展现孩子们拥有的基本天赋，并培养这些才智，以使其智力和潜力得以发展。为了避免成人世界的混乱限制儿童的自我活动，他把儿童比喻为花园中的花朵，把教育比喻为花园，把教育者比喻为园丁，把幼儿园比喻为家庭与学校之间的桥梁。

除了重视物理的自然环境外，福禄培尔还强调了作为社会存在的儿童与其身体和社交环境互动的重要性，尤其是与同龄人的社交合作。福禄培尔相信孩子们可以通过个人的活动方式来拓展自己的环境，这种自我活动或游戏为孩子们提供了一个了解外部世界以及与之互动的机会。通过这些反应，孩子们可以体验自己作为主人的能力，能够发展各种技能；另外，孩子们一起玩耍和共同创造的努力

---

① 让-雅克·卢梭.爱弥儿 论教育（上卷）[M].李平沤,译.北京：商务印书馆,1978：44.
② 让-雅克·卢梭.爱弥儿 论教育（下卷）[M].李平沤,译.北京：人民教育出版社,1978：397.
③ SHAPIRO M. Child's garden: The kindergarten movement from Froebel to Dewey[M]. University Park: Pennsylvania State University Press, 1983: 188.

也使他们彼此之间的友谊得到了加强。在整个教育过程中，福禄培尔认为"教育者的首要关注点必须是儿童人际关系的增长"，① 其次，要注意"培养儿童从以自我为中心的立场向思考他人认识观点的转变"。② 福禄培尔对个人地位和社会价值的信念引起了人们思想方面的共鸣，这凸显了孩子理解"自己是整体的一部分"的重要性。宇宙中的一切都是整体的一部分，每个人作为人类社区的一员，彼此之间都有关联。

（四）精神胚胎寓于自然环境之必要

人既是精神的，又是物质的，正如蒙台梭利告诉我们的那样，年幼的孩子既是身体的胚胎，也是精神的胚胎。儿童作为精神领域丰富的存在，倘若让他在自然状况下发展，他的潜力会是无限的，创造的能量也是无法估计的。蒙台梭利认为："没有任何书中的描述，没有任何图像可以代替真实树木的景象……在真正的森林中，有些东西是从树上传出的，这些树向灵魂说话，有些东西是任何书籍和博物馆所不能够提供的。"③ 每个生物都从环境中获取某种东西。大自然是真实的，地球不属于我们，但我们属于地球。小孩也是如此，他的环境应该是自然环境，他属于地球。

自然首先创造事物，然后由于自身的功能而发展成事物。一切都取决于自然，所以我们必须服从自然的命令。蒙台梭利强调人与自然接触的重要性，声称孩子出生是为了满足这种基本需求。她说，孩子爱大自然，儿童从移动和抓握物体中获得乐趣，教育应该成为有助于孩子自然成长的工具。自然会激发儿童的观察力、创造力、独立性以及归属感，所以，儿童需要与自然接触才能成长。然而，蒙台梭利所处的时代对自然的重视程度远远不够，她批判道："在我们所生活的文明环境中，儿童的生活与自然相距甚远，他们几乎没有与自然亲密接触的机会或有直接的自然体验。"④ 即便是在蒙台梭利所生活的世纪，她都哀叹儿童远

---

① LILLEY I M. Friedrich Froebel: A selection from his writings [M]. Cambridge: Cambridge University Press, 1967: 19.
② BOWLBY P. A case study of Froebel education in practice [D]. Concordia University Montreal, Quebec, 2016: 06.
③ MONTESSORI M. From childhood to adolescence [M]. Schocken Books, 1973: 35-36.
④ MONTESSORI M. The discovery of the child [M]. Kalakshetra Publications, 1948: 98.

离自然，更何况是生活在越发工业化的 21 世纪的儿童呢？

而且，远离自然的生活方式正在使很多人对大自然感到恐惧。比如，很多成人害怕孩子弄脏自己，不断地告诫孩子：不要玩土、不要脱掉袜子和鞋子进入沙坑等。但是，如果孩子不亲自进入沙土中，他们该如何体验沙土的温度、建构自己喜爱的沙堡？针对类似的问题，蒙台梭利早就告诉我们："让孩子们自由活动并感到愉悦，下雨天让他们在雨中玩耍；让他们赤脚在草坪上奔跑，不要担心草坪上的露水弄湿脚丫。让他们在树荫下安静地睡觉；让他们在太阳底下尽情地大喊大叫。"① 这样的生活是最贴近儿童需求的生活，没有任何孩子会拒绝，但是成人给孩子们机会了吗？

儿童应有他们简单纯真的童年，成年人不应压制孩子本来就有的天真烂漫的本性。那么成人应该怎样教育儿童呢？大自然赋予人类生命，并为人类提供生存所需的工具，自然是大师，孩子们也许比大多数成年人都更了解这个真理。夸美纽斯、卢梭、福禄培尔和蒙台梭利都主张自然教育，要求将儿童从社会因袭的束缚与压力中解放出来，回归人的自然状态，遵循人的自然天性。在早期教育上，要带领儿童去那种安静、祥和的自然环境中，让他们自己体验自然的和谐美妙。关注儿童真正的所思所想，才能体会真正的"儿童本位论"，体现人文内涵。

第三节　自然教育是什么

关于自然教育的概念界定，我们在绪论中做了较为系统的阐述，但是自然教育思想家们对它的认识仍是仁者见仁，智者见智，挖掘他们对自然教育的独到见解是十分必要的，这也是自然教育本体论所不可避免的问题。

一、自然智慧

夸美纽斯在其颠沛流离的一生中，写出了影响教育思想史的两部巨著——《大教学论》和《母育学校》。在这两部著作中，夸美纽斯充分阐述了自然的规律，并将其适当地运用于教育领域（包括婴幼儿教育和儿童教育）。作为

---

① MONTESSORI M. The discovery of the child [M]. Kalakshetra Publications，1948：100.

德国和天主教会统治之下的捷克人，作为"捷克兄弟会"会长的夸美纽斯希望借助教育改良社会，因为当时的社会新兴科学异峰突起，近代自然科学体系正在形成，而且欧洲哲学有了很大的发展。培根"经验论"的哲学思想被人们所接受，"认识事物的方法来源于实验"的观念逐渐深入人心。在这样的时代背景下，夸美纽斯号召向自然学习，从自然的规律中寻找教育的规律，从自然的和谐中追求人的和谐发展。那么，夸美纽斯心目中的"自然"是什么呢？"教育顺应自然"的具体含义是什么呢？

（一）"自然"的概念

自然是什么？很多人对之有片面的理解，以为是纯粹的无人类参与的大自然。其实不然。夸美纽斯的"自然"内涵丰富，他将"自然"分为三类：（1）可以观察的对象，如天、地以及天上、地上的一切事物；（2）能够模仿的对象，如普遍存在于一切事物中、人应当在行动中模仿的奇妙的规则；（3）能够享受的对象，为神的恩惠和神为了今生和永生而作的多方面的祝福。[①] 他的"自然"概念包含了人类没有改变其原始形式的可见世界、人类的本性以及上述力量在物质世界中所发挥的作用。根据夸美纽斯的观点，世界的三个主要原理由此创造。现在看来，夸美纽斯的"自然"含义，绝非我们所理解的只是可见世界中的狭隘自然，他最常使用的"自然"这个词语的含义是指于物质世界中处于最高发展阶段的人类。夸美纽斯将人类视为自然的一部分，认为每个人的出生都类似于世界的起源。他说："如果没有人类，就不可能将这个视觉世界称为宇宙。"[②] 因此，当我们试图理解夸美纽斯的"自然"含义时，有必要同时反映他的人类概念。实际上，夸美纽斯的"自然"是大写的自然，是超越简单的物质层面、包含着人类和上帝的自然。

（二）自然智慧

自然智慧是夸美纽斯"教育适应自然"的依据，他首先阐释了"智慧"的含

---

① 夸美纽斯.大教学论·教学法解析[M].任钟印，译.北京：人民教育出版社，2006：70-71.
② ČÍŽEK J. The pansophia of Jan Amos Comenius with regard to his concept of nature[J]. Acta Comeniana，2014（28）：51-93.

义:"sapientiae"一词与"spiritum""spirit"结合在一起,意在强调智慧精神。①智慧对于成熟确实很重要,是人类已经达到成熟的关键指标。但夸美纽斯强调的是一种特殊的智慧,"一种来自上帝自然创造的并与世界互动的智慧"①。这样的智慧需要具备以下各种能力:(1)意识。为了发展智慧,人必须首先具有良好的意识。在教育中,要积极寻求激发学生感官的方法,以实现最佳学习效果。当儿童与自我进行学习互动时,他更容易记住所教的内容。因此,儿童获得了更全面的教育。当儿童有清晰的意识时,他们就可以辨别是非。这是因为他们充分利用五种感官,共同完成识别这一活动。(2)洞察力。当夸美纽斯用《世界图解》向儿童介绍世界时,他以结构化的方式使儿童面对自然世界。之后,即便是离开书本,儿童仍可以根据《世界图解》将世界与他们每天所经历的世界进行比较。(3)批判性思维和判断力。批判性思维对于日常生活至关重要,这是儿童学习辨别是与非、善与恶、和平与战争的法宝。夸美纽斯在利用自然并通过自然探索普遍性的过程中,激发儿童获得智慧。

(三)教育适应自然

作为被造物的大自然无时无刻不遵循其运行的规律,如四季轮换、昼夜交替。作为上帝成果之一的教育,也应该遵循自然的规律,即"教育顺应自然"。夸美纽斯对此做了清晰的解释,包括两方面的含义:其一是指教育要顺应大自然的运行法则。他认为大自然的法则是教育的正确法则,教育的法则应依自然的法则得来。"每一种服从自然的命令的生物都将它的行动约束在恰当的限度以内,因而由于小心地在细节上遵守规则,宇宙的规则就得以维持。"②比如:鸟儿在春天繁殖,园丁在春天种植,故人类的教育也应模仿自然,从"人生的春天"即儿童时期开始教育。他要求人们走出书房,接近大自然,欣赏大自然的美,探究自然的奥秘。认识自然,从橡树等自然事物中获得鲜活的、生动的、有用的知识,开启人的智慧的源泉。认识自然的教育应从家庭教育开始,贯穿教育的全过程。其二,教育要顺应儿童个体的自然发展,即顺应儿童的自然天性、年龄特征、心

---

① WOOTEN K C. Johan Amos Comenius and "organic" education [J]. Tennessee Research and Creative Exchange, 2009, 1399(4): 1-39.
② 夸美纽斯. 大教学论·教学法解析 [M]. 任钟印, 译. 北京: 人民教育出版社, 2006: 89.

理需求等。夸美纽斯所理解的自然的规则包括存在于自然界、人类社会和人本身的共同规律。自然规则是客观、普遍规律的别名。遵循自然规则，就是遵循事物的客观规律。他尝试将教学理论置于客观规律的基础之上，在论述教育规则和方法时，夸美纽斯总是先提出一条自然规律，然后指出人类的活动如何遵循这一规律，接着批评当时的教学违反了这一规律，最后提出教育顺应自然的正确方法。夸美纽斯的意图是以自然规律去论证新教学法，使之有理论依据，使之具有更强的说服力和可信性，使之逐渐向理论的高度升华。

总之，夸美纽斯的"教育顺应自然"的原则是他对自然、社会和教育进行一定认识的结果。在他看来，世界万事万物是有机联系的整体，局部要服从整体的安排，教育和个人要遵循自然总体的秩序。教育原则存在于自然中，所以，这种规则只能以自然的作用为借鉴，模仿自然，这在当时也是一种思想的进步。这一思想的提出，无论是对"一只脚已经迈进了资本主义的大门，而另一只脚却停留在封建主义庭院中"的彼时，还是对科学技术高度发展的当下乃至后现代的未来社会，都未过时并永不过时。

二、诗性语言

在《新科学》中，维柯所论证的所有人类初年的各种文化和心理表现，都是个体儿童的自然表现，他秉持着"事物是按照自己的本性进行的"这一原则，证明了儿童的各种自然性。这种自然性，主要体现在儿童的诗性语言上。

（一）"自然"之含义

维柯在他的《新科学》中，抛开大自然，专注于人类世界的事务，似乎不谈自然的问题，但"自然"（nature）这个词又是他的核心词汇。他对"原则""自然（本性）"和"民族"这三个概念进行追溯，发现它们的字源意义都是"出生"，并都具有"脱胎出生"之义。在他看来，自然就是本性。他将"自然"这个概念用于民族的本性来加以说明：民族中各种制度的自然本性不过是它们在某些时期以某种方式产生出来的，时期和方式的特质决定了制度的特质。这就是"自然"或者说是"本性"。也就是说，只要有某种特定的时期和方式，所诞生的就是一个独特的民族而不是其他东西，民族不可分割的必然性是由于它诞生的时期和方式的独特性,任何具有这种特性的事物,都必然属于同一个民族,我们就可以肯定它的本性或诞生是如此而不是如彼。在维柯那里,自然就是本性,民族也是本性,自然即民族。显然,他的"自然"之含义主要落脚在"本性和民族"之上。

(二)诗性语言的自然起源

早期各异教民族的语言的产生是自然而然的,由于语言的贫乏和想要使别人了解自己的需要,人类就产生了咿咿呀呀、嘟嘟囔囔的语言。处于兽类孤独状态中的人,像婴儿一样竭力用喊叫声、咕噜声和嘟哝声来表达情感,但又只是在最狂热的激情的冲动下才这样做,就如同婴儿为了满足自己需求而被迫发出声音一样。维柯考证道:"土俗语起源于自然,它们的含义也必然是指向自然的。"① 因为原初人的理解力是极其局限的,想象力丰富而抽象能力薄弱的他们,当看到事物想要给他们命名的时候,只能依据最初看到的事物原本的样子来命名。从这个方面来说,最初命名事物的那拨人就是诗人。维柯几乎花费了他全部的学术生涯坚持不懈地钻研,发现原始的诸异教民族,由于一种已经证实过的本性上的必然,都是些用诗性文字(poetic character)来说话的诗人,这个发现就是打开《新科学》的万能钥匙。

各民族都是用诗性文字来思想,用寓言故事来说话,用象形文字来书写的。而这三项原应是哲学在研究人类思想,语言学在研究人类文字之中都应运用的一些确凿可凭的原则。这些原则是:(1)异教世界的原始人都凭一些有生命而无言的实体,凭想象来构思事物的意象或观念;(2)他们都通过与这些意象或观念有自然联系的姿势或具体事物去表达自己,例如用三根麦穗或三次镰刀来表示三年;(3)用一种具有自然意义的语言来表达自己。② 文明的创始人(被维柯称为"民族的婴儿"),不是那些哲人而是野蛮人,是那些原初人,他们基本的理解世界的方式不是理性,而是本能、感觉、知觉和操作性发明。"作为普遍原理的最原初和基本的模式,不是科学和哲学的一般性,而是诗。"③ 这些原始人具有"诗

---

① VICO G.Vico: Selected writings[M]. Cambridge: Cambridge University Press,1982: 261.
② 伯林.反潮流:观念史论文集[M].冯克利,译.南京:译林出版社,2002: 42.
③ VICO G. The autobiography of Giambattista Vico[M]. New York: Cornell University Press,1963: 43.

性的人物性格",只懂得具象思维,只会用想象来思考问题。那些民族世界的婴儿的诗性语言,不是后天习得的,完全是来源于本能,为了生存而用。

(三)诗性语言的特性

语言是人的本质所在,人之所以成为人,就因为人有语言。人类语言的最初发展是自然、自发和生动的过程。"各族语言一定都是从单音词开始,因为尽管现在词汇中多音词很丰富,但是儿童们初学语言时也还是从单音词开始,尽管儿童的发音器官纤维已经很灵活。"① 维柯要说明的是,人类初年语言的发展就和儿童的语言发展是一样的,充满了本能性、情感性、歌唱性、真实性和隐喻性等。

1. 本能性

诗性的语言不是靠后天的努力而完全是一种本能。"一个人一旦将另一个人视为与己类似的、能感知的、能思想的存在,那么,交流感觉与思想的渴望或需要,会促使他寻找交流的方式。这些方式只能产生于感觉,这是一个人能够作用于他人的唯一手段。于是就有了表达思想的感性符号。语言的发明者并不是通过理性论证,而是通过直觉得出了这一结论。"

2. 情感性

维柯说:"世界在最初的童年时代所形成的诗性意象是特别生动的。"② 这种形象生动性表现在:"人们用迸发出的歌唱来发泄强烈的情感,像我们观察到人们在最伤心和最快乐的时候所表现的。"③ 所以,诗的语句必须是真实热情的。或者说,须凭一种烈火似的想象力,使我们真正受到感动,所以在受感动者心中必须是个性化的。卢梭亦说过:"逼迫着人类说出第一个词[voix]的不是饥渴,而是爱、憎、怜悯、愤怒……最古老的语言像诗歌一样,饱含激情。"④ 诗的最崇高的工作就是将本无感觉的事物赋予感觉和情欲。维柯补充道,个体婴儿的第一声

---

① VICO G. The New Science of Giambattista Vico [M]. New York: Cornell University Press, 1968: 454, 462, 231.
② VICO G. The New Science of Giambattista Vico [M]. New York: Cornell University Press, 1968: 212.
③ VICO G. The New Science of Giambattista Vico [M]. New York: Cornell University Press, 1968: 229.
④ 让-雅克·卢梭.论语言的起源:兼论旋律与音乐的模仿[M].洪涛,译.上海:上海人民出版社,2003: 15.

啼哭也是情感的表达。儿童的特点也是对无生命的事物充满情感，将它们拿在手中，与它们交谈，仿佛它们就是有生命的人。诗性语句是凭情欲和恩爱的感触来造成的，而哲学的语句却不同，是凭思索和推理来造成的。"哲学语言愈升向共相，就愈接近真理；而诗性愈走向殊相，就愈确凿可凭。"① 原始人所用的这些想象的类型都是凭一些最活跃的想象而形成的。只有在推理能力最薄弱的人们那里，才能发现真正的诗性的词句。这种词句因为必须表达最强烈的热情，所以浑身具有崇高的风格，可引起惊奇感。

3. 歌唱性

"在'诗化的'语言之前，人们使用象形文字和表意文字，它们所表达的世界观与我们大不相同——维柯宣布，人们的歌唱先于说话，用诗说话先于用散文说话……"② 象形符号（象形文字）就是"哑巴"用与所要指的意思有些自然联系的姿势或实物来使人们懂得自己所要说的意思。"哑巴"也用歌唱来发泄感情，所以野蛮人的最初语言是在歌唱中形成的。然后是用自然语言，包括意象、比喻、比较。维柯信心百倍地总结：只要研究一下那些"哑巴"（即最初的原始人，也就是民族的婴儿）所使用的符号和象征，他们使用这些符号和象征的类型，就可明白这一点。

4. 真实性

凡是涉及需要、效益或便利的技艺，甚至涉及人类娱乐的技艺，都在哲学家们还没有出现之前，就已在诗中被发现。而且，真正的诗不需要用文字，而是根据实物创作出来的。所以，诗所表达的一切事物都是真实的。

5. 隐喻性

激情是使人开口说话的始因，比喻则是人的最初的表述方式。人类最初的语言是象征性的，维柯通过考证，得出结论："最初人们说的只是诗，只是在相当长的时间之后，人们才学会推理。"③ "假如你读原始人的句子，你很快就能认识到，我们所谓的隐喻式语言，却是这些早期人类自然的表达方式。当我们说

---

① VICO G. The New Science of Giambattista Vico [M]. New York: Cornell University Press, 1968: 219.
② 伯林. 反潮流：观念史论文集 [M]. 冯克利, 译. 南京: 译林出版社, 2002: 118.
③ 让-雅克·卢梭. 论语言的起源：兼论旋律与音乐的模仿 [M]. 洪涛, 译. 上海: 上海人民出版社, 2003: 18.

自己血液沸腾时，我们也许认为这是表示愤怒的习惯性隐喻，但是在原始人看来，愤怒从字面上就意味着他身上血液沸腾的感觉；我们说'犁齿'、'河口'、'瓶嘴'时，它们都是已被废弃的隐喻，或顶多是打算用来对读者或听众产生某种效果的故意的修辞方式。"① 对原始人来说，这些隐喻，是他们日常生活中常用的表述。比如"对于我们遥远的古人来说，犁耙看起来就是有牙齿的，在他们看来多少具有灵性的河流就是有口的，土地有颈和舌，金属和矿物有血脉，大地有内脏，橡树有灵魂，天空有哀乐，风会发怒，整个自然充满生命。随着人类的经验发生变化，这些一度属于自然但被维柯称为诗化的语言，因为日常语言中习语的变化而被逐渐磨损，它的起源被人们忘却，或至少不再被意识到……语言形式反映着特殊的视野；不存在表述永恒实在的普遍适用的'字面'语言"②。

（四）想象的类概念

最初的人类像婴儿那样，还没有能力去形成理解事物的类概念，便自然而然地创造诗性人物性格，也就是想象的类概念，因为他们不懂得"共相"或可用理智去理解的"类概念"。我们最熟知的本性是由我们自己的特性构成的，因此人们就把运动、感觉和理性归于愚钝的和无感觉的事物，由此创作了最辉煌的诗作。

维柯论证："由于原始人推理能力的欠缺，才产生了崇高的诗，这些诗崇高到使后来的哲学家们尽管写了些诗论和文学批评的著作，却没有创造出比得上神学诗人们的作品来，甚至妨碍了崇高的诗出现。关于诗的起源的发现说明了古人智慧无敌这种看法。"③ 从柏拉图到培根，人们都在热心探索这种智慧。因为古人的智慧是创建人类法律的那些立法者们的凡俗智慧，而不是一些伟大而稀少的哲学家们的玄奥智慧。因此，渊博的学者们将玄秘意义强加于希腊神话故事、埃及象形文字和一切高深哲学之上都是文不对题，因为希腊神话故事和埃及象形文字所具有的历史意义都必然是从自然发展而来。

维柯通过对多种学科开展最原初的追溯，发现了异教民族的婴儿是第一批使

---

① 伯林.反潮流：观念史论文集[M].冯克利,译.南京：译林出版社,2002：117-118.
② 伯林.反潮流：观念史论文集[M].冯克利,译.南京：译林出版社,2002：118.
③ VICO G. The New Science of Giambattista Vico[M]. New York: Cornell University Press, 1968: 128.

用诗性语言来创造世界的诗人，他们使用语言的这种本性，就是儿童自然教育的本性。维柯所论述的民族的诗性语言的出现与其发生的本能过程，实际上也是个体儿童语言发育的自然过程，他通过对婴儿的诗性语言（poetic language）的论证与言说，表明了他的独特的儿童自然教育观。

三、儿童本位

十八世纪，在文艺复兴和启蒙运动的影响下，欧洲掀起了反对宗教束缚、要求个性解放的近代教育变革，在思想解放运动中，诞生了卢梭的自然教育思想。

（一）批判现代文明

基于自身的经历和丰厚学识的积累，卢梭认识到人性的自负和人类文明的弊端。他说："人类用自己的方式摧毁了美好的生活：一方面，当人们思考人类付出的巨大劳动时，发现人类研究了如此多的科学，发明了如此多的艺术，运用了如此多的力量，如峡谷被填平、山脉被夷为平地……另一方面，当人们稍加思考所有这些为人类的幸福带来何种真正好处时，这些事物之间惊人的不平衡令人震惊，人们也为人类的失明感到遗憾。人类包括那些疯狂的骄傲、自负的自尊等文明行为使他迫不及待地迎接各种苦难，大自然却采取了善意的方式来保护他。"[1] 因此，在他看来，大自然是阻止人类变得愚蠢的一股巨大的力量。卢梭非常清楚破坏自然环境导致的健康风险，例如被污染的食物、有毒的药物或空气污染等，这些都是人类为了各自的利益而故意为之。他批判："现代生活方式是脆弱和不诚实的，人们对生活的不关心、贪婪等也会反过来损害人类自身。如可怕的化学食物、有害的调味料、变质的食品、掺假的药物、在人群聚集地染上传染病等。"[2] 卢梭所反对的这些问题，在当今社会已经得到遏制了吗？没有，反而愈演愈烈。毒奶粉、毒疫苗和全球刚刚经历的新型冠状病毒等，已充分证明了卢梭当年的担忧是一种先知性的预见："因为我们蔑视教训，

---

[1] ROUSSEAU. Discourse on the origin and foundations of inequality among men[C]. Cambridge：Cambridge University Press，1997：197.

[2] ROUSSEAU. Discourse on the origin and foundations of inequality among men[C]. Cambridge：Cambridge University Press，1997：199.

大自然已使我们为此付出了代价。"① 因此，卢梭得出结论，文明生活与大自然格格不入，反而使人类衰弱而生病。但人类由于欲望的膨胀，很难改变这种现状，因为在任何地方，对文明和舒适的要求都越来越高，对自然的侵害也就越来越多。

（二）"自然"的概念

卢梭崇敬自然，热爱自然，敬畏自然，用整个身心赞美自然，提出要通过教育重归自然。那么他所言的"自然"为何？卢梭的自然包括三个方面的含义：第一，神的自然（自然神）。卢梭认为精神与物质是两个同在的本体。上帝具有最高人格，世间的万事万物由他创造，并被赋予不同的自然本性。另外，他认为，自然神所创造的一切都是善的、美好的。只要按照自然神所赋予的自然本性发展，就会得到好的结果，达到真、善、美的理想境界。第二，社会的自然。卢梭在颠沛流离的人生经历中，体验到了人的心灵丑恶、道德沦丧，人与人之间自私无情的关系和社会的野蛮、黑暗及暴虐。因此，他异常厌恶人类社会，渴望一个自由、平等、幸福的理想社会。他这种憧憬映射到了人类社会的最原初自然状态中，提出只有用教育对堕落社会中的人进行拯救，使其重归乡村自然，才是希望所在。第三，心理的自然。卢梭认为，人性至善，造物主赋予人的内在心灵本性都是好的，心意是人性的自然发展，天赋与天性都是"自然"。由此可见，卢梭的"自然"是立体化的，并非我们认为的只遵从于儿童天性的心理自然。卢梭的神的自然、社会的自然和心理的自然搅和在一起，使得他的自然教育思想时而清晰透彻，时而充满着浪漫和矛盾。

针对这三种自然，卢梭提出了三种教育：自然的教育、事物的教育和人的教育。他说尽管人类无法参与自然的创造过程，无法参与或掌控自然教育（此处的自然教育是狭隘的大自然教育），但人类可以参与或主宰事物的教育和人的教育。自然的教育是事物的教育和人的教育的载体，这三者是相互依存、彼此关联的，它们合力才能共同达成自然教育的核心目标，即自由的获得。万事万物都有其运行规律，卢梭耳熟能详的名言充分表明了他强烈要求遵照自然的次

---

① ROUSSEAU. Discourse on the origin and foundations of inequality among men [C]. Cambridge: Cambridge University Press, 1997: 199.

序行事:"大自然希望儿童在成人以前就要像儿童的样子。如果我们打乱了这个次序,我们就会造成一些早熟的果实,它们长得既不丰满也不甜美,而且很快就会腐烂:我们将造成一些年纪轻轻的博士和老态龙钟的儿童。儿童有他特有的认识、思考和感情方式;再也没有用我们的方式去代替它们的方式更为愚蠢的事情了,……它不过是儿童体力发展的枷锁。对孩子们讲体力,对成年人讲理性,这才是自然的次序。"① 你使孩子依赖于物体,就应该按照自然的秩序对他进行教育。

卢梭的"自然教育"就是服从自然法则,让自然说话,尊重人的自然天性,听任人的身心的自由发展,适时、适量、适当地教育,既不超越儿童的需要,也不忽视儿童的能力。因为在他看来,儿童不是微缩的成人,而是独立存在的个体,有其本能、需求、能力、爱好,依照儿童身心发展的自然倾向的规律进行恰当的教育,才能使儿童得到健康的发展,即把儿童看作儿童来教育,这就是自然教育的基本原理。《爱弥儿》一书中,洋溢着"自然教育"的教育思想,卢梭自然教育的核心就是"归于自然"。教育的途径只有两条,即生活和实践。"如果你不使你的学生的心灵向往于遥远的未来,如果你不一再地使他迷惘于其他的地方、其他的风土、其他的世纪和天涯海角及天堂,而是专心致志地使他按他自己的能力生活,使他注意同他有直接关系的事物,那么,你就可以发现他是能够进行观察、记忆和推理的;这是自然的次序。"② 在教育中,有增强孩子的身体和促进孩子成长的办法,我们绝不能违反它。当一个孩子想走的时候,我们就不应该要求他待着不动,但是如果他想待在那里,我们就不应该强迫他去走。这就是自然教育。

卢梭认为,要解放儿童的身心,发展他们的自由,只有实施顺乎人自由天性的自然教育才是可行之路。毋庸置疑,卢梭的自然教育是自由教育,因为他所认为的儿童的"内在自然"就是自由天性,自然与自由之间可以画上等号。从资料上来看,卢梭倡导的自然教育的理论渊源远可追溯到亚里士多德的自然、自由教育思想,近可证明其深受维柯的影响。卢梭的自然、自由教育不是针对某部分人的教育,而是普遍地培养"自由人"的教育。所谓培养"自然人",就是培养具

---

① 让-雅克·卢梭.爱弥儿:精选本[M].彭正梅,译.上海:上海人民出版社,2011:44.
② 让-雅克·卢梭.爱弥儿 论教育(上卷)[M].李平沤,译.北京:商务印书馆,1978:137.

有独立人格的"自由人",卢梭的自然和自由教育的契合凸显了社会批判性和世俗性。

四、整体统一

十九世纪著名的教育理论家,被誉为"幼儿园之父"的德国福禄培尔的自然教育思想主要体现在教育必须适应自然,即合理的儿童教育必须观察、效法或遵循自然万物发展的正确道路,以便小心翼翼地追随儿童的本能。他坚信,万物的本原是上帝,自然界和人类生活遵循上帝精神,因为人是上帝精神的产物。自然属于外部,精神属于内部,生活则是二者的结合体。内部与外部、整体与局部、个性与共性都是相互联系的,一个人的成长离不开实体和精神。人类的所有生长和发育都类似于生物的生长,世界上的所有发展都是对立面间的协调问题,其中自然在上帝与人之间以及精神在人的内在生命与外部世界之间进行调解,由于人类和自然界源于同一来源(上帝),因此他们必须受同样的法律管辖。这个思想被福禄培尔称为"球形法则"。这是福禄培尔的整体性哲学思想,基于这种思想,他提出了整体统一的自然教育观。

万物都有统一性这一基本概念是福禄培尔所有思想的基础,他认为一切都与造物主即整体统一有关。这当然也是他与孩子的关系的基础,是他的教育思想的基石,更是他发展幼儿园、建构"恩物"的基础。儿童是一个整体,整体离不开局部,全面性通过连续性和依次性体现出来。正如可以把人的生命与儿童身上所表现的人的生命看作是一个统一体那样,儿童身上所表现的人的未来的全部活动可以被视为人类活动的胚芽,而这只能是这样,人为了让他和他身上的人性得到完全的发展,在儿童时期,我们就要从尘世中的整体关系上完整而统一地看待他。"世界和生活对于儿童以及在儿童身上仅仅作为局部和在前后连续中发展的所有人的力量、天赋及四肢发展方向和感官活动来说,是按照它们本身在儿童身上出现的必然的次序发展的。"[1] 父母对儿童、少年的无数错误判断,是由于父母与儿童双向间的误解;对儿童许许多多不必要的抱怨、不适当的指责和愚蠢的期望,是由于缺乏整体统一的理解。我们当下的教育,是否有做到把儿童看作一个

---

[1] 福禄培尔.人的教育[M].孙祖复,译.北京:人民教育出版社,1991:31.

完整的个体呢？

福禄培尔相信所有的生命体都是一个整体，发展也是，这就说明了发展不能间断，包括时间上和主体上。如果把人的一系列发展的岁月用明显的界限进行划分并造成截然的对立，而完全忽视持续不断的进步、活生生的联系和生活的本质，这对人的发展是起破坏作用的。他认为，如果把不同时段（如婴儿、儿童、少男、少女、男青年、女青年）和不同性别（如男人、女人、老头、老妇人）的人的发展阶段截然割裂开来，而不是如生活表明的那样，它们之间是没有裂罅的，是彼此相互过渡的、不间断地前进的，那么是极为有害的。

在这一割裂思想的指导下，父母常常容易忽略和轻视的一点是："当一个人到达少年期时，他们便相信他是少年了，并把他当作少年来对待，当他到达青年期或成年期时，他们便把他作为青年人或成年人来对待。但是，一个人未必由于到达少年期即成为少年，到达青年期即成为青年，而只有当他到达幼年和随后的少年期时，他与他的智力、情感和身体的要求相符合时，才成为少年和青年。"[①] 人的发展的阶段不完全是依据年龄，更多的是依据心理和心智的成熟。那种把人类的发展看作是静止的、完结的，割裂了不同阶段间的连续性的观点，是一种极其有害的观点。

五、精神至上

玛利亚·蒙台梭利博士是意大利历史上第一位女性医学博士，也是教育史上的一位杰出的儿童教育思想家和改革家。她在总结卢梭、裴斯泰洛齐和福禄培尔等人自然教育理论的基础上，形成了自己革命性的儿童观念。她认为儿童具有一种与生俱来的"内在生命力"，这种生命力是一种积极的、活动的、发展着的存在，具有无穷无尽的力量。教育的任务就是激发儿童内在潜力的发挥，使其按照自身规律自由和自然地发展。她一生都在为儿童呼吁：儿童是一个具有生命力的、能动的、发展着的活生生的人，教育家、教师和父母应该仔细观察和研究儿童，了解儿童的内心世界，发现童年的秘密；热爱儿童，尊重儿童的个性，促进儿童智力、精神、身体与个性自然地发展。

---

① 福禄培尔.人的教育[M].孙祖复，译.北京：人民教育出版社，1991：24.

（一）对成人的三大批判

1. 批判成年人不了解儿童世界

人生的起点在哪里？在童年，那个无忧无虑、五彩斑斓、拥有着万千可能性的童年。但是成年人若想要发现童年的秘密，就需要摆脱成年人无所不知的心理，刨除一些属于大人的骄傲，才能够发现那小小人儿心中的想法和思考。遗憾的是，成人却经常打着爱的旗号，阻碍并伤害儿童，蒙台梭利对此给予痛批。她认为，在成年人的眼中，事物之间通常存在一定的联系，他们经常忽略事物的一些细节而关注事物的关系；但在儿童眼中，他们只关注细节而不了解这些关系。因此，他们不受"逻辑"和"连接"的干扰，反而更倾向于观察成年人容易忽略的细节。因此，从儿童的角度来看，成年人描述的世界与他们看到的世界有所不同，因为我们对各自的思维方式并不熟悉。如果孩子想发展自己的个性，那么成年人必须控制自己并理解孩子在说什么，以便能够跟随孩子。

2. 批判成年人不了解儿童的心理需求

蒙台梭利批评成年人不能满足孩子最基本的心理需求，而是选择代替孩子完成他们自己想完成的所有活动。精神分析得出的惊人结论是精神疾病可能起源于婴儿期，因为人们对儿童的心理创伤仍然知之甚少，儿童的大部分"伤口"是在不知不觉中被成年人烙上的。"大自然显然极为关注动物的成长过程。当母亲努力唤醒它后代的潜在本质时，她不仅仅表现出关心它们的身体需要而且也许同样可以说，除了在对新生儿的身体健康给予精心照料之外，还应该关注它们的心理需求。"[①]我们对孩子的任何影响都会影响人类的发展，因为一个人的人格是在他童年时代的敏感期形成的。因此，应该加大对儿童新领域的研究力度，了解儿童的心理生活，唤醒成年人对儿童的关注意识，为儿童权利做出持续而真诚的努力，促进儿童的心理发展。

在当今社会中，尽管儿童的地位得到了改善，人们也意识到儿童心理的重要性，但这些只是成年人帮助儿童所做的肤浅的事情，还没有深入儿童的精神生活中。如当下幼儿园小学化现象就充分说明成人其实并不太了解儿童的需求。

[①] 玛利亚·蒙台梭利.童年的秘密——揭开儿童成长奥秘的革命性观念[M].金晶，孔伟，译.北京：中国发展出版社，2006：32.

3. 批判成人用自己的逻辑支配儿童

蒙台梭利指出，成年人不仅用自己的行动代替了儿童的行动，而且将自己的意识渗透到儿童的意识中，甚至将自己的意志强加给儿童。在成人与儿童的互动过程中，儿童始终处于不利地位。如果儿童的行为无法被成年人理解并且与成年人的意愿不和谐，他就会被制止。甚至，成人有时制止儿童行为的方式是非常不礼貌的，或者是粗鲁的。更为恐怖的是，即使如此，成年人依然会认为这样做是对孩子的负责。成人运行最大利益法则，这使得成年人在工作的时候会使用最直接的手段，在尽可能短的时间内实现自己的目标。他会在有意无意中，将这条法则运用到儿童身上。当他看到一个孩子正在努力去做似乎徒劳无益的事情时，他就着急，认为这件事情可以立即做好，他会为孩子的行为感到痛苦并想帮助孩子，甚至完全替他完成。成人靠无知和淫威剥夺了儿童的自由和精神意志，孩子们失去了探索的自由，一切都由父母来做，这导致他们抵抗挫折的能力下降，自我生存的能力下降。如果我们从不让孩子为自己做任何事情，那么孩子将如何学习独立呢？一个孩子又将如何学习信任他人呢？以及如果我们不知道该让谁去探索人生，又如何让孩子成长呢？1岁的孩子跌倒在他们的日常生活中是很正常的，而35岁时跌倒可能意味着受重伤，90岁时跌倒可能是致命的。我们的孩子需要泥土，需要跌倒，需要爬起来，他们需要进行试验并拓展自己的极限。如果我们强迫他们等到18岁才去体验弄脏或摔倒，后果将是毁灭性的。[①]成年人不应将儿童视为没有生命的物体，不应在他幼小的时候随便控制他，而应在他长大后跟随他的命令。必须使成年人相信，他们只能在儿童的成长中起次要作用。帕斯卡曾言："父母仿佛插在子女脑袋里的一把刀，把子女的思想劈成了两半。"[②]尽管蒙台梭利的理论没有这般犀利，但她仍是一位少有的、较早的、系统批判成人的教育家。

孩子比成人弱得多，如果孩子要发展自己的个性，那么成人必须控制自己并倾听孩子的声音，尊重孩子内心的想法，放手让他们自己去探索和发现。成人应该是他们的朋友，而不是监禁他们的人。这应该是所有父母的目的和愿望，也是所有教育者的目的和愿望。蒙台梭利在展开对成人的批判之后，提出了儿童精神

[①] BISHOP G. Learning through nature: A real-life testimonial [J]. New York: Montessori Life, 2013, 25 (3): 26-31.
[②] 让-保尔·萨特. 寄语海狸——给西蒙娜·德·波伏瓦及几个好友的信 [M]. 沈志明, 施康强, 罗新璋, 袁莉, 译. 北京: 人民文学出版社, 2005: 51.

至上的自然教育。

(二) 精神至上

蒙台梭利对幼儿教育的突出贡献在于她首次提出了儿童的"精神胚胎"这一概念，开启了重视儿童精神的新起点。她说："在每一个婴儿诞生的时候，我们可以发现一种神秘的、伴随着肉体的精神降临于人世间。"[1] 这种柔弱的力量，却对人类文明的进程起着决定性的作用。"儿童正是作为一种精神上的存在而不仅是肉体上的存在，才给人类的发展提供了强大的原动力。也正是儿童的精神，决定了人类发展的进程，并有可能把人类引向更高级的文明。"[2] 这是一个多么神奇的精神存在。如果没有蒙台梭利的慧眼发现，可能至今我们都认为新生儿只是一具没有意识的肉体而已。

如果人类的天性是由精神所控制的，如果人类的所有行为都是精神的外延，那我们就应该对新生婴儿的精神世界给予更多的关注，而不是像现在那样更关注其身体。[3] 她区分了精神障碍和身体障碍对人的不同影响：有精神障碍的人，其生理也往往有障碍，而生理障碍一般情况下对精神的影响并不是很大，因此我们要认识到精神健康的重要性。不能认为婴儿什么都不懂就对婴儿的心理健康漠不关心，婴儿时期的心理会对其成年之后的心理、行为产生重要影响。所以不仅要关注婴儿的生理健康，更要关注心理健康，为婴儿创造积极愉快的环境。环境对于婴儿的人格塑造是至关重要的。人类若想改变世界的一些现象，就要以婴儿为纽带，从改变婴儿的环境做起。因为在婴儿时期形成的习惯是根深蒂固的，即使表现不明显，也是永远存在于潜意识中的。

蒙台梭利的伟大之处在于发现了婴儿精神的重要性。精神胚胎是独立和优先的，从而刺激了所有外部活动。每个孩子都是不同的，在相同环境中培育出的孩子也会不相同。儿童的精神被广泛的自由深深地隐藏着，没有立即被揭示出来，这种自由需要精心培育。有一句话叫"兴趣是最好的老师"，因为每个孩子天生

---

[1] 玛利亚·蒙台梭利.童年的秘密——揭开儿童成长奥秘的革命性观念[M].金晶,孔伟,译.北京：中国发展出版社,2006：34.
[2] 玛利亚·蒙台梭利.童年的秘密——揭开儿童成长奥秘的革命性观念[M].金晶,孔伟,译.北京：中国发展出版社,2006：2.
[3] 玛利亚·蒙台梭利.有吸收力的心灵[M].高潮,薛杰,译.北京：中国发展出版社,2003：50.

的秉性不同，所以儿童会有自己的选择和思考。蒙台梭利想要强调的，就是不要去扼杀孩子的自我选择这一部分。儿童的发展是靠自己的精神去激发所有的外部活动的，如果让一个天生对吉他感兴趣的孩子勉强去学古筝，非但不会有利于培养孩子相应的能力，而且会事倍功半，对孩子的成长也是没有什么实质性的好处的，这也正是强调孩子自身的天性和选择。

既然婴儿是一个精神的存在，那么在婴儿的早期阶段，教育应该"为婴儿与生俱来的精神力量的发展提供帮助"，①呵护那充满灵性的、有着巨大吸收能力的心灵。心理学家研究发现，与儿童相比，我们成人需要60年的艰苦学习，才能学会儿童用3年就学会的东西。②之所以成人与儿童的学习差别如此之大，是因为以下两个方面的不同：首先，成人是通过有意识的思维来学习东西，而儿童是无意识地吸收外界的知识，他们的学习是纯天然、高效率、毫不费力的。其次，成年人是通过大脑学习知识的，而儿童则是通过心理能力直接吸收知识。③蒙台梭利将儿童的这种无意识地从环境中吸收的学习称为"有吸收力的心灵"。③ 人的一生都需要接受教育，但是对于儿童来说，成人应该了解儿童的学习方式，进行量体教育，为他们创造良好的外界环境，而不是觉得孩子什么都不懂，就仅仅是保证孩子的身体健康，而忽视孩子的精神世界。

但这并不是说，婴儿具有如此之大的吸收力，就不需要成人的帮助。恰恰相反，"我们应该帮助儿童，不是因为他们幼小无力，而是因为他们天赋的创造力非常脆弱，需要关爱和正确保护"④。蒙台梭利认为这就是教育新的发展方向：为儿童的心理发展提供帮助，并提高儿童的这种潜能。成长是不断再生、连续但有阶段性的过程，在0—6岁儿童的成长上这点尤为明显，在这一过程中，儿童形成智慧并完成了心理定型，学会了各种动作、语言，有足够的智慧进入小学学习。特别是0—3岁，是从无到有、无意识、毫不费力的成长过程，这段时间儿童的学习和心理发展全靠无意识的智慧来吸收外界的知识。这一阶段的创造力是重要且脆弱的，成人不能揠苗助长，只能通过教育减少阻碍儿童创造力的因素，通过教育为儿童的心理发展提供帮助。研究儿童0—3岁的"有吸收力的心灵"，

---

① 玛利亚·蒙台梭利.有吸收力的心灵[M].高潮,薛杰,译.北京：中国发展出版社,2003：3.
② 玛利亚·蒙台梭利.有吸收力的心灵[M].高潮,薛杰,译.北京：中国发展出版社,2003：5.
③ 玛利亚·蒙台梭利.有吸收力的心灵[M].高潮,薛杰,译.北京：中国发展出版社,2003：20.
④ 玛利亚·蒙台梭利.有吸收力的心灵[M].高潮,薛杰,译.北京：中国发展出版社,2003：22.

延长无意识吸收能力作用的时间,且将这一能力作用于成人身上,成人世界将会发展得更快、更轻松。

儿童的可塑性令人惊叹,儿童的潜力无与伦比,而胚胎期的重要性取决于儿童的灵性和成年人对此的理解。一个好的教育者可以使孩子充分发挥其在各个主要领域的才能,这本身就是无形的成功。儿童世界始终是灵性而生动的,而作为成人,应该设法去了解并进入儿童丰富多彩的世界,为他们创造一个良好的环境,满足他们的各种需求。只有这样,我们才能开创教育的新纪元,为人类带来真正的帮助。总之,各位思想家对自然教育都各有自己的理解,异彩纷呈,又殊途同归。他们都强调自然教育要尊重儿童的神性、整体统一性,要重视儿童的本性和本能,关注儿童的精神世界和自由世界,发掘儿童的诗意智慧。这些思想,无论时代如何变迁,技术如何发达,它们都是儿童教育的本质问题,将永远在儿童教育的思想长河中熠熠生辉。

第四节 自然教育如何存在

在西方历史上,效法自然的教育首次由亚里士多德提出。他把自然等同于人的本性,那么教育就是适应人的本性,提高儿童天性中潜在的能力。他说:"教育的目的及其作用,犹如一般的艺术,原来就在效法自然,并对自然的任何缺漏加以殷勤的补缀而已。"[①] 亚里士多德的自然本性教育思想开启了西方自然主义教育传统之先河,他的思想直接影响到夸美纽斯、卢梭、福禄培尔、蒙台梭利等思想家,他们都表达了对自然教育的信心,自然教育成为教育之旨的想法便在思想家们的心中生根发芽。

一、自然教育存在之基本原理

(一)以自然为向导

夸美纽斯通过常年的观察,发现大自然的运行遵循各种规律:"自然是有用的、有准备的、循序渐进的、由易到难的、分清主次的、绝不半途而废的、非

---

① 戴本博,张法琨.外国教育史(上)[M].北京:人民教育出版社,2001:123.

强制性的等，并且自然只有在充分发展的状态下才有可能爆发，而且自然会以任何可能的方式帮助自己。"①他不断地用迁移的思维思考教育，教育又何尝不是如此呢？而问题的关键是在教育中如何向大自然学习。夸美纽斯经过深思熟虑和长期实践，给出了明确的答案：反对单纯的书本教学，反对脱离儿童现实生活的书本知识，关于自然的知识和关于社会的知识对儿童来说最重要，强调儿童感官的作用，主张向自然学习，向实际事物学习。在教育的过程中，应把自然当作向导，将自然研究作为全部教学的基础，以便孩子可以锻炼自己的身体，进行感知和培训，从而掌握第一手知识。如此看来，儿童的教育活动也应该遵循自然的规律，要做到从简单到复杂、从容易到繁难、从具体到抽象、由小的方面到大的方面、由已知到未知，按部就班，循序渐进，做到稳扎稳打，才会收到良好的效果。

（二）回归自然

卢梭是性善论主义者，他坚信造物主创造的世界都是美好的，认为只有在纯洁的自然状态中才存在并保存着善良的人性，而城市的喧嚣和邪恶是产生罪恶的源泉。把儿童带到乡村养育，让他在大自然的环境中无拘无束地成长和发展，才是最好的教育。自然规律支配一切，决定着儿童应该成为什么样的人。

1. 反对工具化教育

卢梭反对彼时的学校教育，认为这种教育过程是社会故意干预自然的一种方式。社会使用"教育"来使儿童文明，但这种形式的教育并不是要使每个人自然地受益，而是要使人们的行为成为一种可预测和必须接受的行为形式。那时教育系统所承担的功能是机械的，学习仅仅是被简单地视为如何使用工具，那种学习方式应该叫作培训，而不是教育，培训的目的仅仅是教人学会使用工具，而真正的教育重视的是使用工具的结果。那时的教育体系将儿童的"学习经验"限制为严格的"培训程序"，但教育政策制定者仍然声称要为儿童提供教育经验。他们认为音乐、语言和数学等主题只是儿童用来发现、探索和创造新思想和知识的简单工具。但对卢梭而言，培训并不是学习的终点，通过将儿童的"教育"限制在

---

① COMENIUS J A. The Great Didactic of John Amos Comenius [M]. London, A., and C. Black, 1896: 35.

如何使用工具的培训过程中，学校会将学习从使用工具转变为模仿如何使用该工具的方法。① 通过训练儿童如何使用数学，他不会探索或创造任何东西。儿童只有在生活中使用数学，才可以探索、发现和创造。所有的其他科目都是一样的。培训，儿童只是被教导如何去模仿，但从未获得真实的教育经验，自我的实现就会受到压制；教育，儿童的各种能力才能被激发出来。

2. 重视童年的快乐

卢梭认为儿童进入童年期，真正的个人生活才开始，这个时期的快乐对其一生来说都极为重要。这个时段，孩子开始意识到他自己的独特性，是形成自我认同的关键时刻。这一时期的孩子已经是一个能感知快乐与痛苦的独立之人。他实际上是一个人，因此有喜悦或悲伤的能力。如果父母继续过度干预孩子的生活，就会给孩子童年的生活带来痛苦，也会对孩子未来的发展产生不好的影响。可以毫不夸张地说，这一时期拥有的快乐是孩子拥有未来快乐的基础。所以卢梭倡导人们要热爱孩子的童年，让他们享受运动、娱乐并沉浸于愉悦的体验之中。让孩子的童年过得快乐，而不是给孩子无意义的压力，这是老师和家长们应该共同注意的问题。但同时他也强调：让孩子在童年得到快乐，并不等于让孩子去放纵自我。在幼儿园里欺负别的小朋友，在各种场合对长辈不尊敬，任性……我们现在的社会中出现了太多这样的顽皮儿童，这正是家长或老师没有把握好让孩子快乐的度而造成的后果。所以要想培养出一个快乐却不骄纵的优秀的孩子，作为家长和老师，一定要在这个时期的教育中把握好平衡。

3. 抑制过度呵护儿童

卢梭向来反对溺爱孩子，溺爱孩子实际上是扼杀孩子。他认为，当我们受伤的时候，使我们觉得痛苦的并不是受伤本身，而是害怕的心情。所以在与孩子相处的过程中，大人不要因为孩子一丁点的磕磕撞撞就大惊失色，而是要镇定处理，这样孩子也会因为家长的镇定而平静下来。同时，在这个过程中，家长要教导孩子学会忍受痛苦，因为承受痛苦是他的第一课，也是最有用的一课。孩子很小，而且很虚弱，没有危险的经历来教他们体会这些痛苦，只有在无所畏惧地忍

---

① ECKOVER C. Realizing the natural self: Rousseau and the current system of education [J]. Philosophical Studies in Education, 2012(43): 84-95.

受轻微痛苦的过程中经历生活，磨炼自己，锻炼意志，培养自立能力和生存能力，孩子才会学会怎样去忍受更大的痛苦，显然这是非常有意义的。但是现如今中国的社会上依然存在着很多过度溺爱孩子的家长，害怕孩子受到一丁点的伤害。正是因为家长这样的行为，才导致现在一部分孩子的适应能力、抗压能力极低，甚至生活不能自理，很容易遇到问题就走极端。

4. 禁止体罚儿童

尽管卢梭反对溺爱孩子，但不意味着他赞同体罚孩子，因为体罚儿童只会压抑和破坏儿童的自然个性。大自然之所以创造儿童，是为了爱护和帮助他们。当儿童出现错误和过失时，应当让他们通过切身的体验认识到自己的错误。卢梭告诫道，不要急于给犯错的孩子以人为的惩罚，而是要让他碰到一些有形的障碍或受到由他的行为本身而产生的惩罚。在教育儿童的实践进程中，孩子犯错误不应当采用体罚的方式，而是要让孩子自己领悟，通过生活经验明晰自身不同行为产生的不同性质的结果，然后对自身的行为负责，因为大自然会把这样做的后果作为惩罚加在他们身上。也就是说，让事情惩罚孩子，而不是人为体罚他们。

5. 满足需要的自然权利

既然儿童有亲近自然的需求，我们又要儿童自由地在大自然中生活、成长，那就必然要给予儿童一定的自然权利。卢梭说："自然的需要人人都是一样的，满足需要的方法人人都是相同的。应该使一个人的教育适应他这个人，而不要去适应他本身以外的东西。"① 教育是鞋，儿童是脚，鞋是顺应脚而存在的，教育是顺应，而不是束缚。卢梭批判成人限制儿童的自由权利，比如从婴儿出生开始，成人就改变了自然的法则，父母用襁褓把婴儿束缚起来，婴儿无能为力，只能用哭声换取自由。当然很多人会认为这种做法是保护儿童，实际却与之相反，这样很可能会导致儿童更多的娇弱、疾病与危险。所以，在爱弥儿婴儿期的教育里，卢梭反其道而行，他主张婴儿穿宽大舒适的衣服，让婴儿保持着自然的习惯，既不要过分限制他们的活动，也不要宠溺他们，而要每时每刻地锻炼他们的体质与勇敢，及养成他们不依赖他人的好品性。

"回归自然，发展天性"可以说是卢梭教育思想的主线。他从第一卷就开始

---

① 让-雅克·卢梭.爱弥儿 论教育（上卷）[M].李平沤,译.北京:商务印书馆,1978:260.

说造物主创造世界万物，原本一切是美好的，人类却毁坏了这一切。人应当遵守自然的法则，让孩子健康、快乐、自主地成长。卢梭教育理念的基本点是他强调保持孩子初始的完美本质。教育不是直接指导，而是为儿童提供一个令人备受鼓舞的环境，使他们可以依靠自己的方式得出结论，而不必依靠指导者的权威。卢梭的自然教育思想，是在大自然中实现他的人性教育理想。在所有的教育家中，卢梭被大多数人认为是最有影响力的。他通过影响我们的想象力，凭借卓越的表现以实现生活的个性化，表达了他强有力的观念。"教育是唤醒而不是指导"是许多教师持久感兴趣的地方。他使儿童教育的思想从传统思想的重担中解放出来，并将其置于独立地寻求真理的过程中。

（三）万物联于自然

宇宙中人类、自然和上帝的统一是福禄培尔的基本哲学前提之一。自然研究是福禄培尔教育学的基础，他认为这是理解万物互联的必经之路。他将大自然描述为上帝的精神与艺术家杰作中所揭示的精神一样，在自传中提到自然时，他写道："与她（自然）的每次接触都会提升和净化自我。"① 福禄培尔为什么会有这样的观点呢？

福禄培尔的大部分时间都在德国中部的图林根森林中或附近度过，这里有树木繁茂的古老山脉、起伏的丘陵、茂密的苔藓覆盖的岩层和绿色的山谷，景色绝妙无比。年幼的福禄培尔生长于这个地方，这也就不难理解他对自然持久的热爱。后来，他担任林务员，研究矿物学和勘测技术，并因此学会了对植物进行分类，早期对自然的爱好为他后来的教育理念提供了依据。福禄培尔相信，通过与大自然互动，孩子们不仅会学习周围世界的秘密，还将了解自己以及与世界的联结，从而发展感知敏锐度和观察精细度，体现和谐与平衡的发展模式，这令儿童感到愉悦并唤醒他们对自然的关怀态度。儿童的智力、道德和精神发展都取决于他们与自然的关系。宇宙从根本上说是属灵的，而自然与人性则是世界与神灵的不同表达。

福禄培尔亦如同夸美纽斯那样采用类比的方式，借用自然界运行的规律告诫我们：在对儿童进行教育时，也必须遵循自然的规律。"我们给幼小的植物和动

---

① FROBEL F. Autobiography of Friedrich Froebel [M]. Syracuse, N.Y.: C.W. Bardeen, 1889: 82.

物提供空间和时间,因为我们知道,这样,它们将按照在它们及每一个体之中发生作用的规律良好地发育成长,人们给幼小的动物和植物提供安宁的环境,并力求避免用暴力干扰它们,因为人们知道,相反地去做会妨碍它们完美地发育和健康地成长。"① 他对成人粗暴地对待儿童感到不满,人们懂得温柔地对待弱小的动植物,却对自己弱小的儿女施以暴力,他们以为年幼的人是一块蜡和一团泥,可以用来任意地捏造。对人们的这种错误观念,他警告父母们:"你们的孩子,在你们违反他们的本性把你们以前的形式和使命强加于他们,以致他们病态地、不自然地跟随着你们行动的情况下,也能够成为完美地成长和全面发展的生物吗?"① 他借此要表达的是:真正的自然教育不应该违背客观真理,任何事物都有它发展的自然规律和轨道,过多的干预和打扰会让它偏离自己原本的发展方向,在一定程度上对儿童来说是一种毁灭和破坏。他曾以园丁修剪葡萄藤打比方:"葡萄藤应当被修剪。但修剪本身不会给葡萄藤带来葡萄,相反地,不管出自多么良好的意图,如果园丁在工作中不是十分耐心地、小心地顺应植物本性的话,葡萄藤可能由于修剪而被彻底毁灭,至少它的肥力和结果能力被破坏。"② 人的教育也是同样的道理,必须按照儿童的天性特点行事。

教育能够促进人类社会的发展,能够促进儿童的内部发展。教育要发扬孩子的天生力量,唤醒他的精神本性;教育应引导儿童学会与自然和谐相处。学校教育是儿童成长的一个重要阶段,可以帮助他提升自己的水平,成为社会上有用的一员。通过教育,他了解自己是自然的一部分,并开始在人类社会中寻求自己的位置。

(四)内在自然需求

1. 遵照自然的法则

由于蒙台梭利儿童医生的学科背景,她认识到遵照儿童发展的自然法则的重要性。她说:"儿童的行为是由自然法则所决定,儿童在遵循自然的法则行事。"③ 比如:儿童第一次能够发音就是学习过程中的第一个里程碑,也是儿童独立进程

---

① 福禄培尔.人的教育[M].孙祖复,译.北京:人民教育出版社,1991:5.
② 福禄培尔.人的教育[M].孙祖复,译.北京:人民教育出版社,1991:6.
③ 玛利亚·蒙台梭利.有吸收力的心灵[M].高潮,薛杰,译.北京:中国发展出版社,2003:70.

中一个非常重要的步骤。儿童长大到一岁学会了走路，他的自由独立已经成了一个实实在在的状态。接下来儿童想扩大自己的独立范围，根据自己的意愿行事。成人想阻止却无法阻止，因为这是自然法则所决定的。最后儿童获得精神上的独立，个性也在这一时期形成。蒙台梭利反复说："个体的发展遵循一定的法则，这些法则必须遵守，因为儿童与生俱来的特性和倾向会告诉他如何学习，学习什么和什么时候学习。"① 她还引用格赛尔的观点作为自己的论据，即儿童的一些生理机能是受外在命令左右的。格赛尔曾经做过一个孪生子爬楼梯实验，结果发现两个孩子学会爬楼梯的时间和完成度最终是一样的，这证明了儿童的生理发展是自然规律所命令的，而不是人所能改变的。因而对儿童进行不符合其身体发展规律的教育不仅是无用的，若是超出了儿童生理的负荷，反而会对儿童造成不可挽回的伤害。

只有大自然才能决定我们教育应遵循的方法，我们要做的是必须满足生命的需要，遵照生命的规律。儿童在来自先天的自发的能动性的作用下，具有一种很强的内在潜力和继续发展的积极力量。在儿童的心灵中有一种难以琢磨的东西，它是发展中隐藏着的模式，只能在发展的过程中显现出来，可见遵循儿童发展的准则是何等的重要。因而，教育不是教师教了什么，而是人类自然发展的一个过程；儿童的发展不是通过教授得来的，而是儿童通过从环境中获取经验得来的；教师的任务不是讲课，而是为儿童设置特殊的环境，准备和安排一系列的活动。我们应该追寻生命和自然的一些基本原则，这些原则可以把懒惰的儿童变得热爱工作，从毫无生气变得充满热情，从恐惧变得高兴，让他们享受生命的乐趣，个体的成长就是在活动与环境的刺激下不断推进的。

2. 重视儿童的敏感时期

（1）敏感期。

敏感期是蒙台梭利理论体系中的一个重要概念，对蒙台梭利来说，儿童的独特之处在于他有自己的敏感期，正是这个敏感期，使儿童具有了独特的本能和特点，而这正是那些高傲的、妄自尊大的成人所忽视的。那么什么是儿童的敏感期？

蒙台梭利的"敏感期"概念来自荷兰科学家德弗里斯在动物身上的实验。德

---

① 玛利亚·蒙台梭利.有吸收力的心灵[M].高潮，薛杰，译.北京：中国发展出版社，2003：105.

儿童自然教育观

弗里斯观察了蝴蝶的幼虫，它在某个时段贪婪地依光寻找嫩叶，以满足它的食欲。但是，一旦幼虫长大到能够吃粗糙的食物时，这种本能就完全消失，它就再也感受不到特别的光线了。当这种敏感期的有效期结束后，幼虫也将相应地选择其他谋生手段和生活经验。也就是说，敏感期是有保质期的，而且这种敏感性不是外在施加的，完全是一种本能。蒙台梭利创造性地把生物特殊的本能应用到了儿童教育中，她这样定义敏感期："敏感期是指生物在其初期发育阶段所具有的一种特殊敏感性。它是一种灵光乍现的秉性，并且只在获得某种特性时闪现出来。一旦他获得了这种特性之后，其敏感性就消失了。每种生物的特性都是借助于短暂的刺激或潜力而获得的。而成长则不能只取决于一种模糊的遗传，它要靠本能的悉心引导。这种本能是通过对某种确定的活动提供刺激来进行引导的，德弗里斯最先在昆虫身上注意到了这种敏感期。"① 敏感期是一种本能，一种灵性，一种生物体在特殊时期的特殊需求。

在敏感期中，婴儿还很不成熟，但已处于正在获得充分发展的阶段。这时的婴儿没有力量，没有耐力，没有可供生存的竞争性"武器"，他们只有生存这一种本能。新生儿在毫无经验的前提下可以去适应外部环境，并且保护自己免受外界的伤害，这实际上就是新生儿借助了敏感期部分本能的帮助。蒙台梭利敬告人们要注意儿童发展中的关键时期："儿童拥有一种生机勃勃的本能。这种本能，能使儿童做出惊人之举。如果这种本能遭到了破坏，那就意味着儿童将会软弱和缺乏活力。成人对这些不同的状态没有直接的影响。但是，如果儿童在其敏感期没有按他的敏感性的指令行事，他将永远丧失这种天赋的力量。在心理发展期间，儿童已经表现出了真正惊人的征服力，只是由于我们对此已习以为常，使得我们对这些奇迹熟视无睹而已。"② 儿童在敏感期就能学会自我调节并能掌握某种技能，这就像一束光能把他的内心照亮，像电池能提供能量一样。蒙台梭利说："正是这种敏感性，使儿童以一种独特的、强烈的方式来对待外界事物。在这一时期，他们对一切都充满了活力和激情，能轻松地学会每一件事情。他们的每一次努力都能使自己的能力大大增强。只有当这个目标达到时，他才会感到疲劳和

---

① 玛利亚·蒙台梭利. 童年的秘密——揭开儿童成长奥秘的革命性观念 [M]. 金晶，孔伟，译. 北京：中国发展出版社，2006：45.
② 玛利亚·蒙台梭利. 童年的秘密——揭开儿童成长奥秘的革命性观念 [M]. 金晶，孔伟，译. 北京：中国发展出版社，2006：46.

乏味随之而来。"① 正是由于敏感性的存在，婴儿才能在不知不觉中习得生活中的很多技能。所以为了使儿童能够保持对一件事物的敏感性以及建立新的敏感性，教师要进行观察和发现，以及运用相应的手段来引导。

（2）创建敏感性需要的环境。

敏感期通常与特定的敏感度相关联，一旦创造敏感性需要的环境受限制，特殊的灵敏度就会消失。如果孩子不能按照其敏感时期的指示行事，那么自然征服的机会将会永远消失。只有在适合其年龄的环境中，孩子的心理活动才能自然发展，其内在秘密才能为人所揭示。如果我们不遵守这一原则，那么未来的教育只会使人们陷入更加无尽的混乱中。蒙台梭利认为，成年人所处的环境不过是一堆障碍物的集合，并不适合儿童，而迫使儿童受到成年人的影响，将会加强儿童的防御意识，扭曲他们的心灵。只有在一个适合他年龄的环境中，儿童的精神生活才可以得到自然发展。如果不能坚持维护这一原则，日后所有教育方面的努力都只会导致一个人陷入更深的、无休止的困惑之中。蒙台梭利的"儿童之家"就是为儿童设置的一个适宜的环境。在那里，教师把儿童安置在一个自由、有序和愉快的环境里，使得一切都适合儿童身心的发展，如整洁的教室、新的小桌椅、阳光照耀下的草坪、供儿童绘画和做手工的各种材料、启发儿童智力的各种教具和一位安静、慈爱和谦虚的教师。而儿童可以根据自己的需求和爱好，自由地选择教具和"工作"。在这样的环境里，儿童的身心能得到自然的发展，有助于他们创造自我和实现自我。

3. 主张"不教的教育"

如前文所述，儿童具有自我吸收的本能。蒙台梭利以婴儿为例进行了说明："婴儿身上存在着掌握语言的潜质，他的精神生活的各个方面也都存在着类似的潜能。婴儿拥有一种创造的本能，一种积极的潜力，他能借助他所处的环境，构建起一个精神世界。"② 儿童是怎样从一无所知到适应这个复杂世界的呢？他是怎样辨别事物的呢？他是怎样凭借一种不可思议的手段，无师自通一门语言并掌握所有细节的呢？蒙台梭利对这些问题的思考是："他就是在生活中，毫无疲倦地、

---

① 玛利亚·蒙台梭利. 童年的秘密——揭开儿童成长奥秘的革命性观念[M]. 金晶，孔伟，译. 北京：中国发展出版社，2006：47.
② 玛利亚·蒙台梭利. 童年的秘密——揭开儿童成长奥秘的革命性观念[M]. 金晶，孔伟，译. 北京：中国发展出版社，2006：44.

愉快地学会这门语言的。与之相比,一个成年人却需要不断地帮助才能适应新的环境,以及学会一种他感到沉闷乏味的新语言,并且他永远也不可能像儿童掌握自己的母语那样完美地学会这门新语言。"① 所以,蒙台梭利反对从儿童时期就对孩子进行灌输式的教学,主张从日常生活训练入手,配合良好的学习环境、丰富的教具,让儿童自发主动学习,自己建构完善的人格。蒙台梭利教学法的基础是儿童对自然学习的喜爱,并培养儿童发展出持续一生的学习动机,使他的学习速度和自然成长的速度齐头并进,避免强迫他去做他还没有能力去做的事情,去学他还不能理解的东西。儿童本身不能理解的知识或是不能明白的道理会在他经历一定的事情,等到一定的时间后,自然而然地明白,这个时候再进行相应的教育就可以了。如果提前进行灌入式教育,就会导致既得不到教育应有的效果,也无法培养良好的习惯和态度,甚至可能造成与教育目的相反的结果。所以,她主张"不教的教育",就是指让儿童自己教自己,让其进行自我探索,以培养良好的习惯和一定的学习能力;在劳动与实践中接受教育,发挥儿童的创造性能力,充分挖掘儿童与生俱来的天赋,培养其自立、自强和自信的品质。

4. 重视儿童的独立成长

自然给孩子的第一个直觉是在没有任何人帮助的情况下独自行动。孩子天生就有这种本能,所以他试图保护自己免受那些想帮助他的人的伤害。蒙台梭利提出的儿童"独立成长论"的哲学依据是"人通过努力得到独立",也就是说,可以不需要他人的帮助做一件事情就是独立。如果儿童能够独立,他就会快速地发展,否则儿童的发展速度就会减缓。如果我们记住了蒙台梭利的观点,就知道应该如何对待儿童,如何对儿童进行有效的指导。但是,蒙台梭利也警告成人:虽然帮助儿童是我们的天性,但不要向儿童提供过多的、不必要的帮助。② 经验告诉我们,儿童不但需要一些有趣的事情,他们也想准确知道自己如何去做这些事情。下面以儿童的运动作为案例来说明这个问题。

儿童在某一时期会不断重复地做一个动作,"儿童有努力协调自己运动,并

---

① 玛利亚·蒙台梭利.童年的秘密——揭开儿童成长奥秘的革命性观念[M].金晶,孔伟,译.北京:中国发展出版社,2006:46-47.
② 玛利亚·蒙台梭利.有吸收力的心灵[M].高潮,薛杰,译.北京:中国发展出版社,2003:123.

把它置于自己控制之下的本能"。① 这一动作的重复完成不仅可以锻炼儿童动作的发展，还可以增强肌肉和神经之间的联系，增加儿童精神系统的控制能力，在儿童的肌肉之间建立一种新的和谐，这种和谐不是自然赋予的，而是后天得到的。儿童会不断重复一些动作，这些动作在成人看来是机械的和毫无意义的，而对于儿童来说，这种不断的练习不单单是为了使动作熟练，而且可以帮助儿童发展自身的运动协调能力，促进儿童人格的形成和心理的发展。因而，当儿童重复做一件事情的时候，成人不要认为儿童这样是在浪费时间或者觉得儿童很无聊，其实这对儿童自身的建构具有很大的积极意义。人具有某种达到和谐的内在力量，一旦这种力量出现，他就会通过不断的练习来完善自己。所以，蒙台梭利反复强调成人要了解自然法则，知道每种生命都依赖于特定的运动，而这些运动又不仅仅服务于他们自身。

儿童拥有创建自己能力的原始动力。"周围人的行为对儿童来说是一个刺激，他们会对这些行为进行模仿，然后培养自己的能力。"② 这样的话，"成人的所作所为都很有可能成为儿童模仿的对象和刺激点，儿童在模仿中不断培养自己的能力。因而成人要注意自己的一言一行，要给儿童积极的刺激，因为每个生命的成长都是自我完善"③。蒙台梭利的幼儿园向儿童提供各种各样能够模仿周围事物的玩教具，这些特制的玩教具的大小、轻重等都适合儿童的年龄，整个房间都是专门为他们设计的，他们可以在里面自由玩耍、自由成长。

由于蒙台梭利幼儿园中的教育者向儿童提供他们真正需要的东西，所以经过一段时间的教育，儿童的整个性格就发生了改变，最明显的标志就是具有独立的倾向。蒙台梭利说孩子们总是用动作或语言向成人表明："我要自己做事情，不要你们的帮助。"④ 在蒙台梭利看来，"快乐并不是教育的惟一目的。一个人必须在能力和性格上具有独立性，才能够掌握自己的命运"⑤。4—6岁是儿童有意识吸收外部世界信息的时期，在这一时期，儿童通过自己的行为来探索周边的环境并完善自己的各种能力。成人在这个时期要明白儿童真正需要什么，并在保证儿童

---

① 玛利亚·蒙台梭利.有吸收力的心灵［M］.高潮，薛杰，译.北京：中国发展出版社，2003：200.
② 玛利亚·蒙台梭利.有吸收力的心灵［M］.高潮，薛杰，译.北京：中国发展出版社，2003：201.
③ 玛利亚·蒙台梭利.有吸收力的心灵［M］.高潮，薛杰，译.北京：中国发展出版社，2003：134.
④ 玛利亚·蒙台梭利.有吸收力的心灵［M］.高潮，薛杰，译.北京：中国发展出版社，2003：188.
⑤ 玛利亚·蒙台梭利.有吸收力的心灵［M］.高潮，薛杰，译.北京：中国发展出版社，2003：189.

安全的情况下放手让儿童去做，以锻炼儿童的独立性。然而在现在的学校和家庭中，孩子不被允许触碰成人认为儿童不应该触碰的东西，儿童的活动范围被大大地限制了，一些探索活动还被成人认为是破坏性行为。长此以往，儿童成长的独立性将逐步被扼杀。

5. 尊崇"内在生命力"

儿童具有与生俱来的生命力，这种生命力是一种积极的、活动的、发展着的存在，它具有无穷无尽的力量。儿童发展不是局限于一定范围之内的，它是按照自身规律而获得的自然、自由、自主发展的强大内核。教育的任务就是激发儿童的内在潜力，使儿童按自身规律获得自然的和自由的发展。蒙台梭利主张："不应该把儿童作为一种物体来对待，而应该作为人来对待，他是一个具有生命力的、能动的、发展着的活生生的人。教育家、教师和父母应该仔细观察和研究儿童，了解儿童的内心世界，发现'童年的秘密'；热爱儿童、尊重儿童的个性，促进儿童的智力、精神、身体与个性的自然发展。"[1] 蒙台梭利还利用第一手观察资料和"儿童之家"的实验，提出了一系列有关儿童发展的规律：儿童是一个独立的、有生命的个体，他有自己的需求，有尊严，有创造力和认知力。她认为儿童不是容器，反对成人往儿童头脑里灌输知识；她提出了"儿童不是任意塑造的蜡或泥"的观点，反对教育是一种塑造；提出了儿童"不是可以任意刻划的木块"的观点，反对洛克的"白板说"；提出了"儿童不是父母或教师培植的花木或饲养的动物"的观点，反对成人将儿童当作生物饲养。这就是教育，教育不是培植和饲养。

蒙台梭利自然教育思想之所以能影响整个世界的教育体系，关键在于她在总结卢梭、裴斯泰洛齐、福禄培尔等人自然主义教育思想的基础上，形成了自己革命性的精神自然教育观念。

二、自然教育存在之原则

自然教育之所以能够在思想家们的心中常驻，是因为他们的心中都有明确的自然教育存在原则，这些原则如下。

---

[1] 玛利亚·蒙台梭利. 童年的秘密——揭开儿童成长奥秘的革命性观念[M]. 金晶, 孔伟, 译. 北京：中国发展出版社, 2006：译者前言, 第Ⅱ页。

（一）系统原则

夸美纽斯是教育史上首位提出系统的、科学的教育原则的思想家。在论证教育原则时，他采用类比类推的论证法，先用自然法则加以说明，然后与画家、建筑师和其他专业人士的观念结合起来加以解释，最后使用自然的逻辑进入教育领域。他相信："只要不断追随自然的步伐，就会发现教育是一个很容易的过程。"[1] 正是在教育顺应自然原则的基础上，夸美纽斯清楚地阐述了教学的直观性、巩固性、循序性和连贯性等影响至今的科学教学原则，初步建立起近代教学论的体系。

1. 适时而行

夸美纽斯说："因为大自然遵守适当的时间顺序，所以与自然有关的行为不可无序。"[2] 例如，如果一只鸟想繁殖，它会选择春天而不是冬天和夏天；鸟的骨头、血管和神经是在特定的时间形成的，所以做任何事情总是应该在对的时间内进行，教育也是如此。他举了一株果树作为例子，即一株果树上的果子能从自己的树干上自行生长，但是这株果树在一个熟练园丁种植、灌溉与修剪之前，是不会结出甜美的果实来的。同样，一个人也可以自行长成一个人，但若是没有教师对其进行德行、虔信的教育，他是不会长成一个理性的、有德行和虔信的人的。任何事物都是在幼年期容易塑造，长大后便不易改变。所以教育儿童要从他们的性格、脾性和思想还未成形的时候就开始，这时的儿童可塑性强，容易引导。虽然刚出生的孩子是一张白纸，什么都没有写，却也什么都可以写。因而往上面写的可以是恶的，也可以是善的，教育就是引导儿童走向真善美。因此，要从小培养儿童良好的生活习惯和品德习惯等。

2. 有备无患

夸美纽斯说："大自然在其开始形成之前就有所准备。"[3] 比如婴儿，尽管羸弱，但是上帝在他出生之前，已经给他做好了生活的各种准备。自然会选择合适

---

[1] COMENIUS J A. The Great Didactic of John Amos Comenius [M]. London, A., and C. Black, 1896: 102-103.

[2] COMENIUS J A. The Great Didactic of John Amos Comenius [M]. London, A., and C. Black, 1907: 112.

[3] COMENIUS J A. The Great Didactic of John Amos Comenius [M]. London, A., and C. Black, 1907: 114.

的或经恰当处理后变得合适的事物。这告诉我们做任何事情之前，需要做好充足的准备。夸美纽斯用四个熟悉的例子论证了这一原则：一只鸟儿会把一块石头或是其他没有用处的东西扔掉，而只把一件能孵出小鸟的东西放在巢穴里面；建筑家尽量挑选质地优良的木材，然后选择建筑地点；画家会想方设法使画布或画面变得更加合适，他会抹擦、打磨，使它适合他的用途；园丁会选择一枝具有充分活力的嫩枝，移植到花园里小心地种下，然后去掉原有的枝条，甚至沿着树干切去一块，使树枝除了灌活接穗以外，不作别用。将这一原则应用到教育上，同样适用。这就是说孩子在进入学校接受教育之前，他们的心灵应当有所准备，家长应对孩子进行引导，让孩子自己愿意去求学，让孩子产生求知欲望，而不是没有任何引导与铺垫就让孩子进入学校。所以父母应该用一切可能的方式把孩子的求知与求学的欲望激发出来，从而帮助孩子抛掉恐学的想法。

3. 重视感官教育

夸美纽斯声称："自然选择适合的对象作为行动对象，或首先接受适当的方法以使其适应。"[1] 他认为，只要通过感官对儿童进行尽可能的指导，就会促进他们的学习。在教育过程中，教师和学生共同调动身体器官，让它们全部参与进来。例如，听觉应始终与视觉相结合，并且舌头应与手一起受到训练。教师不仅要口头讲授，而且要有吸引力，还应该用图示说明，并借助视觉来增强孩子们的想象力。同样，学生应该学会用嘴说话，同时用双手表达自己的观点。这样在将已学到的东西完全印在眼睛、耳朵和大脑里之前，不要让他们进行任何研究。让孩子首先运用他们的感官记住应该记住的知识，然后理解它们，最后再使用判断力，这是教学顺序和语言学习的特定方法，也就是遵循从具体到一般的原则。在夸美纽斯看来，一切的学习都是先通过孩子们的感官来感受的，再以各种可能的方式自然地辅助孩子们掌握、巩固所学内容。儿童时期的教育，就应该充分发挥儿童的本性和各种感官，亲近自然，直观地吸收感性知识，而不是被束缚在室内进行抽象的思维训练。

4. 因材施教

夸美纽斯说："大自然在其运作中不会感到困惑，但在发展方面会明显地表

---

[1] COMENIUS J A. The Great Didactic of John Amos Comenius[M]. London, A., and C. Black, 1907: 116.

现出发展的顺序性。"① 夸美纽斯对兴趣和能力不同的学生的需求表现出高度的敏感性。在研究如何通过减少教授的科目来促进学校任务的完成时,夸美纽斯对学习风格进行了研究。他说:"人的思想之间的差异与各种植物或动物之间的差异一样大。一个必须以一种方式来对待,另一种必须以另一种方式来对待,并且相同的方法不能应用于所有人。"② 诚然,有头脑的人有能力指导每个项目,但也有许多人发现掌握某些事物的基本知识时就遇到了很大的困难,有些人抽象思维能力强,但实践能力欠佳,有些人可以学习除音乐之外的所有知识,而有的人则无法精通数学、诗歌或逻辑。在这些情况下应该怎么做?如果我们试图消除自然的偏心,为了统一而与自然做斗争,势必没有任何效果。是的,人与人是不同的,因材施教在教育中就显得尤为重要。

5. 满足内部需求

夸美纽斯说:"在所有的自然行为中,发展都是从内部进行的。"③ 例如,鸟类发展的第一步不是形成脚、羽毛和皮肤,而是身体的主干部分。身体的所有其他部分都需要在适当的时候形成。夸美纽斯指出:"自然是从其根源而不是其他别的任何源头发展出一切。"④ 在教育上,我们也要从根抓起,而不是关注细枝末节。什么是教育的根呢?夸美纽斯又用类比来说明这个问题:知识包括各种作者收集的话语和观点,就像人们闲暇时装饰的树那样,尽管树上挂满了树枝、花朵、水果等,但由于这种树没有根,所以长不出果实,上面的树枝也很快会枯萎脱落。因此,对待儿童的学习也是一样的,必须让他们研究天、地和树等自然物,而不是研究书籍,这样才能使他们变得明智。也就是说,儿童必须学会自己去了解和研究事物,而不是接受别人对事物所做的观察及各种结论。所以,在教学活动中,不得仅仅以书本为媒介来传递信息,而应根据儿童的年龄通过实际的材料来展示。自然不会强迫人们去做一些他们天生不喜

---

① COMENIUS J A. The Great Didactic of John Amos Comenius [M]. London, A., and C. Black, 1907: 118.
② COMENIUS J A. The Great Didactic of John Amos Comenius [M]. London, A., and C. Black, 1896: 333.
③ COMENIUS J A. The Great Didactic of John Amos Comenius [M]. London, A., and C. Black, 1907: 119.
④ COMENIUS J A. The Great Didactic of John Amos Comenius [M]. London, A., and C. Black, 1896: 298.

欢的事情，自然也不会强迫任何人去做力所不及的事情。所以，在儿童教育中需要创造条件，让孩子们自己去探索，尊重自然和学生的实际能力，在实践中学习。

6. 由易到难

夸美纽斯说："自然，在其形成过程中，始于普遍，终于特殊。"① 自然发展中的一切都是从头开始，尽管开始无关紧要，但它具有巨大的潜力。比如儿童教材的编写顺序，首先应该贴近儿童的思想，其次是他们不能直接接近的那些，再次是相距遥远的那些，最后才是相距最远的那些。在儿童教育中，我们应该按照儿童身心发展的特点进行课程的设置，选用合适的教育方法，遵循由易到难的原则，这样才能顺应儿童的发展，而不至于脱离儿童的需求，致使儿童受难。这也是《学记》中倡导的"学不躐等"的教育原则。

7. 循序渐进

夸美纽斯发现："自然并不急着，而是缓慢前进。"② 自然不会急躁，只会慢慢发展。例如，鸟的生长发育是一个渐进的过程，当雏鸟从壳中出来时，鸟妈妈不会让幼鸟寻找食物，但是当雏鸟成长到一定阶段时，它会自行寻找食物。因此，夸美纽斯警告不要加快学生自然学习的速度，教师试图教给学生吸收不了的知识是愚蠢的，而应让学生尽其所能才对。夸美纽斯建议我们要向鸟儿学习：鸟的发育是一个渐进的过程，这个过程不能跨越或推迟。一开始，幼鸟的壳破裂，它出生了。之后，母亲不允许幼鸟去寻找食物，而是她自己来喂食，并通过自己的体温促进幼鸟羽毛的生长。当小鸟的羽毛渐丰后，母亲也不会立即将其从巢穴中推下，迫使它飞翔，而是教它先将其翅膀从巢穴中移出，或栖息在巢穴的边缘，然后再试着飞出巢穴。先在巢穴周围，从一根树枝飞到另一根树枝，接着从一棵树飞到另一棵树，然后再从一座山飞到另一座山，直到最后它获得了足够的信心，可以直接在野外飞翔。③ 这些过程中的每一段都应该在正确的时间以正确的方法

---

① COMENIUS J A. The Great Didactic of John Amos Comenius [M]. London, A., and C. Black, 1907: 121.
② COMENIUS J A. The Great Didactic of John Amos Comenius [M]. London, A., and C. Black, 1907: 123.
③ COMENIUS J A. The Great Didactic of John Amos Comenius [M]. London, A., and C. Black, 1896: 275.

连续进行，不能急躁。在教育中，所有课程的学习都应谨慎地进行，以使那些先来的人可以为后来的人提供经验和启发；课堂教学时间应尽量减少，以放手让儿童自己探索；应该尽量少地教给儿童知识，更不能迫使他们记住；一切都应根据儿童的精力进行安排，知识的数量可以随着学习程度的加深和年龄的增长而自然增加。

8. 持之以恒

"如果自然开始任何一件事情，它就不会中途停止或者消失，直到操作完成。"① 夸美纽斯举例说明，"一株树每年从一个芽只抽出一条嫩枝，但是在30年中，这株树就会长出千百条或大或小的枝子和无数的树叶、花朵。那么，为什么就不可能使人的活动在20年或30年之内达到一定程度的强度和完满呢？"② 自然具有让人厚积薄发的力量，如果一个人从小开始一直保持自己的天性，自然而然地发展，那么他在20—30年之内就有可能达到我们想不到的高度。

9. 趋利避害

夸美纽斯说："大自然谨慎地避开障碍物和可能造成伤害的事物。"③ 他给的案例是：当一只鸟在孵化它的卵时，它不会让风碰到卵，更不用说雨和冰雹了。自然不会让自己负担过重，它对所处的环境感到满意。基于自然的特点，夸美纽斯对事物本性和书本知识进行了比较：事物是主要的，文字只是偶然的；事物是本体，文字只是衣着而已；事物是核，文字是壳，是皮。儿童必须学会了解并且考察事物的本身，从事物本身入手，而不是从其他来源去获得知识。要走进事物本身，就必须来到大自然中，亲自观察、触摸和感受，在实践活动中进行理性的培养。远古的智慧，对现代的儿童教育极有启发意义。当下的儿童教育，家长们总担心孩子输在起跑线上，强加给儿童过多的知识和技能学习，势必对儿童的身心成长造成巨大的危害，反而没有顺应自然趋利避害的规律。自然教育可以使孩子受到更多的教育，这比教师在课堂上滔滔不绝地讲课的影响力更为巨大，并且在自然教育的过程中，孩子会收获更多的乐趣。多部教材或专著都在强调：学生的

---

① COMENIUS J A. The Great Didactic of John Amos Comenius[M]. London, A., and C. Black, 1907: 124.
② 夸美纽斯. 大教学论·教学法解析[M]. 任钟印，译. 北京：人民教育出版社，2006: 103.
③ COMENIUS J A. The Great Didactic of John Amos Comenius[M]. London, A., and C. Black, 1907: 126.

学习以间接经验为主，以主观经验为辅。当然，这条认识论的前提是孩子的理性思维达到了一定的阶段。而对于幼儿，对他们的教育应该以感官教育为主，以实践性活动为主。反观我们现在的儿童，在好奇多动的年龄，被限制在教室内，进行间接经验的学习，致使很多儿童出现厌学的情况，这不利于儿童的发展。

顺应自然的教育原则是夸美纽斯整个教育体系中的一项基本指导原则。他承认并尊重自然的秩序和规律，建议教育应遵循儿童的自然发展规律，关注儿童的生活。在这里，夸美纽斯使用一种引用自然的新方法来按照自然顺序证明他的思想和教育改革的合理性，反映了他对全人类具有与生俱来的教育能力的信心。

当然，也应看到夸美纽斯提出的自然教育法则并不是对自然规律的科学认识，更多的是对自然现象进行简单的罗列和人为的解释，因而在论证中带有拟人化和简单化的现象，如："如果教学法要激起对知识的爱好，它就首先必须是自然的，因为自然的东西是不用强迫进行的。水从山坡上流下来不需要强迫。如果把它挡回去的堤坝或别的东西被清除，水就立即下流。没有必要劝说鸟儿飞翔，鸟笼一打开，它立即就飞出去了。不需要强求眼睛和耳朵去享受呈现在它们面前的一幅精美的图画或一支优雅的曲调。在这一切情形下，更多需要的是约束而不是强迫。"①《大教学论》和《母育学校》中到处都有这种带有浪漫色彩的叙事，在一定程度上只是显示了夸美纽斯个人对自然现象和教学关系的思考和领悟，从方法的层面上看，还未达到科学的境地。另外，夸美纽斯提出的正确的教育教学思想又并非仅仅是从模仿自然法则得来的，而主要来自他对古代教育思想和文艺复兴以来的西方教育取得的先进成果的吸收。他用宗教观保护了他的自然观，又用自然观保护了他的教育观，这是他教育思想中自然主义特色的表现。

（二）慈爱原则

福禄培尔的教育是在坚持信仰、希望和爱的基础上开展的。在这三个当中，力量最大的是爱：爱的气氛对孩子来说就像阳光对植物一样重要。儿童从刚刚出生到世界上起，人们就应当且必须按照他的本质去理解他和正确对待他，让他自由地、全面地运用他的能力。坚持对人的本质的理解，明白父母该做的，知道每一个家庭成员最完美的发展途径，正确认识和理解事物的本质以及正确对待儿

---

① 夸美纽斯.大教学论·教学法解析[M].任钟印，译.北京：人民教育出版社，2006：122.

童，是家庭之爱和学校之爱的关键。

他认为婴儿之爱首先来自家庭，来自父母和兄弟姐妹的关爱，然后推及对上帝的爱。"父亲、母亲、兄弟姊妹和人们感觉到和认识到自己与一个更高的原则，也就是说与人类、与上帝处于一个共同体和联合体中。这种共同的感情是最初的萌芽，是一切真诚的宗教精神的开端，是为达到同永恒精神、同上帝不可阻挡的结合而作出的一切真诚努力的开端。"① 比如母亲把微睡的孩子放到她柔软安全的卧榻上，同时以充满深情的目光投向他，这种举动不仅会使静观的旁观者受到触动，而且会带给孩子永恒的平安和幸福。福禄培尔要说明的是，如果每一个儿童都能够最充分、明确、全面且独特地发展和表现自己的话，就是明确且完美地发展和表现了父母和家庭的本质，也就表现了上帝的全部本质。尽管这种本质还没有从根本上得到普遍认识和承认，还没有在他们身上扎根，但是教育依旧需要这个过程。

同样，在幼儿园里，关爱也是教育的一个重点。在福禄培尔的幼儿园，教师们和家长们需要把爱的话题印在心中，在践行爱的过程中，不断反思与爱相关的问题：（1）爱的双重本能是什么？（2）如何将自私的爱转化为属灵的爱？（3）如何训练这种爱？（4）爱的觉醒发生在什么之前以及为什么？（5）爱如何表现出来？（6）教师如何鼓励这种无私的爱？（7）什么是真正的爱心？② 对于上述问题，福禄培尔明确了一个前提，就是首先给儿童自由的权力：成人不应当强调儿童的某些能力和某些肢体的运用而牺牲其他能力和肢体的发展；儿童既不应当在当时部分地被束缚和钳制，也不应当在以后受到控制。

（三）可持续发展原则

1. 体验式教育原则

蒙台梭利的自然教育是以儿童为中心的整体教育。"自然对我们有强烈的吸引力，令我们敬畏并能提高我们的审美欣赏能力，借助于自然可激发儿童的学习并激发亲环境的行为和态度，以及与之相关的心理和注意力的自然参与。"③ 蒙台

---

① 福禄培尔. 人的教育 [M]. 孙祖复，译. 北京：人民教育出版社，1991：17.
② HARRISON E. Questions on a study of child-nature [M]. Donnelley & Sons Company，1897：12.
③ RATHUNDE K. Nature and embodied education [J]. Journal of Developmental Processes，2009（4）：70-80.

梭利发现:"在童年的岁月里,孩子们专注于美学和对世界之美的欣赏,自然的体验可以促进植根于学生内心深处的文化环境的推进。"[1] 体验式教育通过直接的经验吸引学生,并且像建构主义一样,教师被视为经验的提供者,而不仅仅是事实的传播者。它鼓励儿童在课堂外进行探索,并花时间反思自己的活动。其基本原则是行动应该先于综合知识。"体验式教育"被广泛应用于不同的主动学习方式中,例如服务学习、环境教育和合作学习等;并采用了多种新的教学技术,例如游戏、角色扮演、讲故事等。体验式教育的新模式使教师认识到与自然的互动是儿童教育不可或缺的组成部分。

2. 生态可持续性原则

蒙台梭利教育法是一种哲学和全系统的生态方法,不同于传统教育方法。保罗·霍肯在他的著作《祝福的动荡:世界上最大的运动是如何产生以及为何人类看不到》中考证了"生态学"词源的含义,它是关于生命有机体如何相互影响及与环境相互作用的,它既优雅、节俭,又丰富。"可持续发展"与生态相互依存,其含义是"为生存提供营养,并增强精神和勇气"[2]。简而言之,"可持续发展"的概念涉及既满足当前的资源需求,又不损害子孙后代满足其自身需求的能力。就此而言,蒙台梭利教育具有可持续发展的特征,它是以学习者为中心的自然教育。我们知道,培养敏锐的和平与社会正义感是蒙台梭利教育的基础。因此,即使是很小的孩子,受教育的目的也不只是为了准备上学,而是为了生活。一百年前,蒙台梭利所处的社会濒临世界生态可持续性灭绝的状态,她的教育思想体现出社会的需求。孩子拥有丰富的能力、较高的敏锐度和建设性的本能,而这些本能尚未得到认可或使用。蒙台梭利恳请我们认识到我们关切的重点必须是教育人类,即所有国家中的人类,以指导人类寻求共同的目标。因此,我们必须回过头来,使孩子成为我们主要的关切对象,"因为他是人类之谜的源头和钥匙"[3]。为了发展,孩子需要比迄今为止所提供的机会更多的机会。

生态可持续性原则和真实的蒙台梭利实践提出了生活在这个世界上的新范

---

[1] SOBEL D. Place-based education: Connecting classrooms and communities [J]. ISLE: Interdisciplinary Studies in Literature and Environment, 2006, 13 (1): 238-240.

[2] SUTTON A. Educating for ecological sustainability: Montessori leads the way [J]. Montessori Life, 2009 (4): 18-25.

[3] MONTESSORI M. The discovery of the child [M]. India: Kalakshetra Publications, 1948: 25.

式，通过生态教育的内容和过程激发儿童的批判性和创造性思维。蒙台梭利生态可持续性原则遵循生态的整体性和系统性，促使人类与地球和谐相处，人类和大自然在广阔而深奥的宇宙中连接成了一张不可分割的网。

3. 全纳原则

"特殊需要"一词是指对那些有特殊能力、出类拔萃或者智力不足的孩子的教育要求。有些儿童的发展偏离了平均值，需要特殊的理解和照顾，比如智障、肢体残障、情感残障、脑瘫、孤独症、学习障碍、注意缺陷障碍、注意缺陷多动障碍以及有天赋的孩子。

尽管教师们并不想在孩子身上打上这些标签，但是在教育实践中，经常会出现令教师们困惑的问题："为什么这个看起来智力正常的孩子不喜欢阅读？""因为他有学习障碍。""但是你怎么知道他在学习上有问题？""因为他看上去智力正常，但他没有学会读书。"以上案例其实是一种循环推理。这种草率思维的危险之处在于，它会阻止儿童得到相应的帮助，有特殊需要的孩子遭受了太多的侮辱。

在蒙台梭利那里，教师可以为这个孩子提供很多服务，因为对我们而言，教育是生活的辅助手段。众所周知，蒙台梭利从1898年至1900年与这些特殊的孩子一起工作。她非常认可塞金的方法，说他的方法比普通教育所采用的原则更能够合理地帮助弱者或智障儿童。用塞金方法的结果不仅是学生"学到了一些东西"，而且还见证了他们人格的觉醒。蒙台梭利告诉我们："这些拥有不同方法的心理治疗系统是非常合乎逻辑的，并在经验上优于那些适用于正常儿童的心理治疗系统。慢慢地，我确信，这些与正常儿童相似的治疗方法会有利于他们精神的觉醒和积极行为的改变。实际上，我曾经进行过科学教育学的实验！"① 这就是蒙台梭利坚持将有特殊需要的孩子与正常孩子进行融合教育的原因。

蒙台梭利告诉我们："如果我们考虑不同年龄的儿童，则可以将有特殊需求的儿童与正常儿童进行比较。"② 她认为智力发展落后的孩子在心理上被别人判断为患有一种疾病，其心态与年龄小几岁的正常儿童非常相似，这种比较是合一定逻辑的。因此，对于蒙台梭利来说，将有特殊需要的孩子与正常孩子"融合"在一起是一件明智的选择。在美国大部分幼儿园，几乎每个班级里都有发展相对落

---

① MONTESSORI M. The discovery of the child [M]. India: Kalakshetra Publications, 1948: 25.
② MONTESSORI M. The discovery of the child [M]. India: Kalakshetra Publications, 1948: 36-37.

后的儿童或者有其他缺陷或者某一方面发育迟缓的孩子。也就是说，人们已经普遍接受这样的观念：将特殊儿童和正常儿童放在一起接受教育，有利于特殊儿童的发展。现在比较一下，如果一味地把特殊儿童放到特殊学校中去，会不会也有很多的弊端呢？首先，特殊学校给他们和家长贴上了标签，对敏感的孩子来说无疑雪上加霜；其次，特殊学校如果不与其他机构、其他部门、其他学科进行融合教育，孤立教育的劣势更不利于特殊儿童的发展。所以，我们需要谨慎思考：是不是要考虑将特殊儿童同质到普通学校中去呢？

蒙台梭利的生态性原则，既表现在人类与自然环境的可持续发展上，也体现在儿童的可持续发展上，尤其是其全纳教育原则的提出，更是其工作经历和教育目标的综合体现。在促进世界和平与发展的道路上，每个人的可持续发展都很重要。

小结：狄尔泰的客观精神

研究历史人物，最有效和最常用的方法是文本的研究，要想更好地理解文本普遍而客观的意义，就不能与作者生活的时代相分离；要理解构成文本的意义的东西，我们就不能无视作者自己和他具体的生活境遇。历史文本，既体现古代的普遍精神，又具有其具体表现形式。具体表现形式不仅包括作者的特殊精神和思想，而且包括作者独特的个人经历以及语言和叙事风格。阿斯特写道："所有古代的作者，特别是那些其著作乃是精神的自由产品的作者，都表现了那个大一精神，不过，每一个作者都是按照他自己的方式，根据他的时代，他的个性，他的教育和他的外在生活环境去表现这大一精神。"① 因而，要了解夸美纽斯、维柯、卢梭、福禄培尔和蒙台梭利在讨论儿童本性的问题中所传达的精神，以及对作者进行根本理解的话，则需要笔者将他们的生活背景展现给读者。

17世纪的捷克人夸美纽斯经历了波西米亚和匈牙利的新教徒与天主教徒之间的宗教冲突，见证了30年（1618—1648年）战争的整个过程，在经历了瘟疫中丧妻丧子的巨大悲痛后，在艰难的周遭世界中，他选择了个人内心的平和，将自

---

① 弗里德里希·阿斯特：语法学、诠释学和批评学的基本原理[C]//洪汉鼎.理解与解释——诠释学经典文选.北京：东方出版社，2001：8.

己一生的力量集中于对上帝和人类以及捍卫捷克民族语言（文化）的奉献之上。正是基于自身的悲惨经历，作为"捷克兄弟会"的会长，夸美纽斯皈依并借助上帝的力量，在儿童的心中种下良善的种子，并希望其生根发芽。也正是历经数次劫难而不死的涅槃过程，奠基了他的人性观：人具有自由意志的共同性，人同样具有神性。人性体现在人的精神世界中，人性也应该扎根在教育者的心中，这塑造了夸美纽斯的儿童观，使他坚信教育具有巨大力量，可以超越环境，改变社会，促进社会和平。

想要理解维柯所体现出的那种民族婴儿的普遍精神，也就必须理解其表现的具体的特殊形式。如果忽略他自己的生活方式，我们无法真正客观理解并解释他，就成了放无线的风筝那样。维柯是 17 世纪末、18 世纪上半叶意大利著名的学者，他在哲学、历史学、语言学、法学、美学、教育学等社会科学领域里建树良多，造诣颇深，在世界近代思想文化史上影响巨大。但上帝并没有垂青这位天才，反而使他命运多舛。他出生于小书商之家，一生养育 8 个子女，孤守那不勒斯大学修辞学讲席 43 年，劳碌孤寂一生，勉强维持生计，晚年百病缠身，并为家事烦扰。"笔从我颤巍巍的手中滑落，我思想宝库的大门关上了。"① 在凄苦无奈中，维柯走完了自己的一生。"青灯黄卷，收拾起旧生涯。"在学术上，维柯也非一帆风顺。当他苦读 9 年，带着满腹经纶从契伦托堡回到那不勒斯的时候，他的思想与当时的主流文化格格不入，成了"故乡的异客"，默默无闻地生活着。尽管他学富五车并有大作问世，却仍然在竞选法学午前首席讲座中失败。② 这次失败，对他打击甚大，于是他退而构作《新科学》。他自以为《新科学》一经问世就会引爆一座矿山，他时刻期待着巨大的爆炸声，但响应者寥寥且少有深刻理解，他只能自嘲"我是在荒郊野地里发表了它"③。克罗斯评价道："他是未来的代言人，在荒野上呐喊，无人回应。"④ 维柯的著作遭遇不公之待遇的原因，首先是

---

① CROCE B. The philosophy of Giambattista Vico by Benedetto Croce [M]. New York: The Macmillian Company, 1913: 266.
② 维柯于 1723 年竞争法学课午前主任讲席的职位，失败，此年 55 岁。
③ CROCE B. The philosophy of Giambattista Vico by Benedetto Croce [M]. New York: The Macmillian Company, 1913: 259.
④ CROCE B. The philosophy of Giambattista Vico by Benedetto Croce [M]. New York: The Macmillian Company, 1913: 244.

其广博艰深的思想，再次是其晦涩的意大利语言，其间夹杂着神话，笼罩着浓厚的宗教色彩，读者只能透过重重迷雾，影影绰绰地瞥见其轮廓，而且作者本身思维逻辑"模糊隐晦、含混不清、支离破碎"①。但是，毕竟维柯的学术底蕴深厚，其闪光的思想在他在世时就已影响意大利。在过去几百年的时间里，他在意大利学术界享有盛誉，被公认为意大利最伟大的民族哲学家。随着维柯著作的各种译本的问世和世界学术界对维柯思想越来越广泛而深入的研究，人们日益深刻地认识到，他的作品和他的思想使他无愧地列于近代最伟大思想家的名单之中。美国维柯研究专家乔治·塔利亚科佐（Giorgio Tagliacozzo）这样评价他："他的思想好似所有时代的文化公分母，为几乎所有学派的同代哲学家和几乎所有领域里的学者们提供共同的源泉。没有任何一位思想家可以与他相提并论，无论是在世的还是去世的。产生一个或别个重要的思想是一回事，但要成为一系列巨大核心思想的先驱又完全是另一回事。"② 只有了解了他的生平，知道他是圣索菲斯（Santa Sophis）"兄弟会"的成员，在叙述他自然教育思想的过程中，就会明白他为什么把天神意旨摆在高处，也会明白为什么他要寻根刨底，不惜花费30多年去寻找最古老的智慧来证明民族婴儿的本能和潜能，这样才能把握住他自然教育理论的精髓。

　　生于18世纪，被冠以"儿童之父"之称的卢梭一生颠沛流离，尝尽人间不公并经历世间苦难。他是一个浪漫的、多情的、充满各种争议的人物，其情感的种子洒遍了他反复造访、居住和离开的地方。卢梭因为到处流浪，被称为"日内瓦人、意大利人和法国人的混合体"。但是，这样总结并不全面。卢梭在英国也住了几年。他一生中的大部分时间都在旅途中，住过多个地方，有很多同伴并保持活跃的往来，并阅读他们的各种书籍。混合式的生活对卢梭的影响是显而易见的。在法国的乡村，他度过了一段令人终生难忘的、自由的、自然的生活。此外，他还受到了旧哲学著作的启发，尤其是柏拉图、亚里士多德、斯多葛派、普鲁塔克的旧约和传说，以及描述非欧洲地区生活的新叙事。从这个时代的许多其他知识分子身上，我们可以发现类似的思想融合。源于卢梭的经历，极端的回到乡村的自然

---

① BERLIN I. On Vico [J]. Philosophical Quarterly, 1985, 35 (140): 281-290.
② TAGLIACOZZO G, WHITE H V. Giambattista Vico: An international symposium [M]. Baltimore: Johns Hopkins Press, 1969: 609.

教育思想、疯狂地追求自由自在生活的儿童观的提出，就不难被理解了。

福禄培尔的教育强调顺应自然，这是其教育思想的一个重要出发点，也是其教育理论的核心，它在外国教育史上具有承上启下的作用，对我们今天的教育也不无启迪。他之所以能够提出自然教育的思想，与他幼年时期的生活不无关系。他于1782年4月21日出生在德国乡村图林根（Thuringian），其父是位虔诚的牧师，育有子女五人，福禄培尔是他最小的孩子。福禄培尔诞生后九个月，母亲就逝世了。他的父亲独立负责六七所教会，所以照顾福禄培尔之责，落在兄姊和用人肩上。在他四岁时，父亲续弦，继母很喜欢他，这段时间是他一生中最幸福的日子。可是不久后，继母生了一个男孩，从此，福禄培尔的生活发生了变化，继母开始待他如外人。在这种情况下，福禄培尔受到很大的打击，自然而然，继母和他之间形成了很深的"代沟"。环境的改变导致精神上的孤独，他形成了内向的性格，不喜欢交朋友，所以他的哲学思想性格可以说是受了家庭及环境的影响。在乡村中生长，他不仅形成孤独的个性，同时亦喜欢和大自然接触，并沉浸在大自然的安慰里，不断地思索。以后几年，他更深爱花草树木，在大自然中体会宇宙的真理和奥秘。自然教育思想已在他幼小的心里发芽。福禄培尔的一生中，他身边缺少一个充满爱心的母性人物，再加上他有一个严格、冷酷但虔诚的父亲，以及德国浪漫主义的影响，所有这些都影响了他对幼儿园的理解。了解了福禄培尔的生平，尤其是其童年的经历，就不难理解他为什么那么钟情于幼儿教育和自然教育，毕生致力于幼儿园的环境建设问题；也可以明白他对童年完整的信念，即童年不是为成年做准备，而是根据幼儿内在精神开展的自我发展。

生于19世纪末期意大利的蒙台梭利，生性好强，不惧世俗，顶着巨大的家庭和社会压力，坚持进入罗马大学医学院就读，成为意大利第一位女医学博士和女医生。蒙台梭利在担任特殊儿童医生的职业过程中，还进行了专门的儿童教育研究。随着时间的流逝，蒙台梭利决定专注于教育方法的研究，并放弃了她在大学中的职位，开始了她的儿童教育和研究事业。由于深受卢梭自然主义观念的影响，她在圣荷西为3—6岁的儿童开设了第一所"儿童之家"，其在世界范围内影响巨大。"儿童之家"的孩子们直接与自然接触，他们的精神成长备受关注，在民主的环境中生活得非常自由惬意。为此，基于蒙台梭利的学术经历和成功的实践经历，我们就不难理解蒙台梭利所提出的自然教育的儿童观。

在理解和解读历史文本的时候，笔者尽量采用客观精神，即在认可作者自然观的前提之下，在感觉世界中将这种共同性客观化。"在这种客观精神中，过去对我们来说就是不断持续的现在……因为创造性的作品也体现了一个时代和地区的观念、内心生活和理想的共同性……这个世界也是一个中介，通过它我们才得以理解他人及其生命表现。因为，精神客观化于其中的一切东西都包含着对于你和我来说是共同性的东西。"① 阐释者就是这样在客观精神世界中进行理解的。理解作品的精神，需要思考作者不同的时代、生活轨迹、语言和文化世界。不同的文化定义了我们对自我和对他人的理解，要想做到尽可能地理解作品，就不能脱离时代与文化背景来看待作者和作品以及作品所反应的世界。

---

① 威尔海姆·狄尔泰：对他人及其生命表现的理解（1910）[C]// 洪汉鼎. 理解与解释——诠释学经典文选. 北京：东方出版社，2001：97.

第二章

ZIRAN JIAOYU DE RENSHILUN

自然教育的认识论

人类是如何认识世界的？认识的规律是什么？知识是什么？这些问题属于认识论的范畴，是人类探索世界极为重要的部分，是一个永恒的话题和研究主题。认识论是关于了解我们对知识的理解，是专注我们如何知道我们所知道的事情的。儿童对知识是怎么看待的？他们是如何学习的？儿童的认识和客观世界有什么关系？儿童的认识与自然有什么关系？本章通过梳理和归纳历史上儿童自然教育思想家的观点来回答上述问题，这将有助于更加深入而清晰地认识儿童。

第一节　主观能动论

主观能动性是人类特有的能力。人类具有认识世界的能力以及在社会实践的基础上能动地认识世界的活动能力，这种能力在儿童的身上突出表现为他们所具有的各种内在的能力。

一、激发模仿能力

在人类与自然的关系问题上，夸美纽斯相信，人类所有的行为都是对大自然的模仿。整个大自然都是我们的学习对象：从鸟的筑巢中我们学到了建筑技巧，从蜘蛛身上人类学到了编织的艺术，从鱼身上学到了如何游泳，等等。所有人类发明都不过是对自然的模仿而已。自然及其一切都被赋予给了人类，人类不仅对其进行认识，而且能够对其进行改善和创造。例如，我们在有限的时间内可享受到太阳的光芒，为了延长"使用"阳光的时间，人类创造了与太阳光相似的较小的光，如火炬、蜡烛等。大自然主要由物质构成，它能够独立于人类活动而维持自身的运行，而人类并没有自己完全独立的特殊方法技能。因此，人类要想生存并且繁荣发展，就必须遵循自然并遵守其运行规律。人类所有行动和创造的结果自然取决于人对自己的关注以及对自己的改进，每个生物本身都被其创造者赋予了三个无限的特征：具有认知的能力，想要或拥有一切的欲望，并具有自我生存的能力。不得不承认的是，人类确实具有极大的模仿力，一直在模仿大自然。现代学科门类中成熟的仿生学体系，就很好地证明了这是一种积极而富有创造力的体系。夸美纽斯说过：认识个体和认识一般是一个道理。那么人类具有强旺的模仿力，这一本能出现在儿童身上，就不足为奇，甚至尤为适用了。

二、触发诗性智慧

（一）什么是诗性智慧？

1. 智慧

"诗性智慧"是维柯在《新科学》中首创的一个极为重要的词汇，要理解"诗性智慧"，首先要理解"智慧"。"所谓智慧不是别的，无非是恰当适度的能力。"[①] 原初人（民族的婴儿）因愚昧无知而对周遭世界产生好奇，因懵懂迷惑而对自然现象产生恐惧，所以只能用自己理解的方式解释世界，但他们又没有推理能力，只能凭本能的、强旺的感觉力和生动的想象力。这种能力，恰是民族的婴儿所具有的智慧。维柯认为，人作为人，在他所特有的存在中是由心灵和精气构成的；或者毋宁说，是由理智和意志构成的。智慧的功能就在于完成或实现人的这两个部分。"真正的智慧应该教导人认识神的制度，以便把人的制度导向最高的善。"[②] 荷马在《奥德赛》里给智慧下的定义是"关于善与恶的知识"，后来把它叫作占卜术。维柯认为，一切民族的凡俗智慧都是凭天神预兆来占卜的一种学问。维柯还通过语言学、神学和文化学证实神学诗人们都精通这种凡俗智慧。从此可见，智慧的基础是猜度、揣摩和想象等非理性。

---

① 维柯. 论意大利最古老的智慧——从拉丁语源发掘而来 [M]. 张小勇, 译. 上海：上海三联书店, 2006: 27.
② 维柯. 维柯论人文教育：大学开学典礼演讲集 [M]. 张小勇, 译. 桂林：广西师范大学出版社, 2005: 24.

2. 诗性智慧

这些出生着的婴儿，根据自己的观念，凭借强旺的想象力创造事物，最终创造了人类社会，因而他们成为创造世界的"诗人们"。因为"诗"的本质是本能、感觉、想象、激情，所以，"诗人"的希腊文的意义，就是制作者或创造者。维柯所称的"诗人"显然不完全是现代意义上的诗人职业，而是凭本能认识世界和创造世界的那波人类的祖先。这些民族的婴儿所拥有的特质便是维柯所说的"诗性智慧"，即原始初民凭借自然本能和外部环境的刺激而产生想象力，创造性地阐释世界的一种凡俗的、形象的智慧，即"一种为各民族所通用的凡俗智慧"。诗性智慧说白了就是一种实践智慧。维柯说，擅长于制作某种东西当然在某种意义上就知道怎样制作它，而且知道怎样办，这就是一种知识或智慧。但这是什么意义上的智慧呢？"某种"究竟指哪种？维柯经过论证说，它是一种诗性的或创造性的智慧，或者说是诗人的智慧，或者说是人类制度创造者的智慧。

这种民族婴儿的最初智慧，一开始用的玄学就不是现在学者们所用的那种理性的、抽象的玄学，而是一种能够感觉到的、想象出的玄学，像这些原初人所用的那样。这些原初人没有推理的能力，浑身却充满着强旺的感觉力和生动的想象力。① 这种玄学就是他们的诗，诗是他们生而就有的一种功能。"……他们生来就对各种事物产生的原因无知。无知是惊奇之母，令一切事物对于一无所知的人们都是新奇的。"② 他们按照自己的观念，把那些使自己感到惊奇的事物（无论是有生命的还是无生命的）都各赋予它们一种有生命的实体存在。民族世界的婴儿所具有的这种实践性的智慧，就是当下个体婴儿的智慧，是一种基于本能的实践智慧。

（二）人类心灵诗性智慧的基础

人类心灵的诗性智慧，在维柯的考证中，有超自然基础，即上帝是人类心灵的创造者和推动者。心灵是什么呢？我们还是始于词源学的考证："拉丁人的

---

① VICO G. The New Science of Giambattista Vico [M]. New York: Cornell University Press, 1968: 185.
② VICO G. The New Science of Giambattista Vico [M]. New York: Cornell University Press, 1968: 184.

mens①（心灵）和我们意大利人的'pensiero'②（思想）相同，他们也认为，心灵是由诸神赐予或者植入人类的。故自然而然……人类精神中的观念也是由上帝产生和导引的；并且因而他们谈论所谓'精神的心灵'（mens animi），然后他们把精神运动的自由权利（ius）和意志归因于上帝，比如 libido（情欲），也就是想望任何事物的能力，就'成了每个人自己的上帝'。"③心灵由诸神赐予，观念是由上帝在人类精神中产生的，也就是精神的心灵。无论如何，维柯相信，上帝是一切运动的第一创造者，不管是物体的运动还是精神的运动。但在这里我们遇到了"暗礁险滩"：上帝何以成为人的心灵的原动力，而实际上人却充满着缺陷、丑恶、谬误和罪孽？上帝何以拥有最真实、最绝对的知识，而人类却仍能拥有实践的自由意志？我们当然都知道，上帝是全能、全知、至善的；它的通晓就是真，它的意志就是善；它的通晓是最单纯而又最刚强的，它的意志也是不可更改和不可抗拒的。说到底，在维柯看来，人类心灵的智慧，还是来自全能的上帝。

（三）人类心灵诗性智慧的特点

1. 强旺的好奇心

民族的婴儿由于无知，对一切不认识的事物都充满好奇。人之好奇心，生而就有，维柯认为这种好奇心是蒙昧无知的女儿和知识的母亲。当惊奇唤醒那些民族的婴儿的心灵时，好奇心会驱使他们这样做："每逢见到自然界有某种反常现象时，例如一颗彗星，一个太阳幻相，一颗正午的星光，或其他自然界的离奇事物，特别是天象中的怪事，他们马上就产生了好奇，并急于了解它有什么意义，

---

① mens 一词源于动词 meminisse（意为记忆、回忆、想起等），其词根则为 men-，意为思考、记忆等，如果扩展到印欧语系中，其词根为 mati-，意为思想。拉丁语中一般把 mens 看作是精神（animus）的主要的和最高的部分，有时也就是精神。但这里主要是指精神的运作和功能部分，例如记忆，回忆，思想，判断等等。这里遵照惯例译作心灵。英译本译作（mind）。——译注

② pensiero 一词源于动词 pendere（悬挂，悬隔，权衡等）以及 pondo（权衡重量），又从其被动式 pensus 导出名词 pensum，其意为每日命令奴隶纺织的毛线的重量，然后又引出名词 penso，学者的工作或劳动，从而又有了意大利语的动词 pensare，深思、考虑、权衡、想念、怀念，关心、关照等。——译注

③ 维柯. 论意大利最古老的智慧——从拉丁语源发掘而来 [M]. 张小勇, 译. 上海：上海三联书店，2006：60.

即立刻追问它意味着什么。"① 这非常有趣，儿童也是如此。维柯认为，好奇心的产生是由于"不知道""无法理解"或"找不到理由"。这种好奇心难能可贵，它是一切"学问"的起点，也就是一种对事物意义的"追问"的动力。知识越少，越容易促使好奇心产生；年龄越小，越容易产生好奇心。乌申斯基曾说过："惊奇是科学发展的强大动力之一。"② 牛顿就是因为突然对苹果落地感到惊奇而提出了万有引力定律。科学研究始于惊奇，终于惊奇。作为教师必须保持崭新的惊奇感，并保证维持孩子们的惊奇感。如果教师能保持这种孩子般的好奇心，允许孩子们在最简单的东西中寻找值得惊奇的东西，那么孩子们一定能和他亲近，而这种亲近是最有教育效果的，这就是我们倡导的激发儿童的"哇"时刻。

2. 生动的想象力

维柯在许多遗产宝藏中，都非常强调想象力："没有想象力，世界便没有任何意义。没有想象力，我们将永远无法理解我们的经验。没有想象力，我们将永远无法推理出对现实的了解。"③ 人类的第一种自然本性，就是想象力。原初人因无知而对自然事物产生畏惧，因没有同类事物可进行类比，便根据身边熟知之物进行揣测，要解决这个问题就势必要找到想象的起点：即以己度物、以知揣无和以己释疑。"人们对与他们有关但不甚明了事物，经常自然地按照自己的某些本性和习俗进行解释。"④ 通过想象，将自然人格化，于无知中，把自己当作权衡万物之标。好奇与想象通常是紧密联系的。人类在幼年时代，几乎只有肉体而没有反思能力，在看到个别具体事物时必然浑身都是生动的感觉，并会用强烈的想象力去领会和放大那些事物。通过想象，对见到的事物进行合理化，就产生了知识。没有想象的过程，就无法从无知过渡到有知，所以好奇是知识产生的动力。"……我们所言的这些被发现的诗性文字乃是某些想象的类别（大部分是由他们的想象所形成的生物、天神或英雄的形象），它们将所有的物种和具体物都归属到每一

---

① VICO G. The New Science of Giambattista Vico [M]. New York: Cornell University Press, 1968: 189.
② 康·德·乌申斯基. 人是教育的对象——教育人类学初探（下卷）[M]. 张佩珍，等译. 北京：人民教育出版社，2004: 239.
③ JOHNSON M. The body in the mind: The bodily basis of meaning, imagination, and reason [M]. Chicago: University of Chicago Press, 2013: 09.
④ 官盛花，战加香. 维柯词源学视角下幼儿游戏诗性智慧的回归 [J]. 教育学术月刊，2018(7): 86-92.

个不同的类别里,恰如人类时代的寓言故事那样。"① 然而,现今教育以标准答案作为儿童学习的主要目标,将想象力这位教师抛弃,是一件多么恐怖的事情。

但是,由于想象具有一种强有力的欺诈性,它把具体事物都显示为由诸神灌注生命的存在实体,并按照每种事物的观念分配一些神给它们。维柯随后在《新科学》中为我们提供了一种新的形而上学形式,它并不被理解为普世科学,而是被理解为如何在不同文明中创造、使用和发展普世科学。用他自己的话说:"对于形而上学,从人类真正的思维开始指导人类思想的历史,就使我们最终进入了人类时代的第一批奠基者的原始思想中,这些思想都具有强大的意识和广阔的想象力。"② 想象力是一种非常复杂的较高级的心理功能,比快速而带有偏见的理性主义者或还原主义者的外表更值得拥有,想象力引领着我们不断地发展。就像考古学家、语言学家或民族志学家一样,维柯可以通过观察原初人的产品——语言、肖像、建筑、神话、仪式等来尝试访问不同文明的思维方式的不可还原的其他性。

3. 旺盛的记忆力

说到记忆力的来源,我们还是从维柯探究的词源学开始谈起:"因为作为民族的婴儿,他们必然具有惊人的超强记忆力,而这不受天意的安排……在人类还处于贫穷时代的情况下,各族人民仅有肉体的存在而没有反思的能力,"③ 在看到个别具体事物时,他们必然会敏锐地感觉到,并会用强烈的想象力去领会和放大那些事物,然后用灵敏的巧智把它们归到想象性的类概念中去,再用强大的力量把它们保存住。以上原初人所具有的这几种功能固然也属于心灵,不过它们都根植于肉体,心灵需要从肉体中吸取力量。因此,维柯认为,记忆和想象是同一回事,所以想象在拉丁文里就叫作"memoria(记忆)"。想象也有"机灵"或"创造发明"的意思。在复归的野蛮时期,一个机灵人也叫作"fantastic",是擅长想象的人,例如芮恩佐就被当时的传记家这样称呼。因此,记忆有三个不同的作用:当记住事物时就是记忆,当改变或模仿时就是想象,当对诸事物的关系做出

---

① VICO G. The New Science of Giambattista Vico [M]. New York: Cornell University Press, 1968: 34.

② VICO G. The New Science of Giambattista Vico [M]. New York: Cornell University Press, 1968: 5.

③ VICO G. The New Science of Giambattista Vico [M]. New York: Cornell University Press, 1968: 375.

较妥帖的安排时就是发明或创造。基于这些理由，神学诗人们把掌管记忆的女神称为各种女诗神（Muses）的母亲。① 这些民族的婴儿，由于理性欠缺，想象力和记忆力就特别地旺盛，想象不过是扩大的或复合的记忆。我们现在很难理解而且简直想象不到创建世界的原初人是怎样思考的，因为他们的心都局限到个别具体事物上去了，以至于把每一种面部表情的变化都看成一种新面孔，而且每逢遇到一种新的情欲，他们都想象出一种新的心、新的胸、新的精神。可见，想象力和记忆力是相互联系、相互协作、不可分离的。既然儿童的想象力强旺，那么他们的记忆力也就无比发达。

4. 逼真的模仿力

模仿力是人类固有的一种能力。儿童们尤其擅长模仿，"儿童们一般都模仿他们所能认识到的事物来取乐"②。前文维柯论证了早期人类社会是由一些诗性的或能诗的民族所组成，"因为诗不过就是模仿"③。在哲学家还没有出现之前，凡是涉及需要、效益或便利甚至是人类方面的技艺，在诗的时期就已被发明出来。维柯说，这是"因为凡是技艺都不过是对自然的模仿，在某种意义上都是实物的诗"④。复演到个体儿童的身上，他们也同样都擅长于模仿。所以，在儿童教育中，儿童所见之物，应该尽可能地保证其真、其美以及其善，以便他们模仿学习。所谓的"榜样的力量无穷大"背后的逻辑基础就是人的巨大的模仿力。

5. 丰富的情感性

原初人缺乏抽象力，其语言充满情欲。在表达抽象事物时，只能借喻具体事物来说明，比如"头"表示"顶或开始"，"口"表示"空隙"。这说明诗性语句愈掌握殊相（个别具体事物）就愈确凿可凭。"'诗人们'所用的语言充满恩爱与情欲，而诗之崇高则在于将本无生命之物赋予情感。比如：他们认为磁石对铁有一种潜在的同情，据此他们把整个自然界看作一个巨大的躯体，能感到情感和恩

---

① VICO G. The New Science of Giambattista Vico [M]. New York: Cornell University Press, 1968: 819.
② VICO G. The New Science of Giambattista Vico [M]. New York: Cornell University Press, 1968: 215.
③ VICO G. The New Science of Giambattista Vico [M]. New York: Cornell University Press, 1968: 216.
④ VICO G. The New Science of Giambattista Vico [M]. New York: Cornell University Press, 1968: 217.

爱。"① 原始人的感觉生动强旺，对周围无法理解的事物持"万物有灵"观点，以自我的情感作为尺度进行衡量，如鸣咽的波浪、干渴的大地、欢乐的葡萄等。儿童总是持有"万物有灵论"，无论是有生命的还是无生命的东西，都被儿童当作是有生命的，并会和它们交流。基于儿童这种万物有灵的思想，及时并适当地培养他们的同理心和爱心，可取得事半功倍的效果。

三、激勉心灵能力

阅读蒙台梭利的《童年的秘密》《有吸收力的心灵》《发现孩子》等著作，以及明晰蒙台梭利教具设定背后的原理，就足以清晰认识蒙台梭利的认识论：儿童是借助感官获取知识并认识自己和世界的。蒙台梭利通过阐释儿童的先天心理能力来表达她的认识论。她专注于儿童心理学的发展，强调童年是人类生命发展最重要的时期，因为这一时期身心处于持续成长的过程中。儿童生理与心理的发展是一种物质化过程，物质化意味着儿童不仅是器官和器官的混合物，而且具有自然的潜力，它能够为儿童注入活力，从而使他长大并因此变得完美。除此而外，儿童更是作为一种精神存在，这种精神不仅为自己，也为人类的发展和进步提供了强大的动力。无论是在医学、哲学还是社会学的任何分支研究中，孩子的思想总是决定了人类进步的过程，并将人类带向更高的文明。如果没有孩子的参与，就很难取得进步。为什么这么说呢？

首先，孩子具有丰富的潜能和积极的创造本能，可以从外界获得各种信息和文化模式，并且有一定的选择吸收能力，能积极地适应外界环境，从而使自身各种能力和个性得以发展，并逐渐趋于完善。其次，儿童的心理发展有一定的规律，会经历各种敏感期，包括命令敏感期、细节敏感期、动作敏感期、语言敏感期等。儿童的内在本能不仅在其身体的发育和营养供给中起作用，而且在发挥各种心理功能方面也起重要作用。综上，儿童教育首先必须有一个适合儿童成长的环境，并且必须将阻碍其成长的各种不良因素降至最低，因为孩子依靠他的环境来构建精神世界。精神胚胎阶段的发展与生理胚胎阶段的发展相同：从零岁开

---

① VICO G. The New Science of Giambattista Vico [M]. New York: Cornell University Press, 1968: 180.

始，儿童在吸收了各种外部刺激之后，形成了心理所需的许多感觉点，逐渐展现出令人难以置信的心理活动，表现出自己独特的个性，然后产生心理。因此，我们应该更多地关注新生儿的精神生活，因为个体与他的环境之间存在多种双向交流。

（一）注意力

教育者在教育实践中发现一个普遍的问题是：儿童教育的一个难题就是儿童的注意力比较难控制。蒙台梭利也发现了这个问题，她认为："儿童发展最重要的问题是集中注意力。这是他整个性格形成和社会行为的基础。"① 儿童对周围的一切特别感兴趣，注意力容易分散，任何人都不能使儿童集中注意力。"只有儿童自己才可以对自己的心理进行调节，别人不能为他们做这些事情。"① 经过长期的研究和实践，蒙台梭利给出了她的妙招：通过给予儿童自由选择的权利来培养他们的纪律性。儿童需要通过自己的选择来决定什么是吸引自己、可以让自己专注的事情。在专注工作时，儿童可以锻炼自己各个方面的能力，但是儿童被动进行的工作活动都不会让他们完全投入。蒙台梭利说："只要把他们放到一个为他们准备的环境中，让他们能够做一些有目的的事情就已经足够了。儿童开始专注于某件事情之后，他的所有缺陷随之消失了。"② "工作和自由是儿童正常发展的必要而非充分条件。"③ 儿童之所以表现得令成人头疼，是因为受到了成人的限制。"儿童做事没有规律是因为以前曾经有人随意地强制他们有规律地做事；儿童懒惰是因为他们曾经被强制去进行工作；儿童们不听话是因为以前他们曾经被强制听话。"③ 儿童令成人不满意的现状是成人的暴力干预造成的。成人只要能够提供给儿童一个有准备的、可以供儿童自由选择的、可以让儿童专注做事情的环境，儿童的大部分缺陷都会消失。儿童在专注做事情的时候，会变得有纪律性、变得勤奋、变得听话。相反，靠强制养成的品行只会带来负面的效果。教育是对生命的教育，教育就是协助孩子生命的活动。以活动为中心，观察生命、刺激生命、展

---

① 玛利亚·蒙台梭利.有吸收力的心灵[M].高潮，薛杰，译.北京：中国发展出版社，2003：246.
② 玛利亚·蒙台梭利.有吸收力的心灵[M].高潮，薛杰，译.北京：中国发展出版社，2003：223.
③ 玛利亚·蒙台梭利.有吸收力的心灵[M].高潮，薛杰，译.北京：中国发展出版社，2003：226.

开生命、激发生命、充实生命，协助他们用自己的力量生存下去，并帮助他们发展这种精神，这才是教育的意义。教育所起的作用仅仅是协助孩子的生命发展而不是主宰孩子的生命，但是现在的教育已经在很大程度上支配和控制了孩子们鲜活的生命，孩子们日日夜夜地做着作业，上着辅导班和特长班，很少有自己的童年和快乐。这样的教育，已经将孩子的生命抛到了教育之外，教育成了"无人"的教育。用罗杰斯的话说，这种教育，只是"颈部以上"的教育，失去了生命意义的教育，已不再是完全意义上的教育。

（二）想象力

蒙台梭利在实践中发现："儿童对他们没有见到的事物的形象勾画需要一种极其有序的特殊心理能力。如果大脑只能记住看到的东西，那么把儿童带到户外就是非常必要的事情了。"[1] 她批评成人总是忘记"想象力就是发现真理的力量"这一至理名言。"思想不是一个被动的东西，它充满了灵感的火花，永远也不知道疲倦。"[2] 实践发现：0—6岁的儿童不仅能够区分事物之间的关系，而且想象力十分丰富，可以借助想象力将没见过但听说过的事物想象出来。这种想象力是儿童特有的，成人需要去尽力保护儿童的想象力。在充满想象力的时候，儿童不知疲倦，会创造出对这个世界的新奇看法，然后渴望去探索、去发现新的事物。

（三）模仿力

在儿童一岁半时，他就已经开始努力表达自己的思想。在儿童能够模仿之前，他必须依据自身的能力为模仿做出各种准备。蒙台梭利说："从教育角度讲，模仿需要准备。儿童最初所做的努力不是模仿，而是形成一种能够模仿的能力。"[3] 我们整个生命都是在间接地为将来做准备。"成年人所树立的榜样仅仅为儿童提供一个模仿的目标和动力，并不一定会产生良好的效果。"[4] 比如：儿童走路就没有明确的目的，对他们而言，仅仅是走路而已，他们并不在乎走了多少路，要到哪里去。在走的过程中，儿童会不断观察并发现一些细小的事物，这种行为

---

[1] 玛利亚·蒙台梭利.有吸收力的心灵［M］.高潮，薛杰，译.北京：中国发展出版社，2003：196.
[2] 玛利亚·蒙台梭利.有吸收力的心灵［M］.高潮，薛杰，译.北京：中国发展出版社，2003：197.
[3] 玛利亚·蒙台梭利.有吸收力的心灵［M］.高潮，薛杰，译.北京：中国发展出版社，2003：177.
[4] 玛利亚·蒙台梭利.有吸收力的心灵［M］.高潮，薛杰，译.北京：中国发展出版社，2003：176.

其实是在为自己未来的发展积累知识和力量。因此当儿童想要走路的时候，就让他尽情地走，儿童想观察，就让他尽情地观察，给儿童提供机会，让他们在大自然中接受教育，获得知识。"如果自然清楚地表明这是一个不断努力的时期，那么我们就必须准备对这种努力提供帮助。"① 大自然是神奇的，它"不仅赋予我们模仿的能力，也赋予我们改变自己，然后逐步接近榜样的能力"②。榜样的力量就是燃起儿童的希望并激发他们的兴趣，儿童对模仿的愿望可能会点燃他们学习的动力。当然，要达到更高的高度，除了模仿和借助榜样的力量外，还必须进行大量训练。

教育应该遵循进化的法则，我们应该让儿童多在自然中活动，在开阔眼界的同时，充分发挥自身的各种心理能力，这样，儿童的生命才会变得越来越丰富。

第二节 感性至上论

感性认识和理性认识是认识论的核心，认识的根本任务是从感性走向理性。依据辩证唯物主义的观点，二者既有区别，又有联系。首先，二者相互区别。感性认识是对事物现象的认识，理性认识是对事物本质和规律的认识；感性认识是认识的低级阶段，理性认识是认识的高级阶段。其次，二者相互依存。理性认识必须以感性认识为基础，感性认识需要发展和深化为理性认识。再次，二者相互渗透，相互交织。二者的区分是相对的，二者的统一是绝对的，统一的基础是实践。

一、儿童感官重要性之论

（一）夸美纽斯的感觉论

十七世纪占主导地位的思想是教育与自然有着根本联系。夸美纽斯深受此思潮的影响。他对柏拉图和笛卡尔的理性（主义）认识论持相反的观点，认为人类没有天生的知识，只有产生代表现实经验的想法的能力。他高度评价感觉经验，指出知识的开端永远是来自感官，人类的原始学习是通过感官在自然中学习的，

---

① 玛利亚·蒙台梭利.有吸收力的心灵［M］.高潮，薛杰，译.北京：中国发展出版社，2003：176.
② 玛利亚·蒙台梭利.有吸收力的心灵［M］.高潮，薛杰，译.北京：中国发展出版社，2003：177.

对儿童来说也是极为自然的事情，自然是成功学习的关键，学习只要是借助感官，来自自然，就会得到加强。

　　基于夸美纽斯的经验论的哲学观，他认为，教育如果不使用感官，就不可能获得普及。也就是说，当自然与人类的感觉结合的时候，学习就会产生效果。如此，夸美纽斯创造了一个有利于儿童学习的世界，在这个世界中，儿童必须运用感官认识它并丰富它。

　　夸美纽斯的感觉论在其著名的《世界图解》(Orbis Pictus)中得到了很好的说明。《世界图解》是世界上第一本儿童绘本。在这本书中，夸美纽斯采用自然顺应性原则，描述了教师和男孩坦诚交流，敦促男孩跟随他学习地球上的一切的故事。他在书中创造了一个世界、一个生命之球，所有事物在其中运转，并像平衡的生态系统一样蓬勃发展。学习内容从儿童的日常生活问题（如洗澡和强调耐心的重要性）到有关如何制作禽舍的说明。万事万物在他的书中同心协契，图片与文字相对应，文字与翻译后的拉丁文字相匹配，内容从世界的一个主题转向另一个主题。书中所有的内容，都始于大自然，并与大自然产生联系。书籍编排的方式是为了充分发挥儿童的各种感官作用，图文并茂，使读者可观、可读、可摸。儿童既可以阅读全文，也可以直接触摸研究每一页上的木刻图片。夸美纽斯之所以设计触摸的功能，是因为他意识到触摸感的重要性。他说："如果他们（儿童）愿意的话，也要让他们用手触摸并模仿这些图画。"[1]开头的页面专门通过将每个字母与动物发出的声音联系起来来介绍字母表。字母表本身意在言说、指向和体现自然，它能够丰富儿童的感官体验，反映自然，它是自然教育的基础。夸美纽斯通过"事物的图片、命名法和描述"的整个语言系统阐述了儿童的自然学习，[2]这部全感官参与的囊括世界普遍性问题的指导性手册是儿童教育的基石，也是教育学中儿童绘本的先驱。

　　夸美纽斯所追求的教育以自然为核心，他强调，只要儿童与大自然和世界接触，就可以对其进行有效的教育。夸美纽斯在《世界图解》中探讨了感官如何与自然相关并与自然联系这一问题，认为儿童的感官在被图片吸引和滋养时，将产

---

[1] COMENIUS J A. The Great Didactic of John Amos Comenius [M]. London, A., and C. Black, 1907.

[2] WOOTEN K C. Johan Amos Comenius and "organic" education [J]. Tennessee Research and Creative Exchange, 2009, 1399(4): 1-39.

生良好的学习效果。感官是人类体验世界的基本元素,感官是学生发展的关键,夸美纽斯充分地利用了这种优势。夸美纽斯的学习理想如此依赖自然界的方方面面,他借此向我们展示了教育是一个自然过程,并在自然界中展现了他的全景式教育模式。夸美纽斯对教育的感性和普遍性的研究促使他认识到有效的学习不是来自教师,而是来自激发孩子学习大自然的乐趣。今天,我们有大量的儿童读物,但它们多数仅仅是鼓励孩子学习知识,而教育显然不仅仅只是知识的组合。

(二)维柯的"真理创造论"

探究人类社会的发展,无法回避人类是如何认识外部世界的这个问题。维柯不像其他思想家那样,只是凭借自己的主观认识提出认识论,而是通过词源学、神话学、历史学、民俗学以及语言学的考证,这种考证具有很强的说服力。考证之后,维柯得出结论:"人类本性,就其和动物本性相似来说,具有这样一种特性——各种感官是他认识事物的唯一渠道。"[①] "人类心灵自然而然地倾向于凭各种感官在外界事物中反观心灵本身,也只有通过艰苦的努力,心灵才会凭反思来注视自己。"[②] 这表明人类的认识是从感性走向理性的过程。

维柯通过对词源学和拉丁人的民俗学的研究,把人的认识能力和人的各个脏器联系在一起。首先,我们通过词源来关联"ingenium(器官,脾气)"和"prudentia(谨慎)"这二者的关系。"对于拉丁人来说,心脏中存在谨慎性,也可以说心脏中存在着计划和烦恼,乳房中存在着敏锐的发明和创造。"[③] 如果没有乳房的精巧,心脏的谨慎也完成不了。所以,维柯强调"创造的准备就是一种生产的能力"[④]。创造力体现在"连接不同事物"的能力上。[⑤] 另外,维柯发现

[①] VICO G. The New Science of Giambattista Vico [M]. New York: Cornell University Press, 1968: 374.
[②] VICO G. The New Science of Giambattista Vico [M]. New York: Cornell University Press, 1968: 236.
[③] VICO G. The New Science of Giambattista Vico [M]. New York: Cornell University Press, 1968: A.5.3.
[④] VICO G. The New Science of Giambattista Vico [M]. New York: Cornell University Press, 1968: A.7.1.
[⑤] VICO G. The New Science of Giambattista Vico [M]. New York: Cornell University Press, 1968: A.7.4.

"ingenium"具有"美学"的意义,这是人类的一种能力,即"看到事物的比例并认识合适、美丽和丑陋的事物"①。严格地说,对自然界的科学的认识要留给创造自然界的上帝,因为自然世界是上帝创造的,所以只有他能够认识自然世界;但是对于凡人来说,民政世界,即人类制度的世界,仍可以有科学的认识,因为这个民政世界是由我们凡人制造出来的,所以这种世界原理或原因"必然在我们人类自己的心灵各种变化中可以找到"②。谁创造了什么,谁就可以认识它,这就是维柯的"真理-创造"(Verum-Factum)的认识论。人类要创造事物,首先知觉到触及感官的事物,然后是习俗,最后才是抽象事物。哲学家们的历史就是按照这样的顺序,即最初的哲学家都是朴素的物理学家,他们研究世界的本原问题,研究天地问题,而后苏格拉底将研究从天上拉到人间,唤来了伦理学,最后才出现柏拉图以及其他研究哲学的圣人。这是一个思维从感性逐步走向理性的过程。

维柯批评他那个时代的人的教育专注于分析能力,而忽略了记忆和想象力,导致了所有轻率的专家不会提升他们的综合能力,因此他们就不太可能发现新事物或隐藏的事物,而只注意到微小但可以完全改变一个人的感知力的细节。然而他的判断通常是基于对情况的不完整和误导性的描述上。这种悟性上的不足,是因为用戒律代替了审慎,使他"爆发出既惊人又傲慢的行为"③。上述观点说明孩提时代过分重视理性教育,必然会失败。

在生命的黎明之时,当记忆力和想象力还没有开始发挥作用时,孩子只注意影响其感官的东西:学会感知身体的热、冷、硬、软、重或轻,通过观察、感觉、倾听来判断身体的大小、形状和所有的物理性质,他想触摸和处理这相关的一切。最重要的是,通过比较视觉和触觉,通过用眼睛判断它们会给他的手带来什么感觉,他其实已经开始了学习。维柯认为,感知就是感觉,比较就是判断,判断和感觉不一样。通过感觉,物体以它们的本质单独地呈现在我们面前;通过比较,孩子们重新排列事物。可以说,他们把物体转移到另一个地方,以判断它

---

① VICO G. The New Science of Giambattista Vico [M]. New York: Cornell University Press, 1968: A.7.4.
② VICO G. The New Science of Giambattista Vico [M]. New York: Cornell University Press, 1968: 331.
③ VICO G. The autobiography of Giambattista Vico [M]. New York: Cornell University Press, 1963: 03.

们是相同的还是不同的，或者更广泛地说，是为了找出它们之间的关系。儿童所有的感官经验其实都是思想的原材料和基础。

二、实践是认识的基础

实践是有意识、有目的的能动性活动，是社会性、历史性的活动。实践决定认识，认识也指导实践。实践是认识的基础，认识依赖于实践，二者相互作用。实践对认识的决定作用主要表现在以下四个方面：（1）实践是认识的来源；（2）实践是认识发展的根本动力；（3）实践是检验认识真理性的唯一标准；（4）实践是认识的根本目的。认识对实践具有能动的反作用，正确的认识、科学的理论对实践有巨大的指导作用；错误的认识、不科学的理论则会把实践引向歧途。在这个问题上，我们依旧采用维柯的"真理即创造"的认识论加以说明。

维柯在《新科学》中着重强调人的创造能力，证明了人类社会的历史离不开人类的创造，只有自己创造出来的东西才能被认识。在知识与创造的关系上，维柯明确强调创造先于知识，只有自己创造出来的知识，才能够被认识和理解，人类认识世界的方法离不开创造。后来杜威著名的"做中学"与维柯的这一认识论如出一辙。然而由于维柯的著作晦涩难懂，各种学科交织在一起，再加上宗教这道面纱的遮盖，人们很难理解他的作品。但是，他的独特的认识论观点，需要被宣传与推广。

运用词源学，追溯《新科学》中的核心概念，是维柯一种强有力的证明方法。因为"词源学"这个概念就有"说实话、真实地叙述"的意思，所以运用词源学作为论据更具说服力。维柯提出的著名的"真理-创造"的认识论，依旧始于它的词源学探究。维柯说："对于拉丁人来说，'真实'和'制造'是互惠的，或者在学校的共同语言中是可转换的。"[1] 维柯首先将"真理-创造"公理作为一个词源论题提出，然后继续在术语之间断言其原始的身份。"'intelligere（理解）'与'perfecte legere（完全阅读）'和'aperte cognoscere（清楚地知道）'相同。在白话意大利语中，身份通过'pensare（思考）'和'andar raccogliendo

---

[1] VICO G. The New Science of Giambattista Vico [M]. New York: Cornell University Press, 1968: A.1.1.

（收集）'的同义词得以再现，两者都被拉丁人的信使所接受。"①维柯论证它的用意是暗示在知识和制造之间存在原始的同源性，尽管在其他范式（例如内省、观察）的积累下，其痕迹仍保留在我们当前的语言中。

"真理即创造"含义的现实基础是："因为语言是思想的象征和标志，所以思想是事物的象征和标志。"①言语、观念和事物实际上是联系在一起的。维柯认为"理解"是"收集（组织）事物的所有元素，并从中表达其最完整思想"①的过程。如果没有人类的积极建设，他们就没有想法，或者至少没有我们可以理解的想法。但"人类的思想被那些琐碎的事物所束缚，并只局限在事物的外在边缘，从不收集引发事物的所有要素"。①收集来自于自然界，从自然界中搜集到的物品，经过人类对之进行思考、创作之后，就变成了真理。人类就是这样一步一步地从自然界中通过自己的实践创造，创建了自己的历史。

凡是对维柯的作品有最起码了解的人都知道，他对"verum"和"certum"的区分意义重大。"verum"指的是那些经过严密的逻辑推理而获得的先验真理或者是先验的知识。这种先验知识只能限于求知者本人所创造的事物的范围内，像数学或者几何学的知识就是真的，因为它完全是人类自己创造的。人能够逻辑地证明它，仅仅因为它是人自身之创造性的一种表现。维柯后来又将真理的标准视为创造。因为自然世界是由神来创造的，只有上帝才能知道自然的因素。对于自然界，我们不能理解它们，因为我们并没有创造它们；而且，因为这不是我们的"factum（创造物）"，所以它对于我们来说也不是"verum"，这是显而易见的。维柯其实就是在证明：凡是人自己创造的，人就能够认识，知识和真理来自实践。维柯的知识观意味着，所有的知识最终只是自我认识的知识，知识本身不过是对自己的创造活动和创造成果的精神反思。对幼儿来说，他能够认识他所创造的。所以，实践对于幼儿获得知识是一条非常重要的途径。

三、儿童感性认识的培养

人类的智慧是有限的，不仅没有人能知道一切，甚至也没有人能获得别人的

---

① VICO G. The New Science of Giambattista Vico [M]. New York: Cornell University Press, 1968: A.1.1.

全部贫乏的知识。人类天生具有学习的能力，却对外界所知甚少，原因是人类没有充分发挥自己的感官能力，而为理性所羁绊，以致一生无所事事。因此，在教育中，我们必须选择教什么以及什么时候教。在教育的过程中，我们所能得到的信息，有些是虚假的，有些是无用的，有些只是知识信息的拥有者用来自我吹嘘的装饰品。真正有益的、能帮助我们获得幸福的知识是有限的，聪明的人会有选择地去追求这些有用的知识，这也是孩子们应该去追寻的东西，但是孩子们并不知道这些。而我们的任务就是引导他们去追求这样的知识，让他们成为聪明的人。总而言之，最重要的是孩子们学到的知识应该有用，而不是追求知识量的多少。卢梭遵循他的自然教育思想对爱弥儿进行教育：（1）使用直观性教学。例如，在教孩子地理的时候，要先拿出地图等辅助工具。（2）自然浸入式教学。要带着孩子走出教室，到大自然中去，去观察大自然。孩子们会被大自然的神秘和精彩所吸引，这极易唤起儿童求知的欲望，这种感觉会让他们兴奋不已。卢梭反对教师照本宣科地给孩子们传递感觉，而要做引领着孩子去亲身体验这种感觉的指引者。在重视感官作用的问题上，卢梭甚至超越了夸美纽斯对感性的认识，走向了感性主义。

（一）反对理性灌输

把儿童当作儿童的第一人的卢梭，他的相关论述在两百年之后的今天仍言犹在耳：大自然希望儿童在成人以前就要像儿童的样子，否则将造成一些年纪轻轻的博士和老态龙钟的儿童。儿童有他特有的看法、想法和感情，如果想用我们的观点和感情去代替他们自己的，那简直是最愚蠢的事。卢梭宁愿让一个孩子到十岁的时候身高有五尺，也不愿他有什么判断的能力。理由是什么呢？卢梭说："在这种年龄，理性对他有什么用处？它阻碍着体力的发展，儿童是不需要这种阻碍的。"① 儿童有他们自己的发展规律，应该给他们特定年龄阶段所应有的东西，让他们快乐成长，不能命令孩子，强制孩子做我们想让他们做的事情。"只要学生有了自然的禀赋，即使老师没有那么慎重地选择他所读的书籍，即使老师没有使他在读书之后对书中的东西进行一番思考，他这样学来的东西也可以变成一种实用的哲学，它同你们用来把学校中的青年的头脑弄得一团混

---

① 让-雅克·卢梭.爱弥儿　论教育（上卷）[M].李平沤，译.北京：商务印书馆，1978：91.

乱的种种空泛的理论相比,还是踏实得多和有用得多的。"① 但是,目前糟糕的事情是:"我们从来没有设身处地地揣摩过孩子的心理,我们不了解他们的思想,我们拿我们的思想当作他们的思想;而且,由于我们始终是按照自己的理解去教育他们,所以,当我们把一系列的真理告诉他们的时候,也跟着在他们的头脑中灌入了许多荒唐和谬误的东西。"② 这是多么痛的领悟!

相比较能力而言,卢梭并不重视知识的数量。"要成为一个有卓见的人,那就需要对整体有彻底的了解了;需要记着的是,我们想取得的不是知识,而是判断的能力。"③ 教育的目的不是教给孩子各种各样的知识,而是教他怎样在需要的时候取得知识,是教他准确地估计知识的价值,是教他爱真理胜于一切。这是教育的高度,即让学生真正可以学以致用。教育者应该考虑孩子的心理发展水平,要告诉他们简单的、正确的、他们易理解的东西。卢梭警告教育者,时时记住一个人的无知并无甚坏处。这如同维柯对无知的赞赏那样,一个人之所以走入迷途,并不是由于他的无知,而是由于他自以为知。苏格拉底早在他们之前就说过:认识到自己的无知是一种智慧。

在提出反对理性灌输的教育观后,卢梭提出了他的感官教育:感官教育是指儿童学会感受周围的事物,怎样去摸,怎样去看,怎样去听,这些能力看似简单,可如果不学习的话,我们不一定能做对。卢梭从触觉、视觉、听觉、味觉、嗅觉和知觉六大方面去解析如何让儿童的感官先发展起来。卢梭称这几种感觉的组合就形成了简单的观念,称之为"感性的理解"或"儿童的理解",几种观念的组合就形成了复杂的观念,他称之为"理性的理解"或"成人的理解"。

(二)偏爱儿童的激情

在卢梭所生活的时代里,笛卡尔的理性主义的影响依旧在扩大。笛卡尔为基于纯粹理性的新知识体系打下了不可争议的基础,认为一个人可以通过理性获得客观知识,进而达到对真理的认识。真理不需要依赖任何实践,只要有人类的思想就足够了。卢梭对此持反对态度。他认识到人的原始的激情、自爱和怜悯对一

---

① 让-雅克·卢梭.爱弥儿 论教育(上卷)[M].李平沤,译.北京:商务印书馆,1978:338.
② 让-雅克·卢梭.爱弥儿 论教育(上卷)[M].李平沤,译.北京:商务印书馆,1978:221.
③ 让-雅克·卢梭.爱弥儿 论教育(上卷)[M].李平沤,译.北京:商务印书馆,1978:257.

个完人的重要性。卢梭通常将"激情"一词用于自然状态下的人的本能的表现。他的信念是：自然的第一冲动永远是对的。他因此反对启蒙思想家对抽象理性的崇拜，认为人类的这种逻辑功能更多地被用于巧取豪夺，为己谋取私利。理性使人产生虚荣，善于欺骗，狡黠成性；理性使人敛翼自保，漠视他人的痛苦。在弘扬理性的启蒙中心巴黎，卢梭说他"看不到一个真情实感的人"。原因在于："我们这个时代的错误之一，就是过多地使用了冷静的理性，好像理性是人的一切。单凭理性，是不能发挥作用的，它有时候可以约束一个人，但很少能够鼓励人，它不能培养任何伟大的心灵。事事讲一番道理，是心胸狭窄的一种癖好。"①因此，在教育中，他反其道而行之：千万不要干巴巴地同年轻人讲什么理性，那样的话，无非是过早地给孩子套上枷锁。应该跟孩子讲体力发展，跟成人谈理性，而不是颠倒过来。针对社会乱象，卢梭非常痛惜地指出："当我们看到野蛮的教育为了不确定的将来而牺牲现在，使孩子遭受各种各样的束缚，为了替他在遥远的地方准备我认为他永远也享受不到的所谓幸福，就先把他弄得那么可怜时，我们心里是怎样的想法呢？"②是啊，现在的父母也总是担心我们的孩子输在起跑线上，一味地打着"为了你好"的旗号，而采用残忍的手段，逼迫天真烂漫的孩子死记一些无用的、理性的东西，这是在束缚孩子、折磨孩子。更令人感到可怕的是，成人用自己的观念规划着孩子的一生。成人总是希望孩子有幸福的一生，现在却为了他们的远虑而让孩子目前遭受如此的痛苦，这难道不是很可怕的事情吗？

曾经看过新东方的一名工作人员的一篇日志——《30年后，你的孩子做什么？》，文中根据现在时代的特征，分析了未来的世界中职业的形式——专业、职业和行业一体化，每个人在一生中至少要换5—7种职业，所以，这就给我们的教育提出了新的挑战。作者认为，未来的教育需要有三个转变，其中之一是从理性到感性的转变。感性与理性是自古代哲人到现在一直都在谈论的一个问题，马克思也给这二者进行了非常清晰的定性——人的认识是从感性到理性的过程。任何理性都来自感性，感性是理性的基础，而理性是人乃至人类发达成熟度的标准。由于人们过度地重视理性而忽视感性，人成了毫无感情的、冰

---

① 让-雅克·卢梭.爱弥儿：精选本［M］.彭正梅，译.上海：上海人民出版社，2011：134.
② 让-雅克·卢梭.爱弥儿：精选本［M］.彭正梅，译.上海：上海人民出版社，2011：29.

冷的人，社会变成了冷冰冰的社会，现实迫使教育理念发生了转变。早在300多年前，卢梭就告诫我们，千万不能为了所谓的遥远的、将来的幸福，而牺牲当下的感性快乐！教育不是为了未来的美好生活做准备，教育就是为了当下。

（三）培养孩子的好奇心

好奇心是孩子的本能，孩子的好奇心和大人的好奇心是不一样的。"由于人对所有一切目前或将来同他息息相关的事物有一种自然的好奇心。一方面他生来就有谋求幸福的欲望，而另一方面又不能充分满足这种欲望，因而他不得不继续不断地寻求满足他的欲望的新的方法。"① 卢梭说，这就是好奇心的第一本源。"满足孩子的好奇心，比引起他的好奇心所造成的危害要少得多。"② 当我们引起孩子好奇心之后却不给他们满足好奇心的答案或者正确的方法时，对孩子是有害的。要利用孩子的好奇心来进行引导，让好奇心转变为孩子对学习知识的渴望，从而形成一种探索的内在动力。我们应该去了解孩子的好奇心是什么，也就是他们需要什么，他们的欲望是什么。根据孩子的好奇心，我们能够更好地进行教育，让孩子更好地成长。

而好奇心一旦经过正确的引导后，就会转变为稳定的兴趣。"在儿童时期学习的东西中，还需要抛弃那些不适合于我们天然的兴趣的东西，而且要把学习的范围限制于我们的本能促使我们去寻求的知识。"③ 教育要适合儿童的发展水平，"使你的学生去观察自然的种种现象，不久以后就可使他变得非常好奇；不过，为了培养他的好奇心，就不能那么急急忙忙地去满足他的好奇心"，更不能直接告诉他答案。对于这个问题，卢梭给出了他的独到见解："你提出一些他能理解的问题，让他自己去解答。要做到：他所知道的东西，不是由于你的告诉而是由于他自己的理解。不要教他这样那样的学问，而要由他自己去发现那些学问。你一旦在他心中用权威代替了理智，他就不再运用他的理智了，他将为别人的见解所左右。"④ 这种观点，和孔子提出的"不愤不启、不悱不发"启发式教学如出一辙。

---

① 让-雅克·卢梭.爱弥儿 论教育（上卷）[M].李平沤，译.北京：商务印书馆，1978：215.
② 让-雅克·卢梭.爱弥儿 论教育（上卷）[M].李平沤，译.北京：商务印书馆，1978：295.
③ 让-雅克·卢梭.爱弥儿 论教育（上卷）[M].李平沤，译.北京：商务印书馆，1978：216.
④ 让-雅克·卢梭.爱弥儿 论教育（上卷）[M].李平沤，译.北京：商务印书馆，1978：217.

而现在教育的根本目的并不是为了激发学生的学习兴趣，而是为了使学生考出一个满意的分数，以考入更好的学校。为了达到这个目的，望子成龙、望女成凤的家长们牺牲了孩子的娱乐时间，将孩子送入一个个辅导班、特长班，但最后的结果总是不尽如人意。这正是因为在这个过程中，儿童没有发现知识的乐趣，反而对学习产生了厌烦的心理，而没有兴趣与热情支撑的学习，得到的回报自然是极少的。作为教育者，我们要始终铭记：好奇心是教育的第一原则，这是人心的自然原理；学习最大的动力是趣味性，这才是使人走得既稳又远的唯一动力。

四、感觉与理智的和谐教育

前面已经谈过，维柯反复证明了人类祖先（异教民族的婴儿）由于没有推理的能力，所以浑身具有强旺的感觉力和生动的想象力，他们用各种感官能力认识自己和外部世界，尽管有很多地方是虚幻的、不切实际的、主观的，但人类理性的发展就是在他们使用的想象的类概念中衍生出来，一直发展到我们现在的高度理性的。这就是异教世界的最初的智慧，诗性智慧的力量。维柯重视人类的诗性智慧，但并不局限于人类的原初的冲动力：诗人们首先凭凡俗智慧感觉到的有多少，后来哲学家们凭玄奥智慧来理解的也就有多少，所以诗人们可以说就是人类的感官，而哲学家们就是人类的理智。维柯对感性和理性的先后顺序问题进行了阐述："凡是不先进入感官的就不能进入理智。因为人们起初只感触而不感觉，接着用一种迷惑而激动的精神去感觉，最后才以一颗清醒的心灵去反思。"① 正如"儿童们根据他们初次看到的男人、女人或事物来认识和呼唤以后与他们有些类似或关系的男人、女人或事物"②，儿童仅仅关注、理解那些特殊之物，即使那些最为聪颖的孩子，也不过只知道通过相似性来解释其他事物。但为何在人类的婴儿时代，一下子就出现了懂得并会处理国家事务的人，他们能够通晓人类社会的普遍道理。这便是最初诗性智慧的巨大力量所在。

---

① VICO G. The New Science of Giambattista Vico [M]. New York: Cornell University Press, 1968: 218.
② 维柯. 维柯论人文教育：大学开学典礼演讲集 [M], 张小勇, 译. 桂林：广西师范大学出版社, 2005: 197-198.

维柯在《新科学》中研究的心灵的主要形式，实际上几乎是唯一的形式，是那些被他命名为"确实性"的低级的、个性化的活动。"这种确定性，在理论精神领域中是想象，在实践精神领域中则是强力和意志，在与精神哲学相对应的经验科学中却是野蛮社会和诗性智慧。"① 用他自己的话说，对它们的考察占据"著作的几乎整个篇幅"。他以截然不同的方式再次强调了恢复历史真实是不可能的，即使对于普通人来说，心灵与感觉也是完全分离的，心灵已经习惯于自由地运用抽象术语，已经被书写艺术弄得敏锐了，也可以说，已通过数字的运用变得精神化了。现在如要领略原始人的混沌的幻想是不可能的，因为他们的心灵不是抽象的、精确的或精神的，而是沉迷于感觉之中，他们已被激情弄迟钝了，被躯体所掩盖了。维柯花费了那么大的篇幅证明儿童感官的重要性，就是对当时以笛卡尔为首的理性主义的一次抵制。这种抵制，用在现代儿童教育上，是否依旧具有振聋发聩的作用？

第三节 身心和谐论

在认识世界的过程中，人不可能仅仅通过身体或者大脑认识世界，认识世界不是认识论中的一元论，而是要依靠身体和心灵二者的密切结合，才能达到完美的效果。这个问题对儿童来说尤为重要。因为，人们的惯常思维是：儿童教育要么重视儿童的身体养护，要么聚焦于儿童的间接经验的学习。这两方面的做法都具有极端性，都是在不了解儿童身心发展规律的基础上施行的教育，是需要加以避免的。回归经典，教育家们对这个问题的看法有着惊人的相似，即他们都秉持儿童身心发展的统一论。

一、身心灵之三位一体关系

（一）身体养护的重要性

夸美纽斯认为："人类为了能够创造性地、无懈可击地运用上帝赋予的能

---

① CROCE B. The philosophy of Giambattista Vico by Benedetto Croce [M]. New York: The Macmillian Company, 1913: 44.

力，必须首先了解自己。人体，是人类最低的内在部分，是神圣灵魂的寄宿之地，身体必须坚强才能像好的仆人那样服从灵魂。"① 身体是精神世界的一部分。出于这个原因，有必要重视并照顾自己的身体。如果我们的身体遭到破坏，我们的灵魂将不得不离开。但夸美纽斯又担心人们过度重视身体，他强调，仅在绝对必要的程度内沉迷和奉献于身体，如果过多地关心身体，会浪费实现更高目标的时间。

与人体有关的基本技能，即维持身体健康的技能，如喂养、穿衣和锻炼等。对婴儿首要的教育是身体的保健，在这方面，夸美纽斯认可斯巴达的体育训练，要求儿童要保持身体健康，充满活力，强健而有力。当然，在看护的过程中，成人要特别注意儿童，因为他们的身体弱小，骨头柔软，脉络无力。"成人需要审慎地考虑如何将其握在手中、抬起、携带、包裹或放在摇篮中，以免因跌落或撞击而受伤。当然，也需要反对任何可能使他们失明或使他们致残的东西。"② 在夸美纽斯的眼中，孩子比金子更珍贵，但比玻璃更脆弱。他们很容易被摇晃而致伤，且伤害有可能无法挽回。所以，在看护幼儿的过程中，要注意以下事项：当婴儿开始坐着、站着或跑来跑去时，要防止他们受到伤害或撞到任何东西。在冬季，给他们穿适合的衣服抵御寒冷和气候的变化。简而言之，让他们的健康不受瘀伤、过热或过冷、过多或过少的食物或饮料、饥饿或口渴的损害。另外，婴儿每天必须进行日常锻炼和娱乐，这是同样必要的。快乐的思想意味着一半的健康，内心的欢乐是人类生命的源泉。可通过唱歌、摇拨浪鼓或者在某个空旷的地方或花园里散步，甚至是亲吻和拥抱孩子，给他们创造一个愉悦的环境，以防止孩子对周遭的事情失去兴趣。

（二）身心灵三位一体的和谐关系

夸美纽斯并没有清晰地界定精神和思想的概念，是因为他将二者完全等同使用。他认为，头脑是上帝刻印在人身上的形象，它由三个要素组成：无限理性、无限意志和无限权力。"由理性、意志和力量组成的人类思想的三重品质，

---

① WOLFF L A. Nature and sustainability: An educational study with Rousseau and Foucault[J]. Environmental Education Research, 2014, 20 (3): 430-431.
② COMENIUS J A. Comenius' school of infancy: An essay on the education of youth during the first six years[M]. Boston: D. C. Heath, 1901: 23.

恰是上帝的力量、智慧和爱心，即'剑指、剑背和咒语'。人分为肉体、精神和灵魂，这就是上帝三位一体的物化形式。"① 在对待身体、灵魂和精神的关系问题上，夸美纽斯主张其三位一体性。"通过由身体（仓库）、灵魂（生命）和精神（灵体）组成的三重棱镜看人，会更准确。身体是元素，灵魂来自世界，灵魂就像动物的精神一样，精神是通过上帝的直接呼吸赋予人的。"② 夸美纽斯倾向于世代相传的灵魂起源，认为整个人类都是在其根源中被创造出来的。生命的诞生就是灵魂的诞生，"洁净地活出自己灵魂的人要比没有灵魂的人快乐一千倍"。③ 无论如何，精神或思想是人类最高和最重要的部分。毫无疑问，这其中头脑是最特别的，是上述理性、意志和力量三个无限部分的组成。理性使人们有可能了解一切存在的事物，意志希望一切都变得良好。人具有无限的理性，因为他有自己的思想，能够穿透一切。人的意志同样是无限的，它既可以要也可以不要数量无限的东西，它甚至可以消极地拒绝被明确认可的善良，不仅否认自我，甚至可以否认上帝。人的思想及其三重品质是人所影像上帝完美形象的核心。

  人的身体的第一部分，在本体论上是最低的，这是因为人类的素质反常地证明了人类对其他有形生物的支配地位，并规定了人类主人的地位，以统治整个物质世界，但人并没有被赋予任何具有非凡力量的身体。与其他动物不同，上帝在造人时，并没有赋予人永久性的覆盖物（例如毛皮或羽毛），也不拥有永久性的武器（人们很容易被荆棘或动物的角伤害）。实际上，只有赤裸裸且没有防御能力的人才能做任何他想做的事。比如：人的手几乎无所不能，其效率远远优于其他所有动物的四肢。最终，一个人在整个可见的世界中都屹立不倒，这一事实最终凸显了人的非凡品质，这也彰显着他的神圣起源。另一方面，夸美纽斯认为必须注意，人脑的物质在各个方面几乎都与物质世界中较低层的生物相似。灵魂及其在人类中的才能可与其他动物的灵魂及其特性相提并论。人

---

① ČÍŽEK J. The pansophia of Jan Amos Comenius with regard to his concept of nature[J]. Acta Comeniana, 2014(28): 51-93.

② ČÍŽEK J. The pansophia of Jan Amos Comenius with regard to his concept of nature[J]. Acta Comeniana, 2014(28): 51-93.

③ COMENIUS J A. The Great Didactic of John Amos Comenius[M]. London, A., and C. Black, 1907: 34-35.

是更完美的存在,他富有想象力,具有更强大的记忆和情感以及更高程度的满足感和尊严感。在人类诞生的过程中,人类灵魂的问题与人类创造方法的问题始终紧密相关。

二、身体和心灵的和谐教育

(一)维柯之论述

贯穿《新科学》的一条重要的原理是:"世间事物都不会离开它们的自然本性而仍安定或长存下去。"① 一切事物的运行必须遵循自然的本性。身心的和谐是自然的规律,对于儿童的身心关系,也有本性可循。

1. 身体训练

维柯仿照古埃及人,将整个原初人类划分成两种:第一种具有普通或者说是正常人的身材,只有希伯来人属于这一种,因为他们是神选之子;第二种就是巨人们,即各异教民族的创建者。巨人之中也有两种:第一种是"大地的子孙们",即贵族们;第二种名实不很相符,是指隶属于前一种巨人(贵族)的那批巨人。② 他们无论从哪方面看都是些身材高大的巨人,"巨人的时代"就由此得名。之所以有这两种人的区别,是因为异教民族所受的是野蛮教育,而希伯来人所受的却是人道教育。希伯来人的起源不同于异教人的起源,因为他们有信仰,是神选之子,受到上帝的眷顾,故身体正常。

维柯考证:遵照巨人们的野兽般的教育,英雄式的少年教育是严厉的、粗野的、残酷的,正如文盲的斯巴达人的教育那样。"斯巴达人为了教会儿子们不怕痛苦不怕死,就把他们拖到狄安娜神庙里痛打,孩子们往往在父亲们的鞭打之下痛极倒地,以不死为度。"③ 异教民族的这种军事训练式的野蛮教育在一定程度上训练了儿童的身体,使得他们的身体更加强壮,意志力也更加坚强。当时古希腊、

---

① VICO G. The New Science of Giambattista Vico [M]. New York: Cornell University Press, 1968: 134.
② VICO G. The New Science of Giambattista Vico [M]. New York: Cornell University Press, 1968: 372, 553.
③ VICO G. The New Science of Giambattista Vico [M]. New York: Cornell University Press, 1968: 670.

古罗马体育运动和娱乐都是很拼体力的，例如摔跤和赛跑，骑马用长枪比武和猎取野兽，都是极其危险的。为了训练体力，就要勇于舍身。对比起来，现代人对孩子就很宽容放纵，而养成了现代孩子们的温柔性格。

维柯追溯了这种异教民族人们的身体训练的词源："'educare（训练）'用于身体训练。"① 与之相关的"孕育"和"健全"的词源也被追溯出来："玄学家们对生育所理解到的含义全都包含在'concipere（孕育，想象）'这个词里，这个词表达了各种物体形式的自然活动，这种活动通过吸收周围可获得的生物体，并遏制它们的抵抗，以使它们能适应并且同化到自己身体里。"② 原初人还用"'腐化（corrumpi）'这个动词表达衰亡，意指组成身体的一切部分都被破坏了。其对立词是'健全（sanum）'，指组成一种物体的各个部分全都是完好和健康的。因此，他们必然把疾病看成是因为身体腐化了那些死的固体物质而生病"③。因教育所涉及的乃是有关"人之精神"的活动，故我们的教育思维与教育活动必然以人为基础，教育脱离了对人的关注，它便失去了意义和内涵。反思当下的教育理想，教育理论界的学者们批判当代的教育将人变成工具，批得经久不衰；但反观世界教育所体现出的"目中无人"的唯量化论，现实令人揪心，这根棒子应该打在谁的身上？

2. 精神教育

维柯对教育的贡献体现在：教育不单单指身体训练，他追溯了教育的另一构成部分的词源："'educere（教育）'指精神教育，是由自然哲学家们通过一种学术性的譬喻，转用于从物质或内容中抽绎出一些形式。"④ 他们"怎样通过可怕的宗教和父权以及斋戒沐浴典礼，将原初人的巨大身躯转变为现代人正常的身躯的形式，其次就是他们怎样通过家庭经济（家政）的训练，从原有的野兽心智演变

---

① VICO G. The New Science of Giambattista Vico [M]. New York: Cornell University Press, 1968: 520.
② VICO G. The New Science of Giambattista Vico [M]. New York: Cornell University Press, 1968: 697.
③ VICO G. The New Science of Giambattista Vico [M]. New York: Cornell University Press, 1968: 698.
④ VICO G. The New Science of Giambattista Vico [M]. New York: Cornell University Press, 1968: 502.

成我们现代人类心智的形式"①。人类的身体和心灵是一步一步发展而来的，通过维柯的论证，我们知道，教育（education）这个词汇，无论从词源学的角度来说，还是从民俗学的角度来看，人类祖先的发展情况，都告诉我们：教育既包括身体的训练，也包含精神的陶冶和灵魂的净化。但是，当下工具理性主义的教育，把孩子当作工具来训练，是不是偏离了教育的本真？

3. 身心和谐教育

精神教育和身体教育密不可分，但维柯没有像我们现代人这样空口无凭地说话，他借助古老的罗马人的民俗学和词源学证据，证明了二者的不可分离。

（1）精神的形式——灵魂。

上文提到，原初人总是把人的思考、情感等思维力与身体的部位一一结合："神学诗人们先把灵魂（anima）归到气里，认为气是生命的运载工具，之后物理学家们才能把世界灵魂摆在气里。神学诗人们也很恰当地把生命的进程放到血液的进程里，因为生命就依靠血液的正常流动。"②神学诗人们也同样把精神（animus）视为感觉的运载工具，他们还赋予精神与灵魂一定的性别色彩。他们把精神看作是阳性的，把灵魂看作是阴性的，他们的理由是精神对灵魂起作用，精神以血管和血作为它的工具。并且，他们还认为精神的精液运行得比较快，而灵魂的精液运行得比较慢。神学诗人们感觉到了这些现象，但不能理解其所以然，他们就追随荷马，用"神力""秘奥的活力"和"未知的神"之类来表达。正如希腊人和拉丁人在说什么话，做什么事情时，感觉到自身内部有一种崇高的规律在支配他时，就说某种神在他的意志中要到达"什么"，拉丁人把这种崇高的规律称为"mens animi"，即"精神的心"，他们就这样以一种粗糙的方式认识到：观念都是从神传到人。

（2）精神的功能赋予身体之上。

维柯通过词源学和民俗学考证了精神和身体的关系。"原初人把精神的全部内在功能纳入身体的三个部分：头、胸和心。他们把一切认识功能都分配给头。因为凡是认识功能都要涉及想象，他们把记忆摆在头里（memoria，记忆，在拉

---

① VICO G. The New Science of Giambattista Vico [M]. New York: Cornell University Press, 1968: C6, M7, 520, 524, 692.
② VICO G. The New Science of Giambattista Vico [M]. New York: Cornell University Press, 1968: 695.

丁文中就是 phantasia，想象或幻想）。在复归的野蛮时期，他们用'fantasia'来代替'ingegno（聪明）'。一个聪明的、擅长发明的人就叫作擅长幻想的人。"① 他们把胸脯看成一切情欲的寄托所，并且想当然地认为以下两条原则是由胸脯所为："（1）把暴躁发怒的脾性摆在胃里，因为我们从胃里感觉到胃壁蠕动所产生的胆汁通过血管扩散出去；（2）性欲来自肝脏的比来自其他部分的都多，肝脏的定义是血的工厂。诗人们把这类器官叫作心胸。提坦神普罗米修斯曾把其他动物的情欲（取每种动物的主要情欲）都放在心胸部分。原初人以大致不差的方式了解到性欲是一切情欲的母亲，而情欲都寄托在我们体内汁液里。"② 他们把心脏看作一切计谋所自出，英雄们"在心里盘算一切关心的事"：因为他们本来就愚钝，除掉情欲之外，根本就想不到要做任何事。因此，"拉丁人把聪明人叫作'有心人'，把愚笨人叫作'不长心的人'"。③ 民族的婴儿在无知的情况下，凭身边的具体事物来理解未知的事物，凭身体的器官来联系心灵的能力，这种想象的类概念把身体与精神（心灵）紧密地联系起来了。

维柯反复强调身心关系的和谐一致性，但并不是说身心关系是平等的，人必须运用心灵来完成民政哲理方面的任务，另一部分人运用身体来从事和平和战争时期都需要的商业和工艺工作。维柯实际上是说，心灵永远应发号施令，身体应经常服从。这也迎合了中国古老的谚语："劳心者治人，劳力者治于人。"

（二）卢梭之论述

1. 身体训练之重要

尽管卢梭的自然教育思想有些偏激，但他也考虑儿童的全面发展，重视体育在儿童发展中的重要地位，因为体育对孩子成长有多重作用。理由如下：首先，体育除了强壮身体外，还可以增强智力。假如要培养儿童的智力，应当培养那智力所要控制的体力。这一观点与洛克如出一辙：健康的身体才能

---

① VICO G. The New Science of Giambattista Vico [M]. New York: Cornell University Press, 1968: 378.
② VICO G. The New Science of Giambattista Vico [M]. New York: Cornell University Press, 1968: 701.
③ VICO G. The New Science of Giambattista Vico [M]. New York: Cornell University Press, 1968: 702.

培养出健全的心智。要使儿童发育良好，就要不断地锻炼他的身体，使他的身体强壮而健康。我们要让他工作，要让他做事，要让他奔跑喊叫，直到他成为有强健体魄的人。不久之后，他就成为一位有理性的人了。其次，体育还可培养人的意志。要训练青少年们经得起意外的打击，要锻炼他们的体格，要使他们能够忍受饥渴和疲劳。这一观点与上文谈到的维柯的观点极为相似。再次，体育可以培养优良道德。这是卢梭从古代欧洲教育家的体育观点中吸取的养料。他让爱弥儿亲自去观察社会，在体育活动中体察人类的苦难和艰辛，因此，爱弥儿无论做什么事情都尽力去做，而且希望比别人做得更好：赛跑时，脚步要跑得最轻快；角斗时，体力要比对方强；工作时，技术要比别人巧；游戏时，要玩得比同伴们好、比同伴们熟。他不想胜过别人则已，一旦想胜过别人的话，他就一定要出类拔萃，鹤立鸡群，这就是爱弥儿在体育中培养出的竞争精神。

2. 自然环境下的身心平衡

也许由于自己曾经在大自然中生活过，体会到心灵宁静的美好与幸福，卢梭始终难以忘记人性中的美好，因精神和心灵的宁静而导致的节制。他倡导："人之所以能够独立自由，不是由于他的臂力而是由于他的心灵的节制。不论什么人，只要他的欲望少，他就可以少去依赖别人，有些人常常把我们的妄念和我们身体的需要混为一谈，把我们的身体的需要看为人类社会的基础，因此，因果倒置，把他们的全部理论愈讲愈糊涂。"① 实际上，心灵上的教育更重要，随着心理的成长，人的欲望愈发地多，我们要有心灵节制，对于孩子的教育也是。怎样才能够做到呢？卢梭给出了答案："心灵的宁静，在于把所有一切扰乱这种宁静的东西都不放在眼里。事事把生活放在第一位的人，是最不会享受生活的；而一个人如果汲汲于谋求幸福，他往往会落得极其不幸的。"② 在儿童时期培养了孩子的心灵的安宁之后，"孩子长大时，他们就获得了力量，就不会像以前那样的扰攘不安，而是更能克制自己。精神和肉体可以说是取得了平衡，大自然只要求我们进行必要的保存自我的活动"③。但是，如果在儿童期，成人役使孩子的欲望强烈，

---

① 让-雅克·卢梭.爱弥儿　论教育（上卷）[M].李平沤，译.北京：商务印书馆，1978：327.
② 让-雅克·卢梭.爱弥儿　论教育（上卷）[M].李平沤，译.北京：商务印书馆，1978：375.
③ 让-雅克·卢梭.爱弥儿：精选本[M].彭正梅，译.上海：上海人民出版社，2011：22.

这种"驾驭他人的心理唤起和助长了人的虚荣心,而习惯又加强了这种虚荣心。这时,幻想怪念便跟着需要而产生了"①。在物质的世界里,想要做到真正的内心的宁静很难,一个心里宁静的人对于物质上的追求、欲望的实现并不急切,甚至不屑一顾。他会用一种平和的心态去对待生活。其实,平平淡淡的生活是最好的,自然而然的生活就是幸福。

尽管卢梭声称他所描绘的爱弥尔教育遵循"大自然的前进"规律,"适合了人类的健康,适应了人类的心灵",尽管他的教育方法与现实令人不悦的指导方法背道而驰,有人说卢梭的教育理论只适用于虚拟人物,不适用于现实世界中的学校,但现代教育仍需要从他的身心合一的思想中汲取养分,来改变身心割裂的不合理之处。

(三)蒙台梭利之论述

1. 运动力之重要

蒙台梭利发现,儿童的发展既依靠心理的因素,也依靠身体的因素,他们对于运动十分地依赖。蒙台梭利对体育功能的认识与卢梭一样:锻炼不仅有益于健康,还可以激发勇气和自信。运动对思想的影响远大于对身体的影响。当儿童运动起来的时候,可以从周围的环境中搜集各种感官获取来的信息,从而使自己得到发展。有些孩子热爱运动,喜欢在球场上肆意奔跑,这时候家长和老师想到的也仅是运动能强身健体,除此而外,别无他用。实际上,运动带给孩子的心理影响绝对比身体影响大得多,因为孩子本身是热爱运动的,那么每一次远投的胜利,每一次进球的欢呼,甚至每一次运球与队友的配合,都会使孩子获得一种心理上的满足,从而能够有效地弥补孩子在其他方面得不到的勇气和自信。比如一个孩子的学习成绩并不是很好,那么在运动中得到的这些成就感便会帮助他去完成学习中达不到的那部分,最后使其获得学习上的成功。运动不仅是自我的一种表现,而且是意识发展中必不可少的因素,因为运动是使自我跟客观现实建立一种明确关系的唯一真正途径。因此运动或体力活动是智力发展的一个基本要素,因为智力的发展有赖于从外界获得的印象和经验。后来加德纳的多元智能理论以及"光谱方案"的互补原理,其旨与此相同。

---

① 让-雅克·卢梭.爱弥儿:精选本[M].彭正梅,译.上海:上海人民出版社,2011:22.

2. 生命的内在冲动力

蒙台梭利说过:"新生命具有天生的本能。"当一个新的生命降生时,它自身就包含着一种神秘的本能,这种本能将指导它如何活动,形成什么样的特性及怎样适应环境。"儿童具有一种未知的力量,这种力量可以引导我们进入美好的未来。如果我们真的想革新这个世界,教育就必须将发展儿童的潜能作为目标。"①这个推理既严密又有说服力。按照陈旧观念来说,教育仅仅是用来传承知识的,那么等人类整体发展水平滞后的时候,知识的传承就没有太大的作用了。所以我们需要在教育中添加一些精神、社会因素,这些因素是具有传承性的、适应人类社会发展的、生生不息的新因素,这些因素只能作用于生生不息的个体上,正因为儿童确保了人类的生生不息,所以教育中新的、传承性因素只能在儿童身上发挥作用。

但是,蒙台梭利认为儿童的这种原始的冲动力"与残忍动物的本能"不同,儿童的心灵是深藏不露的,不会立即表现出来。"在儿童的心灵中有着不为人知的神秘,随着心灵的成长,会逐渐显现出来。像生殖细胞在发展中遵循的某种模式一样,这种深藏的秘密也只能在不断发展的过程中才能被发现。"②儿童不受那种在非理性生物中发现的既定本能支配,因而他有较大的发展空间。由于每个儿童将有不同的发展,适合他们成长的外界环境也应该为他们精心地量身定做。儿童心灵的成长是秘密的,需要及时地给予呵护,需要耐心地等待与发现,而不是任由成年人粗鲁地将自己的意志施加在他们的身上。

儿童的各种心理能力是原生的,是一种本能。作为成人,只要创造环境,包含这些能力,就足以让儿童自由地、健康地成长了。最好的环境,在蒙台梭利那里,当然是到大自然中去。因为这片土地是我们的根,我们必须教育儿童与地球和谐相处。人的灵魂,特别是孩子的灵魂被剥夺是因为灵魂不与自然接触。蒙台梭利的声音回荡在室内准备好的环境之外,她的声音在空旷的原野上呼唤着:大自然已准备好让儿童在其中进行探索。

---

① 玛利亚·蒙台梭利.有吸收力的心灵[M].高潮,薛杰,译.北京:中国发展出版社,2003:11.
② 玛利亚·蒙台梭利.童年的秘密——揭开儿童成长奥秘的革命性观念[M].金晶,孔伟,译.北京:中国发展出版社,2006:19.

小结：伽达默尔的认识论阐释

上文借助历史文本，呈现了自然教育思想家的认识论，呈现的过程就是解释者理解的过程。但需要思考：理解如何可能？理解的条件是什么？如何理解？解释者的身份或自我理解与解释者对世界的理解完全交织在一起，这种理解始终在特定的时空发生。伽达默尔说："语言作为一种'传统的存储库'代代相传，尽管在每一次理解中都发生了新的变化，但它为我们提供了理解的视野，使我们能够用自己的语言理解世界、自己以及周围的人、事、物。"[1] 解释者（笔者）正是借助语言对夸美纽斯、维柯、卢梭和蒙台梭利的认识论进行了阶段性的理解，这些理解是在伽达默尔的认识论阐释范围内的。

（一）我们的生命是有限的，我们只能通过自己的传统、经验和偏见来审视世界

我们所处的历史背景决定了我们如何解读文本以及文本所呈现的世界，这就是我们的视野。针对夸美纽斯、维柯、卢梭和蒙台梭利所谈及的儿童的经验论，解释者基于自身的儿童教育实践经验，立足于中国情境下忽视儿童感官教育、过度关注理性教育的现状，从这些历史文本中汲取灵感，批判当下因儿童教育的单向度化而导致的儿童身心教育、感性与理性教育的不协调，呼吁重视儿童各种原生的冲动力：想象力、记忆力、好奇心、运动力等。当然，文本呈现的解释，只是解释者当下的视野，它或许存在偏见或者不准确，这是由解释者所处的时代、自身的经验和经历决定的。解释者的视野也会随着在日常生活中新的经验的不断积累而不断变化、扩展。

（二）理解永远是自我理解

用伽达默尔的观点来审视我们的理解，很有道理：我们通过对世界的了解来了解自己。所有的理解都是自我理解，我们就是我们所理解的，而非他人的。我们的视野不仅是理解我们在世界上遇到的实体的背景，而且在任何给定的情况下，它还为我们提供了我们存在的可能性和局限性，或威廉·詹姆斯（William

---

[1] MCDOWELL J. Mind and world [M]. Boston: Harvard University Press, 1996: 126.

James)所说的"实时期权"。① 在这个"实时期权"的范围内，解释者对夸美纽斯的身心灵三位一体的理解、对维柯的"真理即创造""诗性智慧""教育"的词源考证、对卢梭对感官以及情感的狂热以及对蒙台梭利内在生命的认识论的解读，完全是当下的自我理解，只为消除中国幼教理性教育的弊端。这些理解或许会被部分人认可，或许会被批判，或许过了一段时间之后，会被解释者自己补充、修改甚至否定。这都在所难免，因为，所有的理解都是自我理解。

（三）理解永远不会完成

当我们在世界上遇到新的经历时，我们会不断地重塑自己，直到死亡。同样，理解也是一个持续的过程，需要不断地反思和冒险："从历史上讲，意味着对自己的了解永远是不完整的。"② 也就是说，理解永远不会完成，这是一项持续的任务。对教育学之父夸美纽斯带有浓厚宗教色彩的认识论的阐述，对现代社会科学之父维柯那充满词源学、神话学以及民俗学色彩并笼罩着宗教面纱的认识论的解读，对本性情感强烈而思想又充满矛盾的卢梭的认识论的解释以及对著名的儿童教育家蒙台梭利观念的理解，永远都不能穷尽。这不仅适用于本文的解释者，也适用于其他一切解释者。

（四）借助感官理解思想

本章的议题是讨论儿童依靠什么认识自我与世界的问题，基于上文的分析，一致的答案是感官。其实借用感官认识世界，不仅仅是儿童的专利，也是成人的福利。狄尔泰说："我们把我们由感性上所给予的符号而认识一种心理状态——符号就是心理状态的表现的过程称之为理解。"③ 通过外在感官来认识内在思想，而且理解过程具有共同的特征，"那么行为、图片、画面和著作的解释在这里共同起作用"。③

我们理解夸美纽斯，通过他的文字，也通过他的木版画来理解；对于维柯，

---

① WHITTAKER J H. William James on 'overbeliefs' and 'live options' [J]. International Journal for Philosophy of Religion, 1983, 14: 203-216.
② GADAMER H G. Truth and method [M]. 2nd ed. New York: Sheed & Ward, 1999: 302.
③ 狄尔泰. 诠释学的起源（1900）[C] // 洪汉鼎. 理解与解释——诠释学经典文选. 北京：东方出版社，2001: 76.

也是通过文字，并借用他绘制的涵盖全部《新科学》内容的图画来理解；理解福禄培尔，除了文字，还依靠他为儿童制作的恩物；理解蒙台梭利，除了她的多部著作外，也离不开她研发的教具。在理解这些思想人物的过程中，他们的生活行为历程、图片、实物和文字在这里同质地起作用。

上述所说的思想的载体——各种符号，实际上都是一种语言。语言之所以对我们理解精神生活和历史具有不可估量的意义，正在于：只有在语言里，人的内在性才能找到其完全的、无所不包的和客观可理解的表达。只有在语言里，人的内在性及其精神才能被完全而客观地理解。

第三章

ZIRAN JIAOYU DE KECHENGLUN

自然教育的课程论

儿童课程指儿童的学习路线、学习进程、学习范围，是学前教育有目的地选择、组织和为儿童提供综合、有益的经验，并以感性的、具体活动的形式对儿童的身心产生作用的课程。在进行课程选择的时候，需要依据课程目标，组织课程内容，把握一定的原则，为儿童的发展服务。儿童自然教育课程论也要围绕这些问题展开。基于个人本位论的价值取向，本章研究夸美纽斯的全纳课程论、卢梭的实践课程论、福禄培尔的表达课程论以及蒙台梭利的生命课程论四种课程模式的基本概论和实施原则。

第一节　全纳课程论

夸美纽斯在《大教学论》中较为系统地阐述了他的课程体系。基于泛智主义的教育观，他的课程体系的设置也是百科全书式、全景式的，其中既有显性课程，也有隐性课程。在课程设置中，他强调了课程的简易性和结构性，探讨了课程与生活及自然事物的联系等问题。

一、学段和学制之分

欲谈课程体系，我们首先应该知道是哪个年龄段的课程，这就涉及学段和学制的问题。对这两个问题的研究，恰恰是夸美纽斯的教育贡献之一。

（一）学段

夸美纽斯坚信教育能够塑造人，促进人的重生，能改变世界并为人类谋求力量。他将教育视为造福全人类、造福全世界的工具。基于这样的信念，即便是在流亡的过程中，夸美纽斯仍笔耕不辍，开发了一套系统的、从婴儿持续到成人的教育体系。他认为教育应该设置固定时间，使儿童全面接受教育。他把青年前的整个生命过程划分为每六年一段的四个不同阶段。教育的阶段如下：（1）出生至6岁（婴儿期），在家庭中进行；（2）6至12岁（少年期），在村庄中进行；（3）12至18岁（青春期），在城市中进行；（4）18至24岁（青年期），在省或者国家中进行。尽管现在我们对年龄段的划分更加科学和细致，不同学段的年龄设置及受教育场所没有像他设置的那么刻板，农村和城市中也都有各级各类学校，但是他对划分学龄段的贡献，应该被铭记。

（二）学制

除了对学生年龄段和受教育地点进行了划分外，夸美纽斯还设定了具体的学制，包括：

1. 学年制

严格规定校长、教师和学生的责任，强调了学校规章制度和纪律的作用。为了有计划地执行学校制度，夸美纽斯制定了学年制：所有年级都统一开学和放假；每年招生一次，因此课程进度是一致的；在学年末，学生考完试后将升到更高的一个年级；夸美纽斯还指定了每个学年、季度、月、周、日的上课和休息等的具体时间。

2. 学校分类

为了保证儿童及成人学习的连贯一致性，夸美纽斯还根据孩子的身心发展情况，分别为他们匹配了母育学校、国语学校、拉丁语学校和大学。这是对中世纪分散、孤立、不连贯、不统一的封建等级教育的有力冲击，使得学校系统相互衔接，首尾一贯；且有目的地、系统地将对学龄前儿童进行教育的特殊形式——母育教育纳入统一学制，更是伟大创举。母育学校的主要任务是保护和发展儿童的身体健康，为他们提供初步的生活知识，培养婴幼儿道德品质和宗教信仰，为儿童身心协调发展奠定基础。夸美纽斯系统的学制设定在当今社会已经得到了全方位的践行，覆盖了一个人汲取知识的整个黄金阶段，这足以证明夸美纽斯的学年制是个伟大的创举。实行这一制度使儿童受教育的链条更加完整，让孩子在不同的阶段接受不同的教育，这符合夸美纽斯提出的循序渐进式的全纳思想。

3. 教育内容分类

学制还规定，在不同的学校习得的知识是不一样的，例如在母育学校中，孩子们学习的内容是走路、简单的语言，主要的教学方式是游戏和儿歌等；而在大学中，更多的还是依靠学生自学，教师只不过给予一些启发和帮助，学生对知识自行进行更深层次的探索。

4. 主题深度不同

在不同的阶段，教师将教授不同的主题。但是，每个主题的精简程度都适应学习者的发展水平。夸美纽斯提出：在低年级中，应广泛而笼统地教授各种科目；在高年级中，则应更详细、更深入地学习。

夸美纽斯系统的学制设置和课程体系设置，开启了现代学制的建设之路。

二、百科全书式的显性课程体系

基于系统完备的学制，夸美纽斯为儿童设置了百科全书式的课程，包括生物学、光学、天文学、地理学、历史学、政治学、数学、语言学和哲学等，包罗万象，以便使儿童借助感官认识整个世界。每门课程具体的学习内容如下：

1. 在生物方面，儿童除了应该认识周边的植物外，还应该知道知名度更高的植物，如紫罗兰和玫瑰等；需要懂得动物之间的区别，还要掌握更细致的知识，例如动物身体器官都有什么以及其家族成员都有哪些，应如何给这些成员命名以及其用途各是什么等；知道什么是鸟，什么是牛，什么是马等；知道聆听的耳朵、奔跑的脚等与自然关联的知识。

2. 在光学方面，儿童要知道什么是黑暗、什么是光、常见的颜色及其名称之间的区别等。

3. 在天文学中，儿童要学会辨别太阳、月亮和星星等天体。

4. 在地理上，要使儿童知道自己的出生地和居住地是村庄、城市、城镇还是城堡；知道什么是田野、高山、森林、草地、河流等；知道与时间相关的知识：什么是时间，一天、一周、一个月、一年等有多少天；什么是季节等。

5. 在历史方面，要记住昨天所做的事情，最近所做的事情，一年前所做的事情，两三年前所做的事情等。

6. 在家庭方面，学习什么属于家庭事务，什么不属于家庭事务等。

7. 在政治上，儿童要知道国家中有首席统治者、大臣和立法者，并且知道偶尔会有国家的集会等。

8. 在行动方面，儿童要知道有些人尊重思维和口才，如辩证法、算术、几何学和音乐；有些人尊重行动，例如劳动和身体行为等。

尽管夸美纽斯规定 0—24 岁之间的受教育者都需要接受同样的课程内容，但是不同年龄段的孩子要求不同，因此教育内容应逐步从宽泛到精深；同时，他也考虑到了同一年龄阶段儿童的个体差异性。他提供了在前六年中应该指导儿童的内容，包括：（1）对事物的了解；（2）有劳动的活动；（3）讲话；（4）道德修养；（5）虔诚；（6）健康。① 在这完备的课程体系中，生活、语言和健康构成了与人有关的一切事物的基础。在母育学校里，教师们展示如何通过父母的勤勉和照料来保证儿童的健康和语言的发展。

不得不说，夸美纽斯在课程领域的设置是高级的、系统的、连续的，而且是立体式的，囊括宇宙世界的方方面面的知识，形成了包含知识、行动和德行信仰的全景式课程体系。夸美纽斯早在 300 多年前，在战争和各种灾难交织的动荡时代里，凭一己之力，就构建出如此丰富全面的课程体系，反观当下某些省编教材的内容和幼儿课程体系的设置，是不是反而有些窄化或偏颇？原因何在呢？

三、学习自然的隐性课程

夸美纽斯坚信自然有力量影响儿童的学习过程，如果通过文本把学生带入自然世界，那么学生与自然之间的互动就开始了。所以，除了显性的课程体系外，夸美纽斯还有隐性的自然课程体系。隐性自然课程的内容可以从夸美纽斯的《世界图解》中找到。因为孩子需要学习的东西是自然存在物，他就在书中创造了合意的学习氛围，比如他教授儿童的读写方法都是自然的，他认为学习就是一个简单的"自然"过程。这表明学生是作为自然的实体进入知识中，而不是作为人类的发明者进入知识中。当儿童踏入大自然时，夸美纽斯实际上是指着大自然，告诉儿童可去往何处。自然世界显然是儿童开始学习的有效场所，儿童在自然中不会受到人类文化的干扰，而会受到自然界普遍经验的影响。夸美纽斯认为，学生阅读《世界图解》，表明他们将进入自然世界，去寻找自然并最终学习所有事物。

---

① COMENIUS J A. Comenius' school of infancy: An essay on the education of youth during the first six years [M]. Boston: D. C. Heath and Company, 1901: 22.

但是他强调，驱动学生学习的关键在于调动五种感官，因为感官是在大脑中留下痕迹的工具，它能使我们牢牢记住所感受的东西。为此，他通过《世界图解》介绍了每种感官以及如何通过感官刺激儿童学习令人兴奋的知识。他在书中强调了三种感觉：听觉、视觉和触觉。儿童的感官和书籍之间的关系是儿童通过书籍理解自然，并学会如何对待自然。当儿童的感官与书中的自然互动时，夸美纽斯相信这是一种能激发儿童自然学习的神奇组合，他希望能够以此书为样板，将儿童的学习纳入自然。我们需要并且必须学习大自然已经知道的知识，并且这种学习必须精确到对自然的完美模仿。

除了在教室里学习自然的书籍外，他还带领儿童到大自然中去。"夸美纽斯改变了在标准的教室里上课的要求，用大自然代替了教室。"[1] 我们相信学生会沉浸在自然世界中，认真而真诚地学习自然世界的方方面面。大自然代表着对地球的完美理解，知识与地球的联系产生了自然的秩序，一个完美的秩序。世界就是知识，知识就是世界，而"自然"是两者之间的联系。夸美纽斯既创立了班级授课制，又突破了教室的限制，带领儿童在自然的世界中任意遨游，这种课程设置无疑是儿童教育的哥白尼式革命。

四、课程实施遵循的基本原则

夸美纽斯还详细提出了世界上最早的课程与教学原则。在实施课程与教学的过程中，无论是针对哪个层面的学生，他都主张遵循自然的原则。这十条原则分别是：

第一条原则：自然始于精心选择的材料。[2]

第二条原则：自然要提前准备材料，以便在实际运行过程中可努力达到良好状态。[3]

---

[1] WOOTEN K C. Johan Amos Comenius and "organic" education [J]. Tennessee Research and Creative Exchange, 2009, 1399(4): 1-39.

[2] COMENIUS J A. The Great Didactic of John Amos Comenius [M]. London, A., and C. Black, 1907: 128.

[3] COMENIUS J A. The Great Didactic of John Amos Comenius [M]. London, A., and C. Black, 1907: 129.

第三条原则：大自然从一开始就发展一切，尽管有些事物在外观上微不足道，但它/它们具有强大的潜力。①

第四条原则：自然从易到难。②

第五条原则：自然不会让自己负担过重，但会一点一点满足自己的需求。③

第六条原则：自然不着急，前进缓慢。④

第七条原则：自然不会强迫任何没有被自身成熟力量驱动的发展。⑤

第八条原则：自然以各种可能的方式协助其运作。⑥

第九条原则：自然本质上不会产生任何东西，其实际应用性尚不明显。⑦

第十条原则：自然在其所有运作中都是统一的。⑦

贯彻这些原则的目的是使教学方法更符合学生的思想，并使教学过程轻松愉快。这十条原则中的任意一条，教师们若能够用心执行，施于教育之中，都是儿童的幸运。

在当时，夸美纽斯提出的全纳式自然课程无异于一声春雷，响彻被封建专制和宗教压迫的欧洲上空，以至后来举世闻名，影响深远，至今仍深深地并将继续影响着世界的儿童教育。当下的儿童教育思想，在教育原则方面，在课程资源的挖掘方面，在课程内容的设置方面，甚至在课程评价方面，已经远超夸美纽斯彼时所提出的思想。但正是在经典不断地被吸收、传承和延续的情况下，才有了当下较为先进的学前教育理念。

---

① COMENIUS J A. The Great Didactic of John Amos Comenius [M]. London, A., and C. Black, 1907: 132.
② COMENIUS J A. The Great Didactic of John Amos Comenius [M]. London, A., and C. Black, 1907: 133.
③ COMENIUS J A. The Great Didactic of John Amos Comenius [M]. London, A., and C. Black, 1907: 135.
④ COMENIUS J A. The Great Didactic of John Amos Comenius [M]. London, A., and C. Black, 1907: 136.
⑤ COMENIUS J A. The Great Didactic of John Amos Comenius [M]. London, A., and C. Black, 1907: 137.
⑥ COMENIUS J A. The Great Didactic of John Amos Comenius [M]. London, A., and C. Black, 1907: 138.
⑦ COMENIUS J A. The Great Didactic of John Amos Comenius [M]. London, A., and C. Black, 1907: 140.

第二节 实践课程论

在教育领域里，尽管卢梭没有从事学校教育活动，也没有承担家庭教育责任，也就是说，他没有一丁点的教育实践，他的《爱弥儿》充其量就是自己进行教育实践的假象，但是他的教育体系中处处体现出他的教育实践观，他的课程体系设置也充分体现了他的实践性课程。因为从美国课程专家施瓦布所提出的实践取向的课程模式来看，卢梭的自然实践课程的目的是对各种可能的行动做出抉择；课程的内容是具体的、特定的、受环境影响的；课程的问题总是来自与生活息息相关的事态。卢梭的实践课程在反对生搬硬套抽象的理论性规则的基础上探讨"教什么"以及"怎么教"的问题，充分关注到了课程探究方法的实用性。

一、实践性课程总论

课程的设置是围绕着教育目标展开的。卢梭的目标是既要发展爱弥尔的自然风范，又要确保爱弥尔成为公民社会的一员。这一要求使爱弥尔要尽可能独立于他同时代的同胞，但又不能完全独立，以致他无法与他们同居或互相尊重。导师（卢梭）为爱弥尔安排的各种课程都是为了提高爱弥尔的生活性、独立性和社交性。因此，爱弥尔早期的时候，需要加强体育锻炼和生活训练，等到青春期末期的时候，他就发展成一个可以养活自己的人，因此可以独立于所有其他人，而且他仍然能够轻松地融入社会。当然，爱弥尔发展成功的关键在于他的导师密切注意对他的正确培养。

正确培养的方法和原则是什么呢？卢梭认为，在早期阶段主要发掘爱弥尔的感官，到后期才重视他的理性发展。但是理性不应该通过使用学术书籍作为材料来培养。教育不是教我们推理，教他们远离社会。如果这样培养的话，会导致爱弥尔受到孤立。教育真正的价值在于，"智力的原因"是基于"感官体验的原因"。换句话说，在教育爱弥尔的过程中，不应简单地告诉他答案，而应让他自己去观察、体验，以提高爱弥尔的独立性。这样，爱弥尔不仅将拥有知识，还将拥有可靠和独立的判断力。做出可靠判断的能力不仅在艺术和科学中是需要的，在道德问题上也是必不可少的。当爱弥尔得到充分发展时，他就被介绍给社会。

在社会领域，他也将具有做出准确的道德判断的能力。总之，只要充分发挥感官教育，儿童的发展就不会出现大的危险。

二、不同年龄段的实践课程设置

卢梭重视遵从儿童天性的教育，也就是要给每个儿童以他那个年龄阶段的适当教育。人生的每一个阶段，都有他适当的完善的程度，都有他特有的成熟时期。卢梭对于不同阶段教育内容的设计，符合不同年龄阶段的特征。他通过自己的观察，将人的教育分为四个阶段：幼儿期（0—2岁）、儿童期（2—12岁）、少年期（12—15岁）和青年期（15—20岁）。每一个阶段在实践的基础上都有相应的教育内容、教育特点，从而构成了卢梭的课程体系。

1. 幼儿期（0—2岁）

这一时期的重点是身体养护和锻炼。在《爱弥儿》中，卢梭指出，对于新生儿，很多成人认为，如果让婴儿自由自在地活动，他们会做出一些不良的姿势，长大后四肢会变形。因此，不少孩子一出生，成人便用襁褓把他束缚起来，使他的两腿伸得笔直，两臂放在身体两旁，用布带绕了一圈又一圈，只把头露在外面，跟棕子似的，俗称"三角包"。卢梭认为这样做是毫无根据的："由于身体长时间蜷曲而导致四肢僵硬，新生婴儿需要通过活动和伸展四肢来摆脱长期的蜷曲，但成人不允许他们乱动，连脑袋都被紧箍上帽子。人们会认为他们害怕孩子看起来像是活的。"[①] 所以，他建议不要把婴儿包在襁褓里，不要给他戴帽子，不要给他系带子，不要给他围围巾，一定要给他穿宽大舒适的衣服，让他小小的四肢能够自由地活动。现代人从婴儿一出生就从衣服上开始这一"伟大"的束缚工作。每每看到婴儿被解绑之后手舞足蹈的兴奋状态，卢梭就对成人的行为感到困惑。大自然界中的动物出生后，它们的父母有对之进行束缚吗？另外，现如今的家长们，视孩子如珍宝，捧在手里怕摔了，含在嘴里怕化了，生怕孩子冷了、热了、饿了、渴了等，然后倾尽一切力量予以保护。而事实上，各种溺爱反而会使婴儿的体质更差，效果适得其反。现在重温卢梭的自然教育，大有裨益。

[①] ROUSSEAU J J. Emile[M]. Lector House, 2019: 11.

2. 儿童期（2—12 岁）

这一时期的主要任务是习惯和道德的养成。它是人生的重要发育阶段，也是养成良好的生活习惯、学习习惯和道德行为习惯的最重要的可塑时期。这一时期儿童教育的重点是在生活中、自然中凭借感官来学习生活经验，并要克服儿童各种不良的倾向："现在正是纠正他邪恶倾向的时候；我们必须增加童年时不过分强烈的痛苦，到了成年时就可减轻痛苦。"① 另外，卢梭反复强调，要给儿童时间，让他们自由地成为儿童。反观现实，很多家长望子成龙，望女成凤，担心孩子输在起跑线上，就过早地让孩子走上了被动探索理性的苦难之路，强迫孩子参加各种辅导班，阅读各种不适合他们的书籍。本来应是快乐天真的孩子，却成了一群少年老成的小"博士"，他们的想象力、模仿力、记忆力和好奇心逐步消退，并对学习失去兴趣，即使拿到了高成绩，又如何？这样的教育到底是成功还是失败呢？

3. 少年期（12—15 岁）

这一时期的主要任务是劳动教育和知识学习。卢梭在《爱弥尔》第三卷中论述了少年时期的教育，他认为，少年时期的孩子身体逐渐变得强壮，理性开始发展，对事物有了初步辨别的能力，并通过感官的感受获得了一些经验，因此可以进行智育和劳动教育，发展他们的思维能力，并促使他们学习各种知识。但是，对于通过什么学习，卢梭表达了他的观点："人的智力是有限的，不可能无所不知，甚至也不能获得别人所缺乏的知识。相反，每一个伪命题都是一个真理，真理和谬误的数量是一样多的。因此，我们必须选择教什么以及什么时候教。一些在我们所能获得的信息中，有些是错误的，有些是无用的，有些只是使它的主人膨胀起来的知识。"② 所以，卢梭不主张给学生开设大量的课程，他唯一开出的书单就是一本《鲁滨逊漂流记》。此阶段学习的重点还是在生活劳动领域。他认为，这个时期是孩子体力达到最强的时期，他让爱弥尔从小就懂得干农活，让他学会使用各种农具。他认为，一个人、一个公民，如果不去劳动，就同强盗没有什么区别。劳动是青年时期不可推卸的责任。卢梭倡导劳动教育，非常有道理，因为他要培养的自然人是自食其力的劳动者。反观中国当

---

① ROUSSEAU J J. Emile[M]. Lector House，2019：54.
② ROUSSEAU J J. Emile[M]. Lector House，2019：164.

下这个年龄段的孩子，许多都埋头于课本中，挣扎于题海中，劳动，包括基本的生活劳动，都基本被搁置一边了。然而缺乏一定劳动实践能力的青少年，很难成长为合格的社会建设者。

4. 青年期（15—20岁）

这个时期的主要任务是道德教育。卢梭说："我们一生诞生过两次：一次是为了生存，另一次是为了生活；出生是男孩的第一次诞生，15岁以后就是男孩的第二次诞生。"[1] 卢梭认为青年到了15岁以后已具备了判断力，并开始对社会关系有所认识。因此，这一时期应该以道德教育和宗教教育为主，并辅以人文学科的学习。[2]

（1）道德教育的作用是促使人的心中产生善良、博爱、怜悯、仁慈以及所有一切自然而然使人感到喜悦的温柔动人的情感，重视自爱，约束脾气，控制激情，防止产生妒忌、贪婪、仇恨以及各种有毒的欲念。

（2）道德教育的途径是通过人去研究社会，通过社会去研究人。"人的弱点使他善于交际。"[3] 因此，卢梭要求爱弥儿从乡村回到城市，因为此时他已经受到了足够的锻炼，能够抵抗城市虚伪文明的侵蚀，同时他是社会的一员，应尽他的社会义务。

（3）道德教育的内容是学习历史知识、实用哲学和寓言故事，而不是纯理论的东西。

（4）道德教育的方法是重在道德实践，反对空洞的道德说教。自然教育是缓慢而循序渐进的，卢梭反对急于求成："你就会发现这种愚蠢的方法会在多大程度上加速自然教育的失败，毁了性格。年轻人，会过早地筋疲力尽，但他们仍然渺小、虚弱，他们只是变老而不是长大了，就像春天里被迫结果子的藤蔓，凋零而死在秋天。"[4] 只有有序地通过道德实践，把在学校里获得的知识应用于实际生活，才可以培养善良的感情、正确的判断和良好的意志。反思一下我们现在的道德教育，很多时候只用一本课本去空洞地说教，收效甚微，对一个孩子讲多少大道理都不如让他亲身去体会更有效果。而且现在的很多学校、

---

[1] ROUSSEAU J J. Emile[M]. Lector House，2019：219.
[2] ROUSSEAU J J. Emile[M]. Lector House，2019：220-290.
[3] ROUSSEAU J J. Emile[M]. Lector House，2019：232.
[4] ROUSSEAU J J. Emile[M]. Lector House，2019：225.

家长也很不重视学生的道德教育，他们认为只有分数才是最重要的。当下流行的"5+2=0"的说法就是对说教式学校道德教育与家庭和社会道德教育相抵消的讽刺。

卢梭从人的自然本性出发，系统地阐述了从婴儿到成人这段黄金时期的教育体系，主张在自然中进行生活、劳动、学习与成长，重视欲念，强调自爱。尽管卢梭的课程体系在某些方面有去理性化的成分，但不可否认的是他对感官、劳动、自由、自然、德性的重视。这些见解，至今仍是我们宝贵的财富。

第三节　表达课程论

基于回应、关系和责任的哲学理论，为了儿童的全面发展，福禄培尔设定了自然课程体系，包括宗教、自然科学、语言表达、艺术课程、游戏和恩物的操作，课程聚焦在儿童的自由表达上。

一、系统的显性课程体系

全面发展是福禄培尔的教育目标，这个目标通过课程来达成。福禄培尔要求儿童时期的课程应包括五个主要部分：（1）宗教。它是所有教育的基础，是对内部事实的沉思。没有它，就不可能有其他知识。（2）自然科学。自然是上帝的体现，对它的研究意味着对外部事实的沉思。因此，每个人都必须是完整的人，对自然的洞察揭示了统治人类生活的规律，这就产生了一种法律统治感。在对自然科学的研究中，他还强调了数学的重要性。他认为，数学是人的思想与自然世界之间的联系。当然，心智和数学与灵魂和宗教这儿者密不可分。（3）语言。语言有助于在事物的多样性之间建立起内在的生命联系，从而完成教育工作。（4）表达工作。福禄培尔认为有必要以外在形式来表达灵魂。体力劳动有助于技能的提高和创造力的发展，以及肌肉的锻炼，这是表达的一种形式；他还建议从事园艺、木工、皮革制作、黏土和艺术品的造型工作。（5）艺术课程。他建议在课程中开设绘画和唱歌。

综上，福禄培尔的儿童课程主要集中在儿童自由表达自我的活动和主题上，同时也学习诸如建筑、游戏、表演、写作、讲故事等数百种其他技能。

二、自然课程之载体——恩物（礼物）

（一）恩物的介绍

福禄培尔认识到操作物体有助于儿童发展他们的创造力、思考力和解决问题的能力。为了引导孩子们与现实世界不断地互动，他设计了一套基于恩物（礼物）以及母亲、孩子和教师之间关系的自然课程，其中花园是教室的延伸。① 他为儿童创造了一些恩物，幼儿园把操作恩物作为教学法之一。

福禄培尔的恩物，大约有 25 个礼物，他对恩物进行了全面的说明。这些礼物包括用于设计的木模以及可以在教室中制作手工艺品的材料。这些礼物用于指导性游戏，分为三个基本类别：自然（世界）的形式、知识（科学）的形式和美（艺术）的形式。② "他们之间是可以互换的。"③ 操作这些礼物的过程，实际上渗透着教师教授的算术、几何和阅读等基本课程内容。这些材料的使用使儿童能够学习"传统上仅用于高年级学生的教育"的技能。④

福禄培尔恩物的操作项目是在他的花园里进行的。但是，如果因天气或季节等原因，可能会影响孩子们在户外释放他们的能量，尤其对那些在任何时候都不会闲着的男孩子们来说，操作恩物以释放能量就显得尤为重要。因此，各种室内、室外职业操练活动是男孩生活和训练的重要组成部分。⑤ 所以，福禄培尔的恩物操作既有室内的，也有室外的，选择哪种，教师们根据天气情况而定。

（二）恩物的几何学原理

1. 恩物与职业相关联

为了将儿童的学习与他们感兴趣的职业结合起来，福禄培尔恩物操作方法的核心是要求孩子们从其学会使用的玩具中找到 1—20 种礼物，进行相应的职业操

---

① BROSTERMAN N. Inventing kindergarten [M]. 1st ed. New York: Harry N. Abrams, 1997: 35.
② BROSTERMAN N. Inventing kindergarten [M]. 1st ed. New York: Harry N. Abrams, 1997: 35.
③ BROSTERMAN N. Inventing kindergarten [M]. 1st ed. New York: Harry N. Abrams, 1997: 39.
④ BROSTERMAN N. Inventing kindergarten [M]. 1st ed. New York: Harry N. Abrams, 1997: 38.
⑤ FRIEDRICH F. The student's Froebel [M]. London: Sir I. Pitman & Sons, ltd., 1911: 59.

练。所以，福禄培尔幼儿园的小朋友被称呼为"小工人"。通常，幼儿园的孩子认为恩物比职业更具神秘性，因为它们是抽象的玩具，旨在引导孩子理解自然和世界。早期的恩物是抛光的木制积木，当然，它们已成为幼儿玩具的代名词。随着技术的进步，人们现在已经用各种材质制造福禄培尔的恩物。操作手工艺品的各种职业为儿童的发展提供了力量，这种力量是基于儿童不断增长的技能和不断增长的表现力。当然，这些职业还促使孩子们越发喜欢他们的工作，激发他们进行更深入的探索性工作。福禄培尔解释说："这些恩物源自一种爱的冲动，它们的形成一方面是为了尽早地培养孩子思想的宁静；另一方面，是为了更好保持孩子们生活的简洁，使孩子们远离轻率和消极的环境，以免他们受到精神的折磨。"①

2. 恩物的原则

上文谈到福禄培尔设置的每种恩物都包含"自然（或生命）、知识和美的形式"。这些恩物的设置遵循以下原则：第一，可重复性，例如一张桌子可能是由几根直棒构成；第二，重现几何关系，例如正方形、圆形等；第三，重视美的形式，例如对称的抽象图案。

3. 恩物的构成

福禄培尔认为游戏的重点是几何，而不是字母。儿童不需要学习阅读和写作，但他们应该学习几何关系。例如，第二个恩物，也是最重要的恩物，它被刻在福禄培尔的墓碑上，它包含两个美丽且相反的形状：球形和立方体。第三个恩物是圆柱体，它有序地堆叠在一起，可以说圆柱体调和了两个相反的方面，它可以滚动，但也可以直立在"平面"上，因为它的端部是平整的。第五个恩物是一个特殊的几何体，由二十一个较小的立方体、六个半立方体和十二个四分之一立方体组成。第七个恩物始于"平面"，用几何形状的镶木地板片表示，运用它们可以在二维空间中创作出三维块状形状。第八个恩物是"线"，它由棍棒组成。这些木棍被放置在网格桌上，以形成仅使用以前的实心块或压片的"边缘"的形状。第九个恩物是"点"，可以用来打孔，在纸上打孔以形成花朵的图案。将这些打过孔的纸贴在窗户上就可以看清图案，或将扁豆或小珠粘贴在纸张上以制成

---

① FRIEDRICH F. Friedrich Froebel's pedagogics of the kindergarten [M]. New York: D. Appleton and Company, 1895: 102.

图片。第十个恩物是"绘画",但不是徒手绘画。实际上,绘画格是由幼儿园的"小工人"来制作的。首先,"小工人"按照老师的指示进行直线处理(或复制以前的样式);其次,制作出类似盒贴的盒状设计;再次,将用于编结的木板条(如冰棍或木匠的尺子)、纸条、木棍和豌豆等二维物体编制成三维物体;最后用黏土来制作他们开始时使用的实体几何形状。①

4. 几何学恩物设定的缘由

福禄培尔为什么对几何学如此钟情呢?首先,他本人是一名测量师和地质学家,由于职业的原因,他对几何学更敏感;其次,他所生活的18世纪末到19世纪初的德国非常重视几何学,毕竟,几何学是一所古老幼儿园中"小工人"学习的科学内容;再次,福禄培尔和约翰·鲁斯金(John Ruskin)一样,对矿物学感兴趣,并且看到了塑造晶体的精神力量,这些晶体以几何固体的形式出现:"活泼的晶体首先显示出更多的单面性和不完整性,只有在后来,才会表现出多面性、和谐性和完整性。"②正如福禄培尔所认为的那样,数学是所有研究中最基本、最需要逻辑的起点:在研究自然界中所有物体多样性的内在联系时,人需要一个起点。实际上,自然与几何是统一而和谐的。通过定向操作,孩子既接触了大自然,又根据自身的认知方式了解了几何体的质量。今天的幼儿园教师大多没有接受过有关实体几何的专门训练,所以,他们引导的建构游戏往往只是众多游戏中普通的一部分。

(三)恩物作为科学课程之一

福禄培尔设置恩物,不仅仅将它们看作是儿童游戏的材料,更将它们看作整体课程计划(例如:有机科学计划),以期产生良好准确的教育效果。在使用恩物的时候要注意以下几点:(1)在课程开始的积木游戏中,孩子们首先打开装积木的盒子,整齐地将积木排列在桌子上。在玩积木的过程中,孩子们必须在制作的每个图案中使用所有积木,而且图案必须对称(应先向儿童提供模型以使其在课程开始时就注意到)。在游戏结束时,孩子们必须把所有的恩物收集起来,放回盒

---

① FRIEDRICH F. Friedrich Froebel's pedagogics of the kindergarten [M]. New York: D. Appleton and Company, 1895: 267.
② FRIEDRICH F. Friedrich Froebel's pedagogics of the kindergarten [M]. New York: D. Appleton and Company, 1895: 173.

子里。福禄培尔认为这样要求孩子，显示了上帝与自然的本质统一，并确立了生活秩序和美感对称的需要。(2)每个活动都有时间规定，儿童要确保有效地使用所有积木完成一个项目。(3)在游戏的过程中，要尽可能地伴随着不同的韵律和歌曲，以便激发儿童的音乐潜能。(4)在游戏的过程中，孩子们要共同操作，以便激发和加强他们之间的合作能力。①

福禄培尔将他在统一而和谐的宇宙中看到的各种关系称为自然法则，他非常认真努力地让孩子理解并感受到这些自然法则的力量，因此创造出了体现各种自然法则的恩物。恩物设定的原理和精神，在现代的幼儿教育中，仍需要传承。

三、游戏课程的设置

在福禄培尔的那个时代，游戏并不流行，即使在最有可能运用游戏的学前班，其地位也常常不稳定。在许多古老的宗教传统中，游戏有时被视为是有罪的，而游戏的对立面——工作，则被视为善良的。福禄培尔则完全偏离了这些标准，设计了一套基于玩具的教育游戏体系，用于对儿童进行教育。尽管福禄培尔倡导游戏是儿童课程的一个必要且有价值的组成部分，但他依然认为游戏在价值上要服从于课程的意图。

要解读福禄培尔，需要将他的游戏和工作观念置于德国浪漫主义和唯心主义哲学思想的背景之下。对儿童来说，游戏和工作既具有解放性又彼此关联。② 这种思想影响了英国浪漫主义者和马克思主义者。福禄培尔以儿童为中心，重视儿童的工作和游戏成了全世界儿童进步运动的核心。

四、遵循自由气氛的课程实施原则

福禄培尔反对惯常的纪律，他说只有当孩子们有完全的自我活动自由时，良好的教育才有可能发生。福禄培尔将自我活动视为创造力发展的过程，因此，他

---

① MARILYNN S O. Little workers of the kindergarten [J]. The Lion and the Unicorn, 2002, 26 (3): 353-373.
② BREHONY K J. Play, work and education: Situationg [J]. Bordon, 2013, 65 (1): 59-77.

强调自由气氛,认为孩子们喜欢自由地工作、娱乐,他们的活动不应被任何事物干扰。在孩子们自由工作的过程中,不要将任何其他活动强加于他们。这样,他们可以自由地以自己喜欢的方式度过时间。但是同时,儿童必须有承担责任和义务的意识,应该对自由进行自我控制,同时也要尊重他人的自由。福禄培尔的整个纪律理论都建立在充分尊重幼儿自由和其自由选择的基础上。

在早期的福禄培尔幼儿园中,自然学习至关重要。福禄培尔反对有关义务、道德和宗教的正式课程,因为他认为,除非通过经验来理解,否则这些课程对孩子来说是无法理解的。[1] 福禄培尔试图使所有的课程成为"多维"表达课程,因此,自然教育课程不仅具有科学、几何和艺术的表现价值,而且是其明确道德教育观的体现。

第四节 生命课程论

在蒙台梭利教育中,有一套用以指导课程建设、教师备课、各类学生群体研究的权威性原则。蒙台梭利秉持根深蒂固的哲学理念:在满足儿童成长需要的、安全的、准备充分的环境中充分发挥其潜力,与父母合作并促进儿童对自我、他人和环境的尊重,以培育全人。蒙台梭利重视儿童的感官,通过创设"有准备的环境",鼓励儿童在与环境的互动中不断地发展,这成就了蒙台梭利的生命教育。其中,"有准备的环境"是她对儿童教育的一大贡献,直接催生了建构主义的问世。在"有准备的环境"中,蒙台梭利开创了由自然课程、审美课程和宇宙课程等组成的生命课程体系。

一、自然课程

蒙台梭利的自然教育课程主要是结合种植各种植物和收获果实所需的多种自发活动而展开的各类活动。但她反复强调:教育不是花园的工作和实际的生产,而是一种能够促进孩子成长的"自然生活"的活动。

---

[1] KOHNEN-BARBERÁN, ANA L. The changing nature of kindergarten: From Froebel to the common core[D]. San Francisco: San Francisco State University, 2016.

（一）自然课程设置的依据

1. 孩子对自然的需求

亲近大自然是儿童的天性，因此要给孩子们自由，鼓励他们走进自然，如：下雨时让他们跑到外面去；当他们发现水坑时，允许脱鞋；当草地被露水弄湿时，允许他们赤脚感受草地并在其上奔跑；当树木邀请他们在树荫下睡觉时，让他们到树荫下安静地休息；当太阳在早晨唤醒他们时，让他们大喊大笑。

蒙台梭利在教育实践中发现：即使很小的孩子，其力量也超出了我们的想象，但要让他们充分展示他们的力量，必须给他们一个自由发挥的空间。当孩子说他短暂的步行后很累时，我们相信他缺乏力量，孩子们的迟钝来自环境的人为化。但是，当孩子们与大自然接触时，就会展现出自己的巨大力量。正常的孩子，如果身体健康、营养良好，即使不到两岁，也可以走路数英里，他们不知疲倦的小腿能够爬上陡峭的长坡。蒙台梭利举了一个"儿童之家"的案例：一个大约六岁的孩子曾经失踪几个小时，其实他是出去爬山了，他以为到达山顶，就能看到另一边的景象。实际上，爬山很累，但他并不觉得累，反而是由于没有看到他期望看到的东西而感到失望。她又举了另外一个案例：有一对夫妇，带着一个不到两岁的孩子步行到一个较远的海滩。在去的路上，父母轮流抱着孩子，很累人。但孩子对这种旅行非常感兴趣，要每天去一次。之后他的父母就没有抱他，而是让他自己走。但这样他们走得更慢，每当孩子停下来采一朵小花或看到另一个孩子在草地上放牧，他们就停下来，与那些谦卑而有生存特权的生物度过片刻。孩子非常享受这种生活，在旅行的过程中，他能感受到卵石上流淌的微小水流的魅力。每每看到此景，孩子都会开心地笑，停下来用手抚摸它。[①] 实际上，无论是家长还是教师，谁能否定儿童接触大自然所表现出的发自内心的愉悦呢？

蒙台梭利用教育实践不断地证明：儿童需要生活在大自然中，而不是偶然接触大自然。在大自然中成长能够让儿童终身受益。

2. 批判去自然化现状

蒙台梭利对彼时的儿童自然生活非常地不满意，她批评了当时的教育现状：

---

① SUTTON A. Educating for ecological sustainability: Montessori education leads the way[J]. Montessori Life, 2009（4）：18-25.

儿童自然教育观

儿童与大自然的生活距离很远，几乎没有机会与大自然进行亲密接触。长期以来，人们一直认为大自然仅对儿童的教育产生道德影响。"借助大自然进行教育，不过是促使儿童对自然奇观（例如花卉、植物、动物、风景、风和光）做出认知上的反应而已，教师们仅仅尝试通过给孩子一点土地耕种来使他对自然感兴趣而已。"① 事实上，孩子需要自然生活，而不仅仅是简单地了解自然。最重要的是，如果可能的话，将孩子从成人的束缚中解放出来，使他们远离城市中人为的生活。如：通过带儿童到露天公园并使他们暴露在阳光和海水中，可增强儿童的体育锻炼能力。有些成人在小心翼翼地企图使儿童摆脱城市生活中人为造成的沉重负担，他们允许儿童穿更简单、更轻便的衣服，允许他们穿凉鞋或赤脚。研究表明，在现代疗养院中治愈结核病和抑郁症儿童的唯一方法是使他们接触大自然，让他们露天睡觉并在阳光下生活。②

蒙台梭利说过，成人们已经轻易放弃了自己的自由，最终他们还爱上了自己为自己设定的监狱。可悲的是，他们将这种生活转移给了自己的孩子，这使我们的灵魂萎缩，我们欣赏被囚禁在小笼子里的鸟儿的歌声之美，② 我们甚至混淆欣赏动物的乐趣与靠近即将被屠杀的可怜动物的乐趣，以至于我们错误地认为动物们就是用来养活我们的。朦胧的大自然之爱，已经与我们渐行渐远。这种现状导致人们产生错误认识，如他们认为盛满沙子的托盘对孩子有很大的帮助。如果是这样的话，那么海滨就更具有教育性，因为那里的沙子远远多于盒子里的沙子。孩子们被困在一个如此狭小的世界中，教育出现诸多荒谬的结论，就不足为奇了。

成人花大量精力思考如何在太阳升起后让孩子入睡，以及如何教他赤脚在草地上来回走的蠢问题。由于这种限制，孩子们退化了，并且厌倦他们的监狱式生活，他们杀死了昆虫或小的无害动物。我们只是要求我们的孩子适应他们的"监狱"而不会给我们造成任何麻烦。蒙台梭利在上个世纪初批判的这种成人去儿童的自然化现状，在 21 世纪的今天，我们改善了吗？答案显然是否定的，尤其是对独生子女的过分看护，更加使他们远离了自然。

儿童长期远离大自然会导致大自然恐惧症这一恶果：首先是大多数儿童会

---

① SUTTON A. Educating for ecological sustainability: Montessori education leads the way [J]. Montessori Life, 2009（4）：18-25.

② MONTESSORI M. Nature in education [J]. NAMTA Journal, 2013, 38（1）：21-27.

对自然感到恐惧。他们害怕空气和阳光，仿佛它们是致命的敌人；他们害怕夜晚的霜冻，仿佛它们是藏在草丛中的蛇；他们担心下雨，好像那是大火。露天睡觉、暴露于风雨中、阳光暴晒以及在水中畅游都是可谈论的事情，但并非总是可以实践的。谁会在睡觉前，特别是在冬天或下雨的时候打开窗户？几乎每个人都认为这是危险的。其次，习惯于因禁的生活。即使是对运动充满热情的英国人，也不希望自己的孩子在大自然中活动到疲倦。即使孩子的年龄已足够大，当天气好的时候，护士会将他们的小车推到某个阴凉的地方让他们玩耍，也不会让他们走远或随心所欲地活动。文明的人像是一个满足于监狱生活的囚犯一样。

每每读到蒙台梭利对她那个时代儿童远离自然的批判性文字的时候，总以为是在读她之后的一个世纪的文字一样。因为，当下的世界，蒙台梭利所批判的那个时代的状况并未得到改善，甚至更甚。我们所处的时代，教育改革频频进行，家长们在教育上的投资日益增多，却并没有使儿童喜欢上学校和读书，原因在哪里？请仔细聆听蒙台梭利博士早在一百多年前对我们提出的忠言吧。

（二）自然课程的实施

蒙台梭利倡导自然教育，但没有强调一定要离开学校，除了进行自然远足，在教室中使用天然材料也会对孩子成长产生积极影响，问题的关键是让孩子亲身体验。用她自己的话说："我们不能通过说'观察'来创造观察者，而是要给他们观察的力量和手段。"[①] 在学校或者是幼儿园依然可以给孩子提供一个让他比其他任何人都更能自发地观察自然的场所，使孩子将注意力集中在自然的物体上，以激发儿童内心深处的自然感受。比如：儿童知道植物需要他，如果他不给植物浇水，那么小植物就会枯萎，此时他便建立起了新的关爱之情。以下是蒙台梭利幼儿园的课程案例，体现了蒙氏教师如何在儿童与自然互动的课程中培养儿童的自然之爱。

1. 协助飞禽生活

有一天，孩子们注意到了一只母鸡用翅膀将一些鸡蛋遮盖了很长时间，他们

---

① MONTESSORI M. The Montessori method [M]. 1st ed. New York: Schocken Books, 1964: 228-229.

对母鸡的行为充满了好奇和热情，就准备为母鸡的孵化工作提供进一步的帮助。为了使母鸡孵化小鸡有更好的环境，他们收集了一些稻草、旧棉布线或一缕缕棉絮，给母鸡做鸡窝。另外，孩子们也为筑巢在屋顶下或花园中树木上的鸟儿提供了尽可能的帮助，鸟儿的叫声就是对孩子们善举的一个回馈。

2. 观察昆虫之变

观察昆虫的发育是孩子们喜爱之事。昆虫的发育变化常常会引起孩子们极大的兴趣，孩子们兴致勃勃的独特表现，也使老师们感到惊讶。一旦一个小孩发现了令他震惊的变化时，他一定会系统、形象地描述这一变化的发展过程，比如：他会像科学家一样报告青蛙生长的各个阶段。

3. 感受植物之美

儿童也会被植物吸引。"儿童之家"因为没有可耕种的土地，就在一个大的露台上面摆放花盆，里面种植了各种花和其他植物。在这期间，孩子们从来没有忘记用喷壶给植物浇水。一天早晨，教师们发现孩子们静静地围坐在凋谢的红玫瑰周围，神色凝重。原来是因为红玫瑰昨夜开放，而今早凋谢了。还有一次，一个小女孩兴奋地从露台上不停地往下看，还大声对妈妈说："妈妈，看，在那边有个果园，可以去里面吃各种水果。"那个果园，显然没有让孩子的母亲感到好奇，但她的小女儿对此充满了热情。在自然的环境中，孩子的活动可以包括搜索、收集和区分不同气味、不同形状的植物，尽管这种分类练习是严格的，但孩子们的发现是令人满意的，比如孩子们发现是花而不是人类呼唤着蜜蜂让它们执行自己永恒的使命。教师经常要求孩子们坐在花丛旁欣赏花朵，以满足他们的精神需求，但孩子们很快就会爬起来，主动寻找他们可以做的其他事情，因为正是他们自己的活动才激发了他们热爱大自然的情感。

蒙台梭利幼儿园的教师们尽量放手让孩子们自己动手参与自然活动，比如照顾鸟舍、在果树里工作等。即使是最小的孩子也喜欢收集橄榄，他们竭尽全力去寻找，然后将自己的收获放入篮中。在这个过程中，他们体会到自己所做的工作确实非常有意义。

4. 体验播种之趣

幼儿园通过种植植物，使孩子们对更大规模的种子播种产生了兴趣，例如：他们开始尝试在各种不同的麦田中播种。当然，在实际的播种过程中，大人和孩子们各有分工。大人犁沟，孩子们就堆起要播种的谷物，然后他们将谷物分装到小篮子里，开始沿行分撒。之后，孩子们不忘定期去观察他们的劳动成果，脆弱而娇嫩的植物的生长给儿童带来了极大的乐趣；另外，均匀播种的麦苗和长长的平行线所形成的图案也引起了孩子们极大的兴趣，潜移默化地培养了他们对几何的感知。

5. 参与收获之美

对儿童来说，最令人愉快的工作不是播种而是收获，也正是收获促使他们对播种产生了兴趣。收获越多，他们越会感受到播种的魅力。孩子们喜欢参与秋天庄稼的收获活动，麦子在风中长到孩子们肩膀的高度时，这一群小人就摩拳擦掌，等待着秋天的收获了。他们到田里将谷物用彩色丝带捆扎起来之后，将谷物磨成面粉，烤制成面包，并且他们还可以带着他们的作品参加农业节。再比如：对葡萄藤的护理、清洁以及采摘工作，也令他们很兴奋，采摘到的葡萄可以在各种盛宴上供人享用。这些接近自然的成功方法表明：乡村的真实生活比起给孩子们讲授哲学和花朵的象征意义更适合儿童。

6. 探索荒野之奇

蒙台梭利幼儿园倡导自然与养育相结合，保持室内和室外活动的平衡，以满足孩子的需求。教师们会定期举办探索荒野的活动，但要求工作人员不要制定议程，而任由孩子们自己探索。当孩子们受到启发之后，教师和孩子们才在一起不断商讨议程。[1] 这样做的目的是激发教师和孩子们对自己的灵活性保持高度敏感。蒙台梭利幼儿园的一位教师比姆说："大自然重塑了儿童的身心，并为我们提供了更多知识和产生更多好奇的地方。"[1] 她将地理环境视为神奇的风景。在带着孩子们步行到附近的鸭塘时，她让孩子们停在桥上，让他们依靠自己的听觉捕捉桥下方的水声。在以前的参观活动中，这座桥被孩子们称为"巨魔桥"，但是从今天的活动开始，它就变成了"听觉桥"。在探索这座桥的过程中，孩子们经常会为地点命名，并将这些名字运用到他们的地貌故事中。

蒙台梭利幼儿园的教师还利用降雪的机会，让班上的学生假装成"鹰眼"，敏锐地搜寻她在雪地上扔的各种白色物体，这是他们学习色彩的一项活动。"白色相间"的"狩猎"活动使孩子们谈论白色动物与雪融为一体的事实。然后，孩

---

[1] GILDER S A. Montessori by nature [J]. Montessori Life, 2009 (4): 34-38.

子们选择了另外颜色的物体,如粉色和蓝色,看是否能在树林中找到它们。就这样,孩子们在白雪皑皑的风景中寻找着粉色和蓝色的物体。另外,教师还鼓励孩子们想象动物在雪中行走或跳跃时的动作,并模仿它们进行练习。有的教师将班级收集在纸袋中的秋叶放在降落伞上,让孩子们感受叶子在降落伞上升起和降落的运动。① 孩子们对大自然非常着迷,逐步认识到自然界的重要性并知道了其与自己的密切关系。

7. 阅读自然书籍

除了在户外进行自然探索外,蒙台梭利幼儿园的教师还定期给孩子们阅读有关自然的书籍,比如读弗朗西斯·霍奇森·伯内特(Frances Hodgson Burnett)的《秘密花园》(*The Secret Garden*)。自然书籍会让孩子们感受到大自然和园艺的神奇。

8. 创设自然位置感

依据依恋理论,儿童对熟悉的环境形成位置感和场所感极为重要,它有助于促进儿童的认知发展,培养环境意识,以及发展儿童自己的场所身份,并使其获得自尊。蒙台梭利学校非常重视教师和儿童的位置感的培养,教师需要与场所建立一种相互尊重的关系,儿童也需要自发地、无计划地与周围环境互动。这样,自然、自我和社区意识彼此关联了起来。"通过户外教育,孩子们学会了对环境、他人以及对自己的照顾。孩子们在热爱自然的过程中,获得自信感和对自然产生的归属感。"①

儿童与自然环境息息相关,和大自然接触可以更有效地促进儿童主动发展。在自然的环境中,儿童的视觉、听觉、触觉、嗅觉、味觉都能得到相应的刺激。蒙台梭利之所以重视大自然,是因为大自然是儿童学习的灵感之源。

二、审美课程

重视大自然与儿童联系的另一个原因在于它能让儿童体验美与敬畏,并激发他们的学习动力。当孩子感到与世界有内在联系时,学习就不再是外在琐事。孩子们不是因为老师说应该学习而学习,而是因为他们着迷于学习才学习,这

---

① GILDER S A. Montessori by nature [J]. Montessori Life, 2009(4): 34-38.

就是内在动机的动力学。

除了激发兴趣，在自然界中体验敬畏和美还能够使我们了解自己与周围事物的联系。敬畏可以提高儿童的认知适应能力和灵活性，帮助他们理解自己的环境。环境哲学家埃米莉·布雷迪（Emily Brady）评论道："审美体验是第一手的、直接的，它是我们可以从自然中获得的最触动内心的、可感觉到的一种体验，从这个意义上说，它具有渗透力和影响力。"[1] 她认为这样的经历具有道德教育意义，可以帮助孩子们理解自己与自然的关系。亚伯拉罕·马斯洛（Abraham Maslow）经常使用自然经验来举例说明高峰经验，并指出了类似的道德后果："也许我们对自然的渴望有一天会被理解为一种自我认可或自我体验，它将成为一种自我存在的方式，一种作为生物的真实性。"[2] 马斯洛和布雷迪一样，说明了当人们体验美的时候，对人如何"与自然同构"便有了精神上的深入理解。从某种意义上说，我们了解到我们在自然界中所感知到的恰是我们自己的一部分。

但是，敬畏体验美以改变环境力量的态度常常被人们所低估。自然美在任何个人或任何社会的精神发展中都是必不可少的，自然审美的价值往往是出于人们自身利益考虑而不是考量它能为人类带来任何的利益。敬畏自然的经历可以激发儿童的学习兴趣并改变儿童对自我与世界关系的态度。蒙台梭利建议将儿童的这种自然体验通过自然和其他方式纳入审美教育中。借助自然进行美学教育，是儿童教育很重要的组成部分。换句话说，学校教育不仅需要认识到传统美学领域（例如音乐、舞蹈）的重要性，还需要融合自然，这应该是最有力的美感培养的来源。

三、宇宙课程

蒙台梭利认为教育中的认知、身体、情感和精神成长都是可持续发展的。传统方法将知识学习和情感精神割裂开来，而蒙台梭利课程却将之视为一个整体。除基本的实践生活及和平教育课程外，蒙台梭利教育还包括宇宙课程，这些内容

---

[1] EMILY B. Aesthetics in practice: Valuing the natural world[J]. Environmental Values, 2006, 15(3): 277.

[2] RATHUNDE K. Nature and embodied education[J]. Journal of Developmental Processes, 2006 (4): 70-80.

贯穿自婴幼儿到高中教育的各阶段、各个部分以及每天的生活。世界各地的蒙台梭利幼儿园都重视幼儿的宇宙课程的培养。

人们的世界观是决定其行为最重要的组成部分，但它一旦形成，便难以改变。从工业化开始，我们已经接受了将宇宙视为机械的世界观。这种世界观加剧了人类与环境不断对立的错误认识。人们认为，时空可以无限扩展，只有人才是重要的，人可以有效控制环境。但是，蒙台梭利认为："宇宙是一个鲜活而且完整的整体，各元素彼此关联并相互依存，它们相互作用以平衡和维持整体。宇宙是精神、目的、意义和神秘的混合体，它既是一个充满创造性和情感性的世界，又是一个灰色的世界，一个不确定又确定的世界。"① 这种新兴的世界观与古代人的有机世界观相呼应，但又不同。万物是宇宙的一部分，它们彼此相连而形成一个整体……以照顾生命为中心的教育观念改变了所有先前的观念，教育不再完全依赖课程或时间表，而必须符合人类生活的事实。这是蒙台梭利宏大的宇宙课程论带给我们的启示。

四、生命课程的实施

（一）生命课程实施的实践性原则

人的认识发展是从感性到理性的过程，对幼儿进行感官训练尤其重要。蒙台梭利认为每个走进"有准备的环境"中的小孩子都像长辈那样经历了从感性到抽象的发现过程。因而，她将抽象的概念以感官材料的形式具体化。那么，作为儿童的聪明向导，教师的作用就是通过使用材料来帮助儿童发现和探索自然界。

1. "有准备的环境"的创设原则

蒙台梭利是一位科学家，她对儿童的许多直觉知识来自生物学。通过观察发现，年幼的孩子既是身体上的胚胎，也是精神上的胚胎，他们需要一个对他们的身心健康有帮助的环境。在这一点上，许多成年人会说，无论是在家中还是在传统日托中，我们确实为孩子提供了良好的环境，并且，婴幼儿的玩具和家具等物质条件越来越高端，越来越有吸引力，幼儿在学龄前的经历也越来越丰富。但

---

① CAPRA F. Deep ecology: Educational possibilities for the twenty-first century [J]. NAMTA Journal, 2013, 38(1): 201-216.

是，这些都是由成年人设计的，这种环境不过是成人认为的优质环境，在一定程度上，它只是摆设的环境，因为幼儿并不能自由、自主地和环境互动。

蒙台梭利针对当时的问题，提出创设"有准备的环境"的理念。"有准备的环境"必须由三部分组成：孩子在敏感期以敏锐的思维和人交往、成人受过作为观察者角色的培训以及创造合意的物理空间。这样，蒙台梭利准备好的物理空间将包含：生活材料、感官材料、语言材料和数学材料以及地理学、地质学、植物学、生物学、历史学和音乐等发展幼儿智力、进行宗教和道德生活所必需的材料。蒙台梭利教育的设计本质上是生态的，"有准备的环境"的创设遵循以下生活和自然的原则："（1）生活要从头开始。（2）生活将个体与其他人和社区相互联系起来。（3）从一些具体的、鲜活的主题出发会让生活发生许多变化（与标准化相反）。（4）生活通过信息来组织。（5）生活可以找到多个问题解决方案而不是一个。（6）大自然循环工作，并且可以自我纠错。（7）大自然循环利用一切，没有任何浪费或丢弃。（8）生活倾向于优化而不是最大化。"[1]这样的学习环境可以培养儿童的独立性及相互依存性、自律性、决策能力、组织能力、责任感、内在动力、优雅和礼貌。蒙台梭利教育创造的这个"有准备的环境"，强调准备过程与学习过程是一样的，它们都是学习的一部分。

在"有准备的环境"中，孩子需要先正确使用普通材料，然后才能使用感官材料。只有这样，他才能感受从已知到未知、从具体到抽象的过程。为了帮助孩子们，教师应该鼓励儿童使用感官材料作为"钥匙"，探索准备好的环境。比如：我们在室内和室外的环境中的哪些地方可以找到球体？我们在哪里能看到叶子？我们可以在花园里闻到类似于在气味瓶中闻到的气味吗？教师组织这些探索活动，辅以各种游戏，通过与自然或者生活建立联系，帮助孩子成长，这就是蒙台梭利的生命教育。

蒙台梭利"准备好的环境"是受过良好教育的、有才智的成人监督者结合了最新的科学发现和哲学教育原理而创设的完美范例。但是可能有人会问：六岁以下的小孩真的有必要在"准备好的环境"中玩耍吗？让他们在不受束缚的、充满新鲜空气的花园中四处自由玩耍不会更好吗？蒙台梭利给出了答案："第一，如

---

[1] HAWKEN P. Blessed unrest: How the largest social movement in history is restoring grace, justice, and beauty to the world. [J]. Geography, 2007(4): 175-183.

果年幼的孩子所需要的是自由奔跑和躺在阳光下,那么孩子们就有可能成为猫或蜥蜴类型的人。第二,当今社会,很少有有爱心的成年人在家中照顾年幼的孩子,而户外新鲜的空气被污染,而且很少有带院子或花园的房屋可以让孩子在其中自由地跑来跑去。成年人也害怕让孩子独自在户外游荡。第三,当今家庭房屋的摆设、生活的节奏通常更适合成年人,能够供孩子使用的东西却很少。"①这样的环境不适合孩子。因此,蒙台梭利开始通过反复试验,为孩子创设属于他们自己的环境。

2. 生活中的实践

蒙台梭利认为,儿童通过接触生活世界学会辨别声音、味道、颜色,培养触感。他想探索世界,就要不断使感官受到冲击。蒙台梭利告诉我们,要给孩子一个真实的世界,比如:带孩子散步,他们可以看到平坦的土地、远处的地平线、曲折的山脉、蜿蜒的河流、树的垂直线、树干和树枝上的圆柱体以及树上的水果等;再比如:几何柜的托盘可以帮助孩子们观察大地和天空展现的圆形、直角三角形、正方形、六边形和螺旋等。孩子们喜欢看岩石和晶体,若玫瑰石英钟在班里摔坏了,孩子们会用放大镜观察,并惊讶地发现这些碎片无论大还是小都显示出相同的内部结构。另外,当水族馆中的一条鱼死亡后,教师可以将其捞出,让孩子们更仔细地研究其结构。孩子们使用放大镜检查鱼的各个部分后,会绘画并对作品上色,还会进行泥塑等。还有,叶子形状的植物学柜子也是孩子们用以进行自然研究的设备。孩子们喜欢在生活中寻找各种叶子,以匹配柜子中陈列的叶子,这会帮助他们在真实的环境中寻找到更多的叶子。再比如:鸢尾植物的花朵开成六角形,玫瑰的花萼开成五角形,这能促使孩子们发现对称、和谐和形态多样的美丽秘诀,进而帮助孩子们根据嗅觉对气味瓶进行分类。在这种情况下,孩子们"嗅觉几乎比任何其他感觉都具有回忆的力量,可惜我们很少使用它"②。

蒙台梭利的天才智慧在于她及早地认识到我们主动把大自然的遗赠丢弃的现实,并能够将科学和哲学原理结合到一个被称为"蒙台梭利方法"的综合教育体

---

① SUTTON A. Educating for ecological sustainability: Montessori education leads the way [J]. Montessori Life, 2009 (4): 18-25.
② CARSON R L. The sense of wonder [M]. New York: Harper Collins, 1989: 83.

系中，该系统的核心就是为儿童准备环境。蒙台梭利的环境以学习者为中心，教师和学生都能为课程做贡献。蒙台梭利幼儿园的教师训练有素，观察能力强，不断自我评估，消除教育障碍，将学生与学习材料联系起来。当学校环境中出现问题时，学校可以提供审查和解决问题的框架。如果儿童需要在某个领域进行补救，则可以在教师或同伴的帮助下，在他的个人工作计划中纳入更多的课程和练习。如果同一名学生在另一个领域表现出色，他将能够再次通过使用在整个班级结构中实施的个人工作计划，继续在该领域取得进步。如果出现同伴欺凌问题，则有每天的"上线时间"或社区聚会时间，在此范围内允许儿童安全、有礼貌地讨论问题，通过小组解决问题的方式进行解决，并将其作为日常活动的一部分加以实践学习。

（二）学科课程准备好的环境的布置

1. 准备好的数学环境

正如蒙台梭利博士经常提到的那样，地理、生物学和数学不在书本中，而在生活中。这些知识的学习绝不能与自然世界分离而孤立存在，自然世界是并且一直是所有人经验的来源。但现代的孩子被迫只吸收结论，因此他们失去了探索的兴趣。这是当前教学系统中的一个基本缺陷——为了性能而不是为了孩子的兴趣赋予他们知识。蒙台梭利认为："无关紧要的推动力不能引起兴趣，因为兴趣是一种内在的渴望，源于一种内在的积极感觉。比如，当您进入一个房间，注意到墙上的一幅歪歪斜斜的图片，你对其进行调整时，你其实已经运用了天生的测量感。当您听到刺耳的声音时，您就会表达出对和谐的渴望。动物具有自然的方向和距离感，从未学习过工程学的蜘蛛会织出近乎完美的螺旋网；大多数鸟类在筑巢时都会遵守对称性原则。"① 所以，蒙台梭利建议，我们必须将自然界的这些事实介绍给孩子，让他们自己发现并探索自然界的奇观。孩子们应该在这样的环境中学习数学。

另外，作为成年人，我们也应该为儿童提供各种餐具供他们分类，让他们计算午餐需要多少个盘子，提供衣物供他们精确折叠，重复这些技巧，自然会为孩

---

① GEOFFREY B. Learning through nature: A real-life testimonial [J]. New York: Montessori Life, 2013, 25 (3): 26-31.

子的智力发展带来完美的效果。当我们把孩子带到户外时，孩子可以像早期的先人一样，通过在田野里走几步来观察阴影，学习度量和形状。这种类型的活动会使孩子们对数学感兴趣，而不必记住书中的事实和原理。完成此操作后，这些感官探索者将能够通过操纵、实验和发明开始他们的数学之旅，完美地实现了从具体到抽象的过渡。

2. 准备好的语言环境

语言是人类思维中最伟大的抽象体，其主要目的是沟通。蒙台梭利语言材料侧重于两个方面：口语和书面语言。年幼的孩子是"准备好的环境"的探索者，成年人应该准备好足够的口语课，以丰富孩子们室内和室外环境中的词汇量。当然，成年人是环境中最大的语言资料提供者，语言课程的丰富程度和质量由他们决定。语言培训包括故事、诗歌、图片，教师和孩子们一起讨论他们生活中普遍感兴趣的主题。在大自然中，成年人可以讲述有趣的动植物栖息的故事等。书面语言可以从有声游戏和砂纸字母开始，再到创造性阅读和写作，最后是句子分析。创作性写作在很大程度上取决于孩子的经历。因此，"准备好的环境"应为孩子提供体验的机会：涉及丰富词汇、探索艺术和科学的活动时，让儿童自主自由地在"有准备的环境"中体验。成年人在这里的作用是鼓励孩子发展，确保每个孩子受到自然法则的引导，并在现实世界中体验。这些内容对孩子来说都是无价之宝。

以儿童需求为基础的蒙台梭利课程研究显示，发展儿童的最佳途径是与大自然接触。蒙台梭利的课程是基于她的研究发现而设计的，它使儿童能够与自然建立联系，目的是教育儿童并提高他们的环境意识。蒙台梭利认为，教育就是激发生命、充实生命，协助儿童用自己的力量生存下去，并帮助他们发展精神。所以，她认为，教育应该以孩子的生命活动为中心，它是协助孩子生命的活动，而不是主宰孩子生命的活动。

蒙台梭利"有准备的环境"的提出，对改变当时乃至现在的幼儿园教育起着非同寻常的作用，引发了世界各地的普遍重视。尽管我国现代课程模式比以往更复杂、细致，主题性更强，课程的设置更体现中国文化和中国特色，但思想的发展总是离不开前人的智慧，认同、传承、创造并不断超越它们是学前教育学人的使命。

小结：理解表现的不同程度

本章有关自然教育思想家对课程体系的讨论，对不同思想家的课程体系表现出了深浅、宽厚等不同程度的理解。

（一）作品的观念通过素材和独特的领域表现出来

作者的基本意愿只能通过基本素材和其领域这两个环节的一致性才能够被理解和表现出来。尽管典型的写作动机仅对作品的某些章节有影响，但可以通过它对其他章节的影响而形成作品的特征。本章所涉及的夸美纽斯、卢梭、福禄培尔以及蒙台梭利的自然课程，我们并不能从这些思想家的著作中直接找到，而是笔者依据作品的基本素材以及将同一作者不同作品或同一作品不同章节的内容关联起来，形成了较为完整的自然教育课程体系。"如果我们知道主题是为谁而写的，什么影响作者的撰写，那么我们的解释就被制约了……"① 从这个角度来说，本章的研究，并不是去追溯这些思想家的作品是为谁而写，又是什么影响了作者撰写这些问题，而是站在当下的时代立场，从中截取合适的内容进行分析。

（二）处理好讲话者和听话者之间的关系

如果思想和思想的联系这两者关涉同一思想，那么在同一语言条件下，理解就能自行产生。但是，在任何情况中，总是有某种思想差别存在于讲话者和听话者之间，但这种差别并不是不可消除的。甚至在日常生活中，如果一个人在同一且明确的语言环境中倾听另一个人讲话，并向他提出理解他讲话的任务时，那么这个人就在他与另一个人之间设立了一种差别。不过，在一个人想理解另一个人的任何情况中都存在这样一个前提，即这种差别是可消除的。但无论如何，笔者为尽量消除这种差别，做出了一定程度的解读：夸美纽斯制定的跨自然的学制，创设出百科全书式的，包含了婴儿、幼儿以及青少年的显性与隐性的自然课程体系。卢梭的实践性的课程体系，包含了婴儿期（身体）、儿童期（感官）、少年期（理智）以及青年期（道德）的自然课程体系，每一个时段都有每一个时段的课

---

① 弗里德里希·施莱尔马赫. 诠释学讲演（1819年讲演纲要）[C] // 洪汉鼎. 理解与解释——诠释学经典文选. 北京：东方出版社，2001：68.

程重点，但整个人生关键的教育时期，卢梭反复强调所有的课程内容应该有它的主阵地，即在自然和生活中实践，满足了这些条件便是最好的教育。福禄培尔的显性课程体系包含了宗教、科学、语言、艺术、工作，所有这些以恩物操作、实地劳作以及游戏的方式表达出来。蒙台梭利的生命课程体系，体现在成人在"有准备的环境"中对儿童进行生命的教育，包括关爱的课程、审美的课程、宇宙的课程。在解读本章所涉及的思想家的课程问题时，笔者和作者之间对文本的解读存在差别，而且，尽管笔者试图消除这种差别，但是这种巨大的差别依旧是存在着的。

（三）表达的遗漏与理解的补充

根据伽达默尔的说法，作品的来源（作者）对读者的影响仅次于解释器和解释内容文本之间相互作用的影响。"语言是表达意义的唯一方式，然而，任何表达中总会遗漏某些东西，而某些意想不到的东西也总是会被表达出来。"[①] 从这个意义上讲，误读的作用通常被贬低，关键是作品本身以及解释者理解作品真理时发生的偏见。像本章所叙述的夸美纽斯的全纳课程、卢梭的实践课程、福禄培尔的表达课程以及蒙台梭利的生命课程这些课程形态，尽管作品都或多或少地有所反应，但是作者本人并没有对此进行系统阐述，所以，笔者对作品的阐释及与之紧密联系的考证乃是本章的出发点。笔者对文字里所包含的东西进行处理，都是个人艺术和技巧的表现。对于历史上思想家表达的动机，我们可能犯错误，也可能对他们的动机传播存在误解。伟大诗人或发明家、哲学家等人的作品，永远只能是他们灵魂升华的真实表现，在这个充满谎言的人类社会里，或许只有作品才是永远真实的。

（四）理解表现不同的程度

理解能够表现出程度的不同，这首先受解释者兴趣所制约。如果兴趣是受限制的，那么理解也是受限制的。"我们只从中确立一个在实践上对我们来说是重

---

① GADAMER H G. Truth and method [M]. 2nd ed. New York: Sheed & Ward, 1999: 463.

要的观点，而对说话人的内心生活没有兴趣。"①

　　本章对夸美纽斯、卢梭、福禄培尔以及蒙台梭利的课程体系着墨较多，主要是基于笔者的兴趣，从作品中剥离了笔者认为有用的东西。尽管维柯在对大学生进行六次开学典礼的演讲时，也谈及课程，强调智慧、审慎和言说的重要性，但是其言说对象是大学生，与本文的对象不同。另外，《新科学》研究的是人类民族婴儿的发展与教育问题，这种教育，放眼于整个人类社会，包括语言、历史、科学和道德等所有领域，一切课程体系全部围绕他的"真理即创造"的认识论展开，即强调课程的体系体现在"做"中。本文没有谈及维柯的课程体系，主要是他的讨论并没有引起笔者足够的兴趣。所以，本章对思想家课程体系的阐释受限于笔者的兴趣。

---

① 威尔海姆·狄尔泰. 诠释学的起源（1900）[C]// 洪汉鼎. 理解与解释——诠释学经典文选，北京：东方出版社，2001：76.

第四章

ZIRAN JIAOYU DE FANGFALUN

自然教育的方法论

方法论是指人们在世界观的指导之下认识世界、改造世界的一般方法，也就是人们用什么样的方式、方法来观察事物和处理问题。本章基于辩证唯物主义的方法论，坚持实践是检验真理的唯一标准，从自然教育的生态系统论、个性发展论、教劳结合论和实践经验论入手，阐释教师（成人）应采用何种方式、方法引领儿童走进大自然并关注儿童的全面发展，也就是如何实施儿童自然教育的问题。

第一节　生态系统论

自然教育是一个大体系，它是一个多样的、开放的、综合的大系统。它具备了系统科学所具有的整体性、非线性、远离平衡态、自组织性和反馈性等特点。这一方法论，在夸美纽斯的自然教育方法中得到了充分的体现。夸美纽斯在长期的观察和思考中，发现了学生厌学的原因在于教师（成人），教师（成人）通过好的教育方法引导可以让学生对学习产生兴趣。那什么才算是好的教育方法呢？大自然能够为教育提供一切，那么在进行教育的过程中，成人坚持顺应自然的原则进行教育，就是最好的教育。在夸美纽斯的教育体系中，成人的角色就是自然服务者，"老师像医生一样，是自然的仆人，而不是自然的主人"[1]。夸美纽斯之所以能够提出自然顺应性的重要主张，原因在于两方面：首先，在启蒙运动时期，自然科学迅速发展，自然观察和实验法在17世纪应用更加频繁。夸美纽斯把文艺复兴以来"引证自然"的思想充分地运用于教育中，力求探索自然法则对教育结果的影响。在他看来，自然不仅是发展变化的，而且具有一定的发展规律，自然的发展规律就是宇宙万物发展的根本规律。其次，夸美纽斯对当时的旧教育有着强烈的

---

[1] COMENIUS J A. The Great Didactic of John Amos Comenius [M]. New York: Russell & Russell, 1964: 289.

不满，认为不符合儿童天性的教育是对儿童天性的扼杀，教育必须遵循规律，必须进行全面的改革，才能事半功倍，才能让知识、德行和虔诚的种子发芽、生长。

一、学校自然教育的方法

自然并不是混乱地运转，而是在前进过程中准确无误地遵循秩序原则。秩序是事物的灵魂，其运转的过程取决于各个部分的协调工作。基于自然的秩序法则，夸美纽斯反对进行单纯的书本教学，提倡首先应"以自然为向导""步自然后尘"，向大自然学习，通过实践获得真正的知识。

（一）自然教育的具体方法

1. 遵循婴儿自然发育顺序

夸美纽斯认为新生儿的教育一定要按照自然的顺序进行：新出生的婴儿主要任务是吃饭、喝水、睡觉、消化和成长；在第二年或第三年，他们开始了解爸爸和妈妈是什么，食物和饮料是什么；在此之后不久，他们开始理解什么是我们所说的水、火、风、冷、热、牛、小狗等自然事物的一般种类，孩子们的看护人或者女仆们会在爱抚他们的胳膊时或在抱着他们的时候，通过指着动物说"看，这是马，这是鸟，这是猫"等直观方式将这类知识教给他们；在第五年和第六年，他们开始在探索自然事物的附加知识上取得更多的进步。① 婴儿的认知发展有一定规律，遵循着大自然赋予婴儿身体发育的顺序，施以合意的教育，顺着他们的需求进行，一切都会进行得自然而然。

2. 培养儿童的自然规则意识

夸美纽斯认为世间的万事万物都遵循着一种规则和秩序："规则，即把一切事物教给一切人的艺术中起支配作用的原则，应当能够、也只能从大自然运转的源泉中借鉴。一旦这条原则得到彻底确认，人事的进程就会进行得像大自然的运转那样容易、自动。"② 这是自然教育的理念，即要留意大自然的运转，并模仿它。

---

① COMENIUS J A. Comenius' school of infancy: An essay on the education of youth during the first six years[M]. Boston: D. C. Heath and Company, 1901: 36.
② 夸美纽斯. 大教学论·教学法解析[M]. 任钟印, 译. 北京: 人民教育出版社, 2006: 95.

夸美纽斯甚至将规则比喻为灵魂："人们把规则叫做万物的灵魂。因为每一种秩序井然的事物，只要能保持它的规则，就能保持它的地位和力量；一旦它不能保持其规则时，它就会衰弱下去，摇摇欲坠，以致死亡。"① 规则无处不在，无规矩不成方圆。比如说，在幼儿园里，教师都会引导儿童遵守园里的各种规定，如果儿童不遵守这些规定，一则对个人习惯的养成不利，二则会在一定程度上损害其他小朋友的利益，以致让其他小朋友排斥。每一种服从自然命令的生物都将它的行动约束在恰当的限度以内，因而只有在细节上小心地遵守规则，宇宙的规则才能得以维持。

3. 采用非强迫式教育

夸美纽斯说："如果教育法要激起对知识的爱好，它就首先必须是自然的，因为自然的东西是不用强迫进行的。"② 例如：水从山坡上流下来不需要强迫，如果将挡住它的堤坝或别的东西清除掉，水就会立即向下流；没有必要劝说鸟儿飞翔，鸟笼一打开，它就立即飞出去了。在任何情形下，只要符合幼儿的需要，他们就会自然而然地去做。

另外，由于幼儿总是试图模仿看到的东西模仿别人，因此应该允许他们尽可能地拥有各种东西。当然，要排除可能对他们造成伤害的东西，如刀子、斧头和玻璃杯等。如果不方便的话，幼儿园就应该购买玩具以代替真实的事物，如铁刀、木剑、犁、小马车、雪橇、磨坊和建筑物等玩具。在自发地摆弄这些物体的过程中，儿童会自娱自乐，从而使自己的身体保持健康，动作更加敏捷，头脑充满活力。与精神和身体所能占据的任何事物相比，静止状态对儿童来说会更为有害。儿童很高兴建造小房子，比如用黏土、碎屑、木材或石头建造墙壁，从而展示他们建筑上的才气③。简而言之，只要孩子们喜欢玩耍，只要他们不会受到伤害，成人就应该满足而不是限制他们。

（二）具体学科的自然教育方法

成人会在孩子很小的时候就教导他们掌握有关自然事物和其他事物的知识，

---

① 夸美纽斯.大教学论·教学法解析[M].任钟印，译.北京：人民教育出版社，2006：89.
② 夸美纽斯.大教学论·教学法解析[M].任钟印，译.北京：人民教育出版社，2006：122.
③ COMENIUS J A. Comenius' school of infancy: An essay on the education of youth during the first six years[M]. Boston: D. C. Heath and Company, 1901: 45.

但具体应该如何去做呢？夸美纽斯认为，教育应当在儿童年龄允许的范围内展开，即根据他们的能力去做。以下将从不同学科的角度展现夸美纽斯教导儿童循序渐进地学习自然知识的教学案例。

1. 科学教育

夸美纽斯非常重视儿童的科学教育，倡议将在科学、艺术、道德和虔诚的教学中所取得的经验汇总在一起，以便改善教育过程，使教学变得"轻松、彻底和快速"①。在进行科学教育的时候，教师需要注意以下几个问题："（1）保持纯洁的头脑；（2）靠近观察的事物；（3）保持高度的注意力；（4）按照适当的方法有序地研究物体。"②如果教师能够做到这四个方面，儿童将轻松、确凿无疑地理解事物："我所说的术语是指确定、真实和有用的事物，它们可以促进幼儿感官的发展和想象力的产生。"③所谓事物是指感官察觉的某些真实的、有用的事物。摆在孩子们的智力面前的所有事物必须是真实的事物，而不是事物的影子。因为知识的开始必须始终来自感官，科学的真实性和准确性比其他任何事情都更依赖感觉的证明。感官是记忆最值得信赖的仆人，因此，一个人如果可以广泛使用这种感官知觉方法，那么他就可以在获得知识后永远记住它。如果教师想让学生理解知识，就必须首先引起学生的注意，以便他能以贪婪的状态吸收知识。如果教师想清楚地让孩子们看到、理解某些东西，则必须：（1）将物体直接放在眼前；（2）与观察的物体保持一个合理的距离；（3）不要让物体的前端离开观察者，而是对着他们；（4）首先看整个物体；（5）然后区分其部分；（6）从头到尾检查每一部分；（7）注意每个部分；（8）直到了解其主要特性。④整个科学教育重视儿童的感官及处理好整体与局部的关系，这充分体现了他的直观性教育原则。

夸美纽斯还补充道，在进行科学教育的过程中，除了上面进行科学观察的时候要注意的八个问题外，还应遵守以下九条规则：（1）必须教授我们应该知道的

---

① 夸美纽斯.大教学论·教学法解析[M].任钟印，译.北京：人民教育出版社，2006：89.
② COMENIUS J A. The Great Didactic of John Amos Comenius [M]. London, A., and C. Black, 1907: 183.
③ COMENIUS J A. The Great Didactic of John Amos Comenius [M]. London, A., and C. Black, 1907: 183-184.
④ COMENIUS J A. The Great Didactic of John Amos Comenius [M]. London, A., and C. Black, 1907: 188.

事情。(2) 我们所教的东西应该是人类在日常生活中使用的，我们应该为特定的目的而教。(3) 所有的教学都应该坦率、简单。(4) 所教授的一切都必须考虑其本性和渊源。也就是说，要教授事物形成的原因，应该遵循"知识在于探究原因，感知依赖理性指导"的原则，教学方法应基于自然方法。(5) 如果你想学习任何东西，必须首先解释其一般原理，然后再考虑其细节。(6) 事物的所有部分，即使是最小的部分，在学习时都必须了解它们的顺序、状态和彼此之间的关系，无一例外。(7) 所有的事情必须按照顺序进行，一次只教一件事情。(8) 直到孩子们彻底理解了一门学科后才教另一门学科。(9) 我们应该强调事物之间的差异，以便我们能够弄清楚并理解我们所获得的知识。① 在这九条规则中，夸美纽斯强调了科学教育的目的、原理和方法，以及它们都需要遵循的自然原则。科学教育，只有遵循自然科学的原则，方能事半功倍。

下面再以夸美纽斯光学教学为案例，看一下他是如何应用上述原则在大自然中教授这门学科的。当然，要用通俗的语言、循序渐进的学习原则告知教师和家长们如何利用好身边的自然事物。一年级，光学教学的目的是给孩子们呈现彩色和生动的实物，向他们展示天空、树木、花朵和自来水，将珊瑚绑在他们的手和脖子上，并给他们穿上漂亮的衣服等。通过自然物培养孩子的美感，这样，孩子对生活中的光学就极具好奇感，即使照镜子也能刺激他们的视觉和头脑的敏锐感。在第四年及以后的几年中，光学领域的学习内容应该增加。在这期间，应该将孩子们带入果园、田野或河流中，以便他们观察动物、植物、自来水、风车的转动以及类似事物。② 自然的美景在恰当的季节里自然地形成，在真实的环境里，孩子们自己看到的美景比老师和家长所能呈现给他们的要更多。到大自然中学习科学是一种非常适当的方法，让孩子自己睁开眼睛看自然比被迫睁开更重要。

2. 艺术教育

有关艺术教育，夸美纽斯也进行过细致的论述。他认为，理论是浅薄的，除了使人满意外，没有其他作用。相反，实践是困难而漫长的，但具有很强的实用性。艺术教育是实践的一部分，艺术创造需要准备三件东西："富有创意的模型；

---

① COMENIUS J A. The Great Didactic of John Amos Comenius [M]. London, A., and C. Black, 1907: 189-192.
② COMENIUS J A. The Great Didactic of John Amos Comenius [M]. London, A., and C. Black, 1907: 186-187.

一些可以打印为新形状的材料；可以帮助工作的工具。"[1] 准备好模具、材料和工具后，就遵循以下步骤来学习一门艺术：学生先熟悉整个过程，其次是教师熟练地指导，最后是学生不断地练习。当然，除了这三个步骤外，要学习艺术，还要遵循以下十条规则："（1）必须从实践中学到一切。（2）必须始终有一个清晰的模型来说明应该做什么。（3）工具的使用应通过实践而不是用文字来表明。也就是说，我们应该依靠实例，而不是指令。儿童以这种方式学习走路、跑步、说话和玩耍。他们从模仿中学到东西，不需要有任何硬性规定。（4）实践应该从基础开始，而不要从雄心勃勃的工作开始。（5）初学者应该首先使用熟悉的材料进行练习。（6）应该准确地模仿指定的形状，然后给予更多的自由度。（7）事物的模型必须尽可能地做好，以便模仿的人能达到自己艺术的完美境界。（8）第一次模仿应尽量正确，不要偏离模型。（9）教师必须现场纠正错误，但同时也必须予以教导，这是规章制度之外的要求。（10）完美的艺术教学基于综合和分析。"[2]

我们除了希望在每种艺术中将完整、准确的模型或该艺术可以产生的一切实例提供给学生外，还应该教给他某些规则，指导他模仿工作，向他展示如何避免犯错误及如何在犯错误后进行纠正，帮助他完成流程。这样，学生将会更轻松地运用规则，挖掘出自己潜在的艺术才能。对艺术的学习，夸美纽斯强调："必须不断进行练习，直到艺术创作成为第二天性为止，因为只有实践才能产生出艺术家。"[3] 维柯的观点与夸美纽斯的相反，前者重视本能，后者重视后天的实践。

夸美纽斯认为："艺术应该从基础开始，从简单到困难，逐步提高素养。"[4] 他在《大教学论》一书中具体讨论了美术教学的相关内容，并在把握美术活动特点的基础上提出了"生活是艺术的源泉"的美术教学原则，通过将艺术与日常生活联系起来，学生可以提高对艺术的认识，学会用艺术的眼光观察生活，以艺术的

---

[1] COMENIUS J A. The Great Didactic of John Amos Comenius [M]. London, A., and C. Black, 1907: 193.

[2] COMENIUS J A. The Great Didactic of John Amos Comenius [M]. London, A., and C. Black, 1907: 194.

[3] COMENIUS J A. The Great Didactic of John Amos Comenius [M]. London, A., and C. Black, 1907: 202.

[4] COMENIUS J A. The Great Didactic of John Amos Comenius [M]. London, A., and C. Black, 1907: 199.

方式表达生活、美化生活，提高生活品位。在当今的儿童美术教学中，我们将美术培训与综合素质培养结合起来，儿童通过美术教学，不断适应当今社会发展和学生终身发展的需要。夸美纽斯在美术教学领域提出的艺术生活化的教学原则，对我们当代儿童美术教学仍具有参考价值。

如同柏拉图与亚里士多德一样，夸美纽斯除了强调美术的重要性外，还非常重视音乐。他认为音乐的学习是一种自然的学习："音乐对我们来说尤其自然，因为一见到光，我们就立刻唱起天堂之歌，从而使我们想起我们的秋天。……外部音乐能够使两岁的孩子高兴，例如唱歌和打击乐器。因此，他们应该享受于此，以使他们的耳朵和心灵被和谐的氛围（或'音乐'）所抚慰。"①

除了强调音乐的重要性，夸美纽斯还提出了针对儿童年龄段的唱歌方法："在唱歌时，儿童胸腔内部器官处于和谐状态的同时应和心脏共鸣。儿童对歌舞有着最强烈的渴望，即对有节奏的声音和动作的渴望。"①相比其他所有的艺术，音乐最早在儿童心中觉醒。音乐满足了儿童天性中对快乐的需求，这有利于他们形成健全的心灵。当然，合乎科学要求的歌唱还能够促进儿童的肺部、气管、喉咙、声带的发育。纵观历史，世界各国的儿童都在唱歌中度过，唱歌活动在每个人的童年时代中都重复出现。

夸美纽斯主张一切的艺术教育应该在实践中进行。工匠并不让学徒埋头于理论中，而是让他们尽早从事实际工作，因此学徒们学会了锻造、雕刻和绘画。在学校里，则要让学生在生活中体验艺术，在实践中学习绘画、手工、歌唱等。这样，学校将变成繁忙的工作坊，努力工作取得成功的孩子将体验到巨大的快乐。夸美纽斯对艺术教学方法系统而深刻的理论阐述具有重大的现实意义。

3. **语言教育**

理智和语言，是夸美纽斯区分人与野蛮动物的两个标准，前者是为了自己的利益，后者是为了他人的利益，两者同样重要。这样人类的心智才能得到平等的训练和锻炼。因此，他在教学中刻意增加了一些有关语言教学的内容，例如何时以及如何讲授语法、修辞学和诗歌的原则。

---

① COMENIUS J A. Comenius' school of infancy: An essay on the education of youth during the first six years[M]. Boston: D. C. Heath and Company, 1901: 48.

（1）语言的教育顺序。

夸美纽斯认为，事物的观念必须先于语言。关于语法教授的最佳时间，夸美纽斯建议："对某些聪明的孩子可以在他们入学的上半年就开始，但对大部分孩子，通常要到第一年年底再开始教授，但可以早一些时候教授他们字母，如 a、e、i；也可以教授音节，例如 ba、ma、ta 等。在接下来的一年中，当孩子们能够完整发出整个单词时，便可以教授他们完整的音节。在最开始的时候，建议教师或者家长向儿童说出孩子容易发音的单词，如'tata''mama''papa''nana'等。此时，由于婴儿发音的舌头有些僵硬，发音会变得松散。母亲、姐姐或随从们应该正确地、清晰地教给他们较短的字母和音节，等到他们熟悉后，再教他们整个单词。随着孩子们的舌头变得柔软，他们就能学更长的单词，并能够长时间地说话。但由于一些孩子天生呆板迟钝，有时教学需要根据情况适度进行。当儿童到了第四、第五和第六年的时候，只要不断练习，语言就会随着儿童对事物认知的增加而增加。"① 在这段时间内，教师应该经常询问儿童"这是什么""你在说什么""这个叫什么"等，② 以引导、鼓励他们开口说话，并始终要注意他们能否清楚地说出答案。在《世界图解》中，夸美纽斯坚持认为，单词必须描述实物，如果没有实物就需要用图片代表实物，通过使用图片来帮助儿童学习语言。这就是他鲜明地践行直观性教学原则的表现。

（2）语言的教学原则。

因为认识到语言教学的重要性，夸美纽斯提出了一套语言教学方法，对语言教学提出了一系列建议和指导，具体有以下原则："①每种语言应单独学习。应该始终在学习一种语言之后再学习另一种，而不是同时学习两种语言。否则，两者会混合在一起。②每种语言都必须用一段时间来学习。③通过实践学习所有语言比通过规则学习更加容易。④规则可以帮助儿童增长实践知识。⑤语言形成的规则应该是语法。⑥在为新学习的语言编写数字规则时，我们必须始终记住：业余爱好者学习语言仅强调两种语言之间的差异。⑦学习新语言时，必

---

① COMENIUS J A. Comenius' school of infancy: An essay on the education of youth during the first six years[M]. Boston: D. C. Heath and Company, 1901: 50.
② COMENIUS J A. Comenius' school of infancy: An essay on the education of youth during the first six years[M]. Boston: D. C. Heath and Company, 1901: 51.

须从熟悉的科目开始练习。⑧所有语言都可以通过练习的方式习得。"① 对于语言的学习，要通过听、读、重读、复制和模仿，并尽可能频繁地操练，才可以熟能生巧。

学习语言，应该从简单到复杂。首先要学习最基本的单词，之后再造句子，然后逐渐增加词量，最后才是语法。学习语言也与环境相关。环境能发挥作用的原理是，在某种语言环境中，我们可以模仿周围人的说话方式，然后逐渐掌握该语言。除了在语文教学的时候遵循上述的原则外，夸美纽斯还强调，语言是使一个人成为博学者或智者的重要因素，是我们获取知识并将其传授给他人的主要手段。

（3）修辞学的教学原则。

夸美纽斯还将语言学拓展到了修辞学领域。他认为，人早在婴儿时期就可以被教授诗歌。在这个基础上，只要我们始终采取合理的行动，奠定修辞学的整个上层建筑就不是不可能的。孩子一旦开始理解单词，就会喜欢上韵律和节奏。当一个孩子因跌倒或受伤而哭泣时，成人可以用这些或类似的韵律来抚慰他："我亲爱的宝贝，你为什么要跑？亲爱的宝贝，不要哭泣，闭上你漂亮的眼睛睡觉觉。"② 优美的节奏和韵律会令婴儿感到非常舒服，他们立刻安静下来，甚至还会随着音乐笑起来。柏拉图也强调过："良好的语言和和谐、优雅的节奏都取决于良好的天性，这是一种真正善良且崇高的思想品格。"③ 稚嫩的诗歌教学的基础在于教师们要了解一些韵律和诗句，因为孩子们是可以理解什么是节奏和诗歌，听懂基本的诗句的。

在修辞学语言的使用上，夸美纽斯与文艺复兴时期的学派背道而驰，后者从一开始就用拉丁语代替了母语，而夸美纽斯大力抗议这种做法，希望用孩子的母语教授他们语言。夸美纽斯是第一个认识到需要用母语进行语言训练并将婴儿与儿童的概念分开的伟大的改革者和爱国者。

---

① COMENIUS J A. The Great Didactic of John Amos Comenius［M］. London，A.，and C. Black，1907：202.
② COMENIUS J A. Comenius' school of infancy: An essay on the education of youth during the first six years［M］. Boston: D. C. Heath and Company，1901：54.
③ COMENIUS J A. Comenius' school of infancy: An essay on the education of youth during the first six years［M］. Boston: D. C. Heath and Company，1901：58.

夸美纽斯一生坚持"向所有人传授所有知识"的理念，并为教育和教学领域做出了巨大贡献。

二、家庭自然教育的方法

在西方教育史上，有多位思想家谈及家庭教育，夸美纽斯是其中第一位系统著书立说的思想家，其家庭教育思想在著作《母育学校》中得以系统阐述，覆盖了孩子生命中的最初六年，为儿童以后的生活奠定了基础。"在最初六年间，孩子们了解了石头、植物、动物以及自己的身体器官的名称和用途，学会了区分浅色和深色、摇篮的位置、农场和田地、街道和田野、光明和黑暗，受过适度、纯洁和服从的训练。"① 在当今的早期儿童家庭教育中，夸美纽斯的许多观念都在现实中得到充分的实践。在夸美纽斯之前，没有其他思想家能够像他那样理解婴幼儿期的教育意义以及家庭教育的重要意义。

（一）父母的养育职责

1. 母亲养护之责

夸美纽斯是继柏拉图和亚里士多德之后重视优生优育的思想家。他说过，母亲是孩子的第一任教师，母亲应该担负一定的职责，尤其是对准妈妈，务必要自我克制与规范。这些职责如下："（1）母亲要养成良好的饮食习惯，以免因饮食过量或过于节制、腿抽筋、输血、畏寒等而使身体处于虚弱或心理处于沮丧状态，从而使身体容易受伤或消瘦，这有可能会使他们的后代虚弱。（2）准妈妈走路要小心，否则可能绊倒或撞击到任何东西。因为绊倒等原因而导致抵抗力弱的准妈妈的胎儿可能会受伤。（3）准妈妈有必要严格控制自己的情绪，以免产生突然的恐惧，或陷入过度的愤怒，或使自己的内心烦恼或痛苦等。除非她注意这些事情，否则她会生出一个胆小、焦虑又忧郁的婴儿。而且，更糟的是，突然的感到恐怖和过度的情绪可能会导致流产，或者至少会生产出非常羸弱的婴儿。（4）在外在行为方面，母亲应注意不要过度沉迷于睡眠、过度懒

---

① COMENIUS J A. Comenius' school of infancy: An essay on the education of youth during the first six years [M]. Boston: D. C. Heath and Company, 1901: 09.

惰，而应尽其所能地、敏捷地正常工作。因为如果她现在这样，可能她的后代也会是这样。关于其他注意事项，熟练的医生、敬业的护士长和护士将提供必要的建议。(5)孩子出生后要立即对其进行适当的清洗，以让其感到舒适和温暖。"① 夸美纽斯之所以如此强调准妈妈自身行为规范的问题，是因为他了解当时很多准妈妈因不良行为而导致婴儿受害的情况。① 这些优生优育的思想，至今仍具有重大的借鉴意义。

2. 满足儿童精神需求，重视儿童的灵魂发展

父母不仅要关注儿童的身体发育，更要满足儿童的理性和精神需求。如果父母仅仅教导他们的后代如何吃饭、喝水、走路、说话、穿衣服的话，他们算不上充分履行职责。因为这些活动只是屈从于儿童的身体，而不是顺应他们的心理。理性的灵魂居住在身体的内部，理所当然地要求比身体获得更多的照顾。夸美纽斯对社会中父母施行的不良教育感到心痛，他批评那些一味替儿女聚敛财富的父母，说他们既不教养自己的儿女，也不珍惜他们的智力。他建议："首先应该照顾的是儿童的灵魂，这是人的主要组成部分，以便它可以在尽可能高的程度上成为美丽的装饰；其次才是照顾儿童的身体，使他们的身体适合生存。"② 受到一定教育的家长能够分清主次，因为受过教育的人具有以下三个方面的品质："(1)信仰与虔诚；(2)品行端正；(3)拥有语言和艺术知识。"③ 作为家长，需要先成为高素质的人，再成为合格的父母。普卢塔赫(Plutarch)曾经对那些渴望孩子的美丽、拥有的财富和荣誉并努力在这些方面督促孩子的父母表示蔑视，因为那样的话，就很少会有人用虔诚和美德来修饰灵魂。

（二）赞成母乳喂养

继柏拉图提出优生优育、强调母乳喂养的思想后，夸美纽斯亦赞成母乳喂养，他利用大自然的案例论证了母乳喂养的重要性。首先，母狮、豹和其他凶猛

---

① COMENIUS J A. Comenius' school of infancy: An essay on the education of youth during the first six years[M]. Boston: D. C. Heath and Company, 1901: 24.
② COMENIUS J A. Comenius' school of infancy: An essay on the education of youth during the first six years[M]. Boston: D. C. Heath and Company, 1901: 09.
③ COMENIUS J A. Comenius' school of infancy: An essay on the education of youth during the first six years[M]. Boston: D. C. Heath and Company, 1901: 10.

的动物都用自己的乳汁滋养后代,人类母亲的爱子之情难道比这些动物母亲的还少吗?其次,母乳对婴儿的健康有很大益处。由于婴儿在出生前就被母体之内的血滋养,因此孩子们可能更接近父母的性格和特点,再"通过某种神秘力量的转化,乳汁会具有根据其原始形式塑造身心的力量"①。夸美纽斯甚至还将母乳喂养与母亲的职责联系起来,他认为"母亲拒绝母乳喂养自己的孩子违反了母亲的职责"②,母乳喂养符合生物界的衍生规律,是自然教育的一部分。夸美纽斯自然教育的种种方法,经历了漫长的科学宣传,到现在已经广泛为人们所接受。每当我们提起与其有关的科学育儿观念时,更应感念包括夸美纽斯在内的、为婴幼儿全面发展呐喊的思想家。

第二节 个性发展论

儿童的个性发展主要指儿童所具有的比较稳定的、具有一定倾向性的心理特点、思想和情感行为,是包括气质、性格和能力在内的品质的独特组合。个体之间的个性差异主要体现在由于个性心理倾向不同而造成的需求、兴趣、动机、信念和言行举止的不同上。自然教育采用的方法就是创设环境和条件,促使个体的不同人格特质充分彰显出来。在卢梭看来,自然不是冷冰冰的生物集合体,而是一位大师。其实,儿童比大多数成年人都更了解这个真理。所有的儿童都具有亲自然的本能,在自然的怀抱里,他们有所思也有所得,一切都进行得那么自然、那么和谐。大自然赋予人类生命,也为人类提供生存所需的工具。即使在婴儿时期,自然也会给予孩子们为了获得食物而大声尖叫的原始能力。在《爱弥儿》的第二卷中,卢梭主要讲述了应该如何教育处在 2 岁到 12 岁时期的孩子。他探讨了人发展的第一阶段,从出生到会说话前,人的发展特点和教育的主要任务为:对儿童进行必要的帮助和照顾,同时又不超出儿童的自然需要。首先,卢梭反对束缚婴儿的身体和心灵;其次,他还主张让孩子接受劳动、自由、平等、博爱的教育,让孩子能够进行自我支配,并可以通过自己的力量获得幸福。教师需要遵

---

① COMENIUS J A. Comenius' school of infancy: An essay on the education of youth during the first six years [M]. Boston: D.C. Heath and Company, 1901: 26.
② COMENIUS J A. Comenius' school of infancy: An essay on the education of youth during the first six years [M]. Boston: D.C. Heath and Company, 1901: 28.

循一定的自然规律以及具体的教育方法，而教育实践效果如何，则主要取决于教师的教育理念与教学责任感。

一、教师角色及职责

教师对自己角色的定位非常重要，因为这关乎学生的发展问题。《爱弥儿》所提倡的是一种大教育观，是理想状态下的教育。它具体表现在一位教师一生只教一人。从孩子出生起，卢梭就选择了一位"良师"陪伴爱弥儿的一生。相应地，卢梭也对"良师"提出了高标准要求：人格上，要具有独立人格；学识上，知识要渊博，要足以满足孩子每一个阶段发展的需求；精神上，要具有一定的引领作用；生活上，要能成为孩子的朋友。这位教师不是一般意义上的普通教师，而是一位全能的人生导师，既要在精神上引领，也要在生活上指导、在学习上辅导。大家要记住，卢梭给教师的定位不是一般的教师，不是夸美纽斯那种在同一时间段带很多学生的教师，而是只教一位学生的导师。卢梭对于教师的定位，正是像研究生导师那样，从事精英教育而非大众教育，采用引导式而非灌输式，采用学生自理型而非管理型的导师。尽管卢梭所提倡的导师角色在当下中国幼教/小学大班额的前提下是很难实现的，但是幼师或者小学教师应转变自己的角色定位，具有"导师"的教育理念，改变教师对于自身"知识的灌输者、课堂的管理者、生活的照顾者"等的角色认知，是很有必要的。

（一）良好的职业素养

自然教育中的教师，应该具有以下素养：

首先，教师要有忍耐心和审慎的态度。采用自然教育的方法，"要求我们必须耐心和谨慎，这一点是很多教师办不到的"[1]。当然，在现实的教育中，很多教师也只能做到一部分，做不到全部。比如：有些教师缺乏耐心，对儿童经常采取简单粗暴的教育方法，例如批评与训斥。作为教育者，在教育过程中要耐心地对待孩子，细心地观察孩子，发现孩子的问题，给他们更好的指导。

其次，要给予儿童自由的观念。要实施自然教育，就要顺应儿童的需求，可

---

[1] 让-雅克·卢梭.爱弥儿　论教育（上卷）[M].李平沤，译.北京：商务印书馆，1991：279.

教师若不站在孩子的立场上，怎么能够满足他们呢？在教育爱弥儿成人之前，爱弥儿不是在依靠导师，而是依靠他自己；要使爱弥儿听从导师的教导，首先就需要给他自由；要使爱弥儿积极求知，导师就需要躲藏起来，让爱弥儿主动找导师。所以，教育需要放手。在教育孩子的时候，我们要做的首先是给他们自由，让他们去发展，但这种自由也应该有一定限制。在自由发展的过程中，每当孩子们遇到困难时，便会向成人求助，如果成人趁着这样的机会教育他们，效果是事半功倍的。孩子们应该有自己的观察、思考和感觉方式，没有什么比尝试替代他们的方式更愚蠢的了。由于这个阶段孩子的思维能力与语言能力并没有完全地发展起来，如果教育者只是一味高高在上地进行理性或者说教的教育，孩子并不一定能理解话语中的意思，而可能会产生委屈、反叛的心理。所以在与孩子交流的过程中，成人要放下姿态，把自己也当作一个孩子，而不是一个站在制高点上的大人，借此方式实现"孩子"与孩子之间的心灵沟通。

再次，导师要有源于生活的、渊博的知识储备。当一个有责任心的教师觉得自己物质很贫穷时，就会自然而然地转向书籍，以获取在工作中找不到的灵感。无论物质上是否富足，基于自己的职业需要，导师也理应从大量的书籍阅读中获取知识储备、教育资源与工作灵感等。导师除了要有工作热情之外，还理应有渊博的基础知识，并将其运用于简单的手工艺术实践中。但导师所具有的渊博的生活知识与竞争性考试不同，卢梭认为竞争性考试更像是散发出一种虚假的热情，它与专业热情并没有什么共同点。教学本身需要具有一种精神，这种精神并非源于学习本身，而是源于教学艺术与生活的关系，就像律师利用他的知识来确保其客户的某些优势一样，导师也利用知识来确保其学生的利益。

（二）明确的培养职责

1. 创建师生同心之关系

尽管是只有一名导师和一名学生构成的教育系统，但卢梭坚持认为，在教育问题上，师生之间不可分离。当一个老师精心花费时间陪伴孩子成长，用心为学生付出时，学生便可以深刻体会到老师的关怀，进而对老师产生尊敬、亲近等感情，而这也会促进师生之间相互爱护和珍惜对方。作为爱弥儿的导师，应该和爱弥儿一同成长，共同学习和进步，"教学相长"在卢梭想象的教育中得到了充分的体现。卢梭说："当爱弥儿去学他的职业的时候，我也希望同他一块儿去学，因为我深深相信，只有我们一起去学他才能学得很好。"① 尽管卢梭只使用了短短的一句话，却深刻表达了师生关系的重要性。老师要爱学生，学生要尊敬老师。师生之间彼此信任，互相爱护，这是良好教育的基石。在这样良性关系的前提下，学生会更加喜欢学习，更喜欢探究真理，更甚者会受老师的影响，长大后继承老师的志业。而对于老师来说，受到学生的喜爱，老师便会愈发热爱教育这份职业，体会到这份职业的意义和价值所在，甚至将其当作他们毕生追求的事业。师生同心，教育成金。我们在教育孩子的时候，不要任由他们自己去探索，而是要作为观察者去适当地观察他们，作为引导者去合理地引导他们，使陪伴更为有效。和孩子一起成长，无论对于家长还是老师，都是必要的。因为这可以使成人克服他们对儿童的偏见与傲慢，从而体现他们对于儿童的关爱与平等观。但是，如果教育中存在着老师高压学生、学生告密老师，师生之间彼此戒备、相互痛恨的现象，颠覆教育中的基本伦理，无法形成良好的师生同心关系，学生们只依靠冷冰冰的教材去学习，这对于高质量教育的发展来说极为不利。因而，老师与学生之间，只有共同努力，相互爱护，彼此信任，在良好的师生关系中相处与学习，才能形成互利共赢的局面。

2. 培养儿童良好的习惯

良好习惯的养成在儿童的一生中都是极为重要的。卢梭强调："在身体的习惯未形成以前，你可以毫无危险地使他们养成你所喜欢的习惯；可是，一旦他们有了牢固的习惯，要作任何改变的话，对他们都是很危险的。"② 孩子的习惯一旦形成了就很难改变，所以说在培养孩子习惯之前要做好充足的准备，学会关注孩子、观察孩子。"为了使一个孩子养成事事留心的习惯，为了使他把某一个明显的真理印记在心，就必须让他对那个真理花几天的心思，把它弄个明白。"③ 如学习过程的培养，不能一味求快，在孩子没有吸收好已学的知识内容之前就不要继续往下进行，要让孩子去探索、去思考、去解决，这样他们所获得的就不仅是学到的知识，还有自己对一件事情的思考和解决方式。当然，儿童生活习惯的养成也不能忽视。当下几乎所有的幼儿园都重视培养儿童的一日生活习惯，甚好！

---

① 让-雅克·卢梭.爱弥儿　论教育（上卷）[M].李平沤，译.北京：商务印书馆，1991：272.
② 让-雅克·卢梭.爱弥儿　论教育（上卷）[M].李平沤，译.北京：商务印书馆，1991：24.
③ 让-雅克·卢梭.爱弥儿　论教育（上卷）[M].李平沤，译.北京：商务印书馆，1991：219.

3. 培养儿童的心理能力

培养孩子最好的方法是遵循自然的方法,"让大自然先教导很长的时期之后,你才去接替它的工作,以免在教法上同它相冲突"。① 卢梭的这句话充分地体现了他对"自然是大师"观点的认可,表明了他对这位大师的尊重。教师要顺应大师的教导方法来教育孩子,给他们探索的空间和机会,激发他们浑身的感觉能力,包括想象力、记忆力和思考力。因为教师毕竟不如大师,所以要向大师学习。在教育孩子的时候,应该遵循大自然所赋予的教育规律,孩子在一定的年龄阶段有他们的理性睡眠期,所以要尊重儿童,不要急于对他作出或好或坏的评判。另外,我们每个人都是独立的人,都有自己的思想。我们应该让孩子有自己的思考,产生自己独特的见解,给他们发言的权利。自然最初只赋予人基本的生存的能力而储藏其他能力,只有在最关键的时候,其他能力才能够发展起来。"一旦潜在的能力开始起作用的时候,在一切能力中最为活跃的想象力就觉醒过来,领先发展。正是这种想象力给我们展现了可能达到的或好或坏的境界,使我们有满足欲望的希望,从而使我们的欲望更为滋长。"② 要让孩子幸福,要让他们强烈而旺盛的想象力翱翔于天际间,就要教给他们节制而不是享受,要远离物质的羁绊,成为自由的人。但是随着孩子长大成人,社会环境会欺骗人类,使人们认为控制权掌握在人类手中。他们不断地抑制自然的呼唤,并汲取自然的养分以满足自我的欲望。人类这种试图控制自然的行为是不自然的,这种行为已经导致了严重的后果。在教育领域里,这种控制欲导致儿童出现自然恐惧症以及各种能力的下降等现象。像自然教育思想家卢梭以及其他思想家所呼吁的那样,让孩子回到自然大师的怀抱吧,那里才是他身体与心灵成长的家园。

4. 培养儿童的学习兴趣

在卢梭看来,教育的实质"问题不在于教他各种学问,而在于培养他有爱好学问和科学的兴趣,而且如果这种兴趣发展良好,就可以教他研究学问的方法"③。这是所有良好教育的一个基本原则。卢梭其实要说明"授人以鱼不如授人以渔"的道理。兴趣是最好的老师,培养一个孩子的兴趣,比教给他知识更

---

① 让-雅克·卢梭.爱弥儿 论教育(上卷)[M].李平沤,译.北京:商务印书馆,1991:119.
② 让-雅克·卢梭.爱弥儿 论教育(上卷)[M].李平沤,译.北京:商务印书馆,1991:75.
③ 让-雅克·卢梭.爱弥儿:精选本[M].彭正梅,译.上海:上海人民出版社,2011:87.

重要。比如：雷夫·艾斯奎斯①在教育孩子们阅读时，注重培养他们的阅读兴趣。学校所发的教科书不能激起孩子们的阅读兴趣，雷夫便选择了更加多样有趣、能够吸引孩子们的书籍，还用了表演话剧的方式。作为教育者而言，发现、发展孩子的兴趣极为重要。兴趣会让孩子达到兴奋的学习状态，更好地获取知识。

5. 培养儿童的忍耐力

卢梭一直反对人类欲望的膨胀，因为欲望的无限膨胀是件恐怖的事情。人的欲望往往会随着能力的增加而膨胀，失败后的结果必然会导致更深的痛苦。这个阶段的孩子还没有判断是非的能力，也还没拥有足够的理性思维，如果父母给的东西（比如爱）从根本上不能满足孩子的需求，或远离了孩子的需求，那么孩子的欲望就会随着他们所失去的而成倍地增加，最终可能会造成大家都不愿意看到的局面。这也就是如今社会中失足少年、网瘾少年如此多的原因。欲望越多且得不到满足，离幸福就越远。于儿童如此，于成人亦如此。所以，需要从儿童期就培养他们的意志力。如何培养呢？卢梭认为，首先从锻炼四肢开始。为了学会思想，就需要锻炼我们的四肢，因为四肢是我们的感觉器官，也是我们智慧的工具；为了尽量地利用这些工具，就必须使身体十分强健。所以，人类真正的理解力不是脱离身体而独立形成的，而是有了良好的体格之后，人的思想才慢慢敏锐起来。对于爱弥儿在生活中出现的种种小磕绊，比如跌倒了、手指割破了、流鼻血了等，导师不会对此惊慌失措。原因有二：首先，自己摔倒就必须自己爬起来，后果必须自己承担；其次，本来就不大的一件事情，如果导师大惊小怪，反而会使爱弥儿更加紧张，更依赖导师的安慰，这非常不利于培养他的自立能力、忍耐力以及责任感。的确，当我们受到伤害时，不是打击使我们感到痛苦，而是对打击的恐惧使我们感到痛苦。这是导师给爱弥儿上的第一节勇气课，就是在没有恐惧的情况下忍受轻微的疾病的时候，人逐渐学会承受更大的负担。"过分严格，过分放任，这两种情况都应该加以避免。"②人的成长是需要付出一定的代价的。"为了要感到巨大的愉快，就需要他体会一

---

① 雷夫·艾斯奎斯（Rafe Esquith）是美国最有趣、最有影响力的教师之一，出版著作《56号教室》。
② 让-雅克·卢梭.爱弥儿：精选本［M］.彭正梅，译.上海：上海人民出版社，2011：38.

些微小的痛苦；这是他的天性。身体太舒服了，精神就会败坏。没有体会过痛苦的人，就不能理解人类爱的厚道和同情的温暖；这样的人势必心如铁石，不同他人相往来，他将成为人类中的一个怪物。"① 有多少家长能够理智地面对自己孩子的痛苦？多数情况下拥有正确教育方法的家长才能培养出孩子的意志力，如同斯巴达人那样。

6. 教会儿童学会生活

在卢梭生活的时期，他已发现当时法国的教育出现了如下问题："教给他一切的知识，却就是不教他认识他自己，不教他利用自己的长处，不教他如何生活和谋求自己的幸福。"② 另外，当时的人们只想着给孩子灌输远离生活的知识，只想着怎样去保护孩子的身体，在卢梭看来，这种教育是远远不够的。"应该教他学会怎样自我保护，教他经受得住命运的打击，教他不要把豪华和贫穷轻易看在眼里，教他在必要的时候，在冰岛的冰天雪地里或者马耳他岛的灼热的岩石上也能够生活。"卢梭的这句话确实应该引起父母和教师的高度重视，并要求他们在教育实践中行动起来。卢梭对此做了进一步的论述，他指出教育孩子的目的不是防止他死去，而是要教会他如何生活。"生活，并不只是呼吸，而是意味着运动，那就是要使用我们的器官，使用我们的感觉、我们的才能以及一切使我们感到我们的存在的本身的各部分。生活得最有意义的人，并不是年岁活得最久的人，而是对生活最有认识和感受的人。"要培养孩子怎样去生活，就要培养他们学会去感受生活，学会去热爱生活。在这个过程中，成人要为他们提供多种多样的活动，给他们提供可以感受的机会，给他们提供可以不断创造的机会，让他们充分感受这世界、认识这世界和了解这世界。

在教育中，教师还要注意以下几点：首先，要仔细地分辨哪些需要是儿童真正的需要，哪些需要是孩子们自己的幻想。其次，培养他们应对困境突变的能力，有自己的想法和人生态度。另外，教师应该给孩子自由的权利，让他们在自然中发展，不要轻易地去打扰孩子，要让他们做自己喜欢的事，在这个过程中发现、探索自己的兴趣。"童年时候的柔弱显然已经使孩子遭受到种种的束缚，但是，在这些束缚之上，我还要使其遭受我们任性的限制，并夺走他们已经拥有的

---

① 让-雅克·卢梭.爱弥儿 论教育（上卷）[M].李平沤，译.北京：商务印书馆，1991：85.
② 让-雅克·卢梭.爱弥儿 论教育（上卷）[M].李平沤，译.北京：商务印书馆，1991：25.

有限的自由，难道说这不是一种很野蛮的做法吗？"①

卢梭为儿童的自由疾呼，要求成人遵循大自然的要求，减少对儿童的束缚，让孩子们充分地享受自由，发展天性，而不是窒息天性，禁锢思想，更不是将儿童培养成社会的奴仆，以致他们失去善良的本性。最好的教育方法还是需要从自然出发，以符合自然的方式把人培养成公民，同时防止社会将人引入歧途。教育就是一种习惯，只有与天性符合的习惯才称得上是"自然"。

二、实施自然教育之途径

成年人对儿童的教育是有一定导向性的，能够影响儿童的自然倾向。卢梭是提倡自然教育的先驱，他鼓励儿童与大自然接触，他认为对儿童实施最佳的教育行为是给儿童自由，让儿童更多地借助自然。卢梭批评由于父母错误的理念和行为而使儿童与自然疏远的行为，他倡导儿童必须在自然中自由自在地翱翔。

（一）远离科技走向大自然

在卢梭那个科技并不发达的时代，他就具有远见卓识，看到了科技这把双刃剑对儿童教育的害处。他曾坦言："我们的仪器愈精巧，我们的感官就变得愈粗笨；由于我们周围有一大堆机器，我们就不再拿我们自己当机器使用了。"②在现代，随着我们生活水平的提高，电子产品成为普遍的生活用品，许多孩子将本来可以进行户外活动的时间花费在电子设备上，网络游戏中的虚拟世界代替了现实生活，电子沉迷代替了真实乐趣，大大减少了与大自然相处的时间。为了能够充分地亲近大自然，卢梭坚定地把爱弥儿带到了农村，让他体验大自然。"自然的景色的生命，是存在于人的心中的，要理解它，就需要对它有所感受。孩子看到了各种景物，但是他不能看出联系那些景物的关系，他不能理解它们优美的谐和。要能感受综合起来的印象，就需要有一种他还没有取得的经验，就需要有一些他迄今还没有感受过的情感。"③要得到卢梭所说的"经验"和"感受"，就要孩子亲

---

① 让-雅克·卢梭.爱弥儿：精选本[M].彭正梅，译.上海：上海人民出版社，2011：42.
② 让-雅克·卢梭.爱弥儿 论教育（上卷）[M].李平沤，译.北京：商务印书馆，1978：232.
③ 让-雅克·卢梭.爱弥儿 论教育（上卷）[M].李平沤，译.北京：商务印书馆，1991：218.

儿童自然教育观

自接触大自然，感受大自然。要让孩子在干燥的原野上奔跑，脚被灼热的沙砾烫过，感受到太阳照射在岩石上折射的闷气……教师应该多组织活动，给孩子自己去发现、去学习的机会，让他们自己去获得经验；多让他们使用自己的感官，在过程中充分地利用自然资源，这些教育资源也是大自然带给孩子的，自然带给孩子的感受和经验是教室远远不能给予的。现在，已经有不少学校具有开放的自然教育观念，并且设立了户外课堂。如果能在环境上再改善一下，有更自由的空间和时间的话，会有更加令人意想不到的效果。

既然要走向纯粹美好的大自然，就需要我们褪去城市的浮夸，脱离抽象的说教，带着孩子走进自然的环境。只有采用自然的教学方法，才能培养出自然的人。卢梭反复呼吁："用实际的事物！用实际的事物！我要不厌其烦地再三指出，我们过多地把力量用在说话上了，我们这种唠唠叨叨、废话连篇的教育，必然会培养出一些唠唠叨叨、废话连篇的人。"[①] 读到这些话语的时候，我们可以深深地体会到，卢梭对人们的错误行为是多么地痛心疾首！多么迫切地希望人们改变这些"不恰当"或者"不良"行为。人是环境的动物，因此给孩子创造一个可以自由探索的环境显得尤为重要。在自然生活中，要让孩子在做中学、让老师在做中教、让大家在做中求进取。但现在教育的失败，有相当一部分原因在于成人对孩子行为的干预，致使他们失去了对学习的部分兴趣。所以，成人应该遵循大自然所赋予的教育规律，学会等待。孩子在一定的年龄阶段有他们的理性的睡眠期，我们要尊重儿童，不要急于对他自身作出或好或坏的评判。"几根有叶子和果实的树枝，一只可以听到其中的颗粒发响的罂粟壳，一截既可以供他砸、又可以供他咀嚼的甘草，这些东西，同那些漂亮的小玩具一样，也能够使他玩得高兴，并且还没有使他一生下来就习于奢侈的弊害。"[②] 创造接触、亲近自然的机会，学会挖掘大自然中的资源，既满足孩子的本性，又可以节约教育成本。

上述例子可证：卢梭的"自然"是"人事"之母，是教育之"根"。因此，我们在考虑所有的人和"人事"时，都必须以"自然"为参照。"自然"是人和政治社会的最终理据，"自然"的发现使人和人事有了更崇高的生活。

---

① 让-雅克·卢梭.爱弥儿 论教育（上卷）[M].李平沤，译.北京：商务印书馆，1991：237.
② 让-雅克·卢梭.爱弥儿 论教育（上卷）[M].李平沤，译.北京：商务印书馆，1991：61.

（二）行不教之教

1. 身教重于言教

卢梭向来对空谈深恶痛绝，他强调教师应该重视身教而非夸夸其谈。"在任何事情上，你们的教育都应该是行动多于口训，因为孩子们是容易忘记他们自己说的和别人对他们说的话的，但是对他们所做的和别人替他们做的事情，就不容易忘记了。"① 教育只是通过教师讲解和说理是远远不够的，甚至是不可行的，一定要给孩子机会和环境，让他们自己主动实践。只有让孩子自己动手实践，他们的印象才会更加深刻，对于问题的理解和知识的掌握才会更加牢固。但卢梭也不是一味盲目地让儿童蛮干，对于危险的事情，就不要让孩子们一味地尝试。他说："（教育）凡是要经过一番危险才能取得的经验，就叫他从历史中去寻找，而不要他自己去尝试。如果在尝试的过程中不会发生什么严重的后果，那就让年轻人去冒一下危险好了，我们还可以用寓言的形式把他目前还不知道的特殊事例编成格言。"② 让孩子们去尝试，不应该是盲目的，而应该适度。教师要把握住合适的度，并且要有预见能力，提前规避好风险。

2. 提倡消极教育

卢梭不像有些思想家那样，在孩子短暂的童年中，采取积极教育的方式。相反，他倡导消极教育。在他看来，教育分内在与外在教育两类。内在教育就是设法避免环境的不良影响，让自然说话，让儿童自然地成长，这种教育也属于消极教育。消极教育不给儿童养成品德，而是防止儿童沾染罪恶，防止他的思想产生谬见而趋于邪恶；不教儿童以知识，而是防止他们产生对事物的误解。卢梭指出："从婴儿出生起，就该在他心灵周围筑起一道围墙……自然人的培养和教育，不是积极的教育，而是要阻止教育者去做某些事情，让自然说话。这是所有教育中最重要和最有用的教育法则。"③ 他为自己的结论找到理论依据："从自然的进程来看，他们恰恰需要相反的教育。在他们的心灵还不具备种种能力以前，不应当对他们的心灵有所教化，因为当他们的心灵还处在蒙昧状态时，就是给一个火炬

---

① 让-雅克·卢梭.爱弥儿 论教育（上卷）[M].李平沤，译.北京：商务印书馆，1991：107.
② 让-雅克·卢梭.爱弥儿 论教育（上卷）[M].李平沤，译.北京：商务印书馆，1991：349.
③ 彭正梅.现代西方教育哲学的历史考察[M].上海：上海教育出版社，2010：14.

它也是看不见，而且在辽阔的思想原野中，它也不可能找到理性所指引的道路，因为那条道路过于模糊，就连最好的眼睛也难以辨认出来。"① 这个时期教育的主要任务不是传授新内容的积极活动，而是要保护儿童的心理不受恶德或错误思想的侵犯。在童年的初期，如果孩子没有染上什么偏见或不良习惯，那么在他身上就不会有什么东西能够抵消教育效果。他很快就会变成一个最聪明的人，也就是说，若教师在最开始能够放手，顺其自然，不对儿童多加以干预，反而可能会创造一个教育的奇迹。在当下"正能量导向"以及贩卖焦虑的大环境下，绝大部分父母对于孩子的教育十分焦虑。但不可否认的是，消极教育观虽非主流，却一定存在某些区别于积极教育观的可取之处。而消极教育观仍有很长的路需要走，这也需要家长们观念的逐渐转变。

0—12岁之前，是儿童理性的睡眠期，卢梭认为这一阶段既不能在知识领域上过早灌输、在智能方面过度开发，也不主张进行道德教育，而应集中于身体训练，让儿童劳作、奔跑、喊叫、不停地活动。孩子们在活动或劳作的过程中，会对操作的一切产生好奇之心，会观察，会体验，会获得经验，这些无意识获得的知识直接来源于自然而非来源于书本或教师。这样的教育，由孩子发起，有孩子参与，是孩子的自我教育。这种教育越多，孩子的体格越健壮，孩子的各种能力发展越迅速，他就愈加能够获得超越其他孩子的智力。卢梭的观点很明显受到了培根的经验论的影响。培根认为，所有进入人的理性的一切都必须先经过感官，因而，人的最初的理解是一种感性的理解，我们所有的理性都是建立在感性的基础之上的。

卢梭的观点充分证明了早期教育的不教之教，这恰如老子的"无为而治"。是的，婴孩时期，儿童自有他成长的规律，成人千万不要拔苗助长，违背自然规律而适得其反。这说起来虽然容易，但真正践行起来或许并不容易。管住成人的手和嘴，实际上是一项巨大的工程，因为人善于为人师，因此"不教之教"需要全社会共同的努力。

3. 用观察法进行教育

选择适合儿童的方法来教育儿童是极为重要的，仅仅有教育理论的知识显然是不够的，教师必须系统地研究自我，做好充足的内心准备，具备研究儿童的方

---

① 让-雅克·卢梭. 爱弥儿：精选本[M]. 彭正梅, 译. 上海：上海人民出版社, 2011: 6.

法。对儿童的研究，最直接、最经济、最有效的方法是观察法，而不是社会学领域的那些理论和方法，那些方法适合于对成人的研究而非儿童。通过观察，教师会了解到不同儿童的脾气性格，可以有针对性地及时纠正儿童的错误；通过观察，教师可以知道儿童的各个领域发展的群体情况和个体情况；通过观察，教师能够明晰儿童的困境和实际需要；通过观察，教师也会不断地进行反思，提升自己的专业素养。观察法是一种非常重要而且必须实施的极为可行的方法，教师应重视观察法的重要作用，并用科学的方法进行观察。

4. 善用实例

卢梭认为，让儿童在最活泼的年龄只学习纯理论的东西，这种做法是有违理性、有违自然的。他不断地劝勉教师："各位老师，你们一定要少说多做，要善于选择地点、时间和人物，以实例教育你的学生，就一定能够收到实际的成效。"[①] 作为教师，我们在教给孩子知识后，可以选择用身边的实例给他们讲解，这会辅助他们更好地理解。要给孩子做好榜样的示范，让他们在实践中获取经验。书本和生活是有差距的。例如，若想让孩子写出一篇关于春天郊游的作文，但并未让孩子切身体验和实践，孩子的心中没有真实经验和情感，是很难凭借想象写出一篇佳作的。作为教育者，我们不必担心孩子会处于社会生活的旋涡中，因为孩子本身是纯真的，只要保护他们不被各种各样的污念或偏见影响，就能够让他们健康快乐地成长。只要孩子可以利用自己的眼睛去观察，用他自己的心去感受，并且，除了他本人的理智之外，不为另外的权威所控制就可以了。用空洞的书本与堆砌的理论教育出的儿童是麻木无知的。学校与家庭不应该成为禁锢孩子身心发展的牢笼，而是应该帮助他们能够更好地全身心发展。

人是环境的产物，教师要给孩子创造一个他们可以去探索、去求知的环境。正如杜威所主张的做学相结合的观点，这也是陶行知和陈鹤琴一直主张的。在生活中、在实践中，要给孩子提供有实物的环境。以学习为例，很多家长不停地告诉孩子学习的好处，要如何去学习，不学习会产生怎样的恶果，等等。但行动胜于雄辩，家长可以选择用行动证明，陪伴孩子一起学习，并在教育过程中让孩子多去动手探索，让他们获得亲身的体验。孩子亲自获得的经验比我们教给他的更

---

① 让-雅克·卢梭.爱弥儿　论教育（上卷）[M].李平沤，译.北京：商务印书馆，1991：321.

加容易理解，更能够去掌握。比如我们说水很烫不能碰，孩子可能无法体会。但当你带他去触碰一下时，他就会体验到后果，而且以后绝不会轻易碰它。只有做过的，才不至于轻易忘掉。

（三）学、思、行合一

卢梭向来反对死读书、读死书。他认为对儿童真正的教育来源于儿童自己的生活实践，教会孩子生活，让孩子在实践中接受教育就是最好的教育。我们从童年时候起就埋头书本，并且在应试化教育的影响下，已经养成了学而不思的习惯，所以我们对所读过的东西，留下的印象极不深刻。"在历史和人的生活中到处充斥的欲念和偏见，在我们身上也已经产生了，从而使他们所做的一切事情在我们看来都是很自然的，因为我们已经脱离了自然，以自己的面貌去判断别人了。"① 比照卢梭的这句言论，批评的语气直面袭来，这是对我们现代教育的警示。他要求教师在进行教学的时候，"要对他周围的事物加以选择，要十分慎重地使他继续不断地接触他能够理解的东西，而把他不应该知道的事物都藏起来"②。对我们而言，也要尽可能使用这一办法，在适当的时间学习适当的知识，让孩子们在不同的阶段获得各种各样有益于他一生的知识。这一观点和中国《学记》中所倡导的"时"之教育有异曲同工之妙。

卢梭倡导的教育手段就是生活和实践，让孩子从生活和实践的切身体验中，通过感官的感受去获得他所需要的知识。他反复主张采用"实物教学和直观教学的方法，反对抽象的死啃书本"③。在进行教育的时候，必须遵照如下要求："（1）必须让他们使用大自然赋予他们的所有一切力量，因为他们是不至于随便滥用这些力量的；（2）一切与生理需要有关的需要，不论是理性方面还是体力方面，都必须对他们进行帮助，弥补他们的不足；（3）对孩子的帮助，应当只限于他们的真正需要，决不能依从非自然的胡思乱想；（4）应当仔细研究他们的语言和动作，以便在他们还不知道装伴的年岁时，辨别他们哪些欲望是直接由自然产生的，哪些是由心里想出来的。"④ 这些准则传递的精神是：多给孩子真正的自由，

---

① 让-雅克·卢梭.爱弥儿 论教育（上卷）[M].李平沤，译.北京：商务印书馆，1991：327.
② 让-雅克·卢梭.爱弥儿 论教育（上卷）[M].李平沤，译.北京：商务印书馆，1991：128.
③ 让-雅克·卢梭.爱弥儿 论教育（上卷）[M].李平沤，译.北京：商务印书馆，1991：2.
④ 让-雅克·卢梭.爱弥儿：精选本[M].彭正梅，译.上海：上海人民出版社，2011：23.

少让他们养成驾驭他人的思想,让他们多自己行动,少依赖他人。这样,孩子们就会把欲望限制在力所能及的范围内,不再去控制别人或抱怨别人了。"自然的教育进行得晚,进行得慢,而人的教育则进行得过早。前一种教育,是让感官去唤起想象;后一种教育,则是用想象去唤起感官;它使感官还没有成熟就开始活动,而这种活动起先将损伤个人的元气,使他的身体衰弱,往后甚至还会削弱种族的联系,使种族灭亡。"① 由此看来,自然的教育更说明了感官的重要性,而人的教育则对此忽略。自然教育不求速度,而应根据受教育者的情况去实施教育,用想象唤醒他们的感官。

在生活中,最好的实践就是劳动,卢梭很赞成这一观点。他这样赞美劳动:"在人类所有一切可以谋生的职业中,最能使人接近自然状态的职业是手工劳动。"② 劳动能够让儿童学习很多东西,多到什么程度呢?卢梭作了一个比较:"他从一小时工作中学习的东西,比听你讲一整天学到的东西还多。"③ 正如卢梭描述的那样,让孩子的注意力放在实用的工业和机械技术上,让他们自己动手去操作。在这个过程中,成人不是闲着的,而是也亲自动手去工作,处处给孩子做模范。也就是说,你要培养孩子成为师傅,你首先要去做他的徒弟。卢梭的教育目的是培养有见识、有性格、身体和头脑都健康的人。这种人,尽管小时候没有被人赞美,但长大后一定会受到他人的尊敬。卢梭认为,读书是孩子在儿童时期遇到的灾难,成人却单单要他们在读书中消磨他们的时间。爱弥尔长到 12 岁时还不大知道什么叫书,在这里我们看到了其观点与现在教育的矛盾之处。现在我们提倡孩子进行早期阅读,卢梭却在这里反对读书。他说道:"培养孩子学习的欲望很重要,而现实的利益才是最大的动力,才是使人走得又稳又远的唯一的动力。你不急于达到什么目的,反而可以很有把握和十分迅速地达到那个目的。"④ 卢梭的这种教育目的,其实为后来杜威的教育无目的论奠定了基础。确实如此,欲速则不达。不以明确的功利性的目的为目的,而是以儿童的当下生活为教育的本质追求,才是最好的教育目的。

卢梭主张,儿童必须在生活和实践的活动中学习知识、发展能力,而不能脱

---

① 让-雅克·卢梭.爱弥儿 论教育(上卷)[M].李平沤,译.北京:商务印书馆,1991:293.
② 让-雅克·卢梭.爱弥儿 论教育(上卷)[M].李平沤,译.北京:商务印书馆,1991:262.
③ 让-雅克·卢梭.爱弥儿 论教育(上卷)[M].李平沤,译.北京:商务印书馆,1991:247.
④ 让-雅克·卢梭.爱弥儿 论教育(上卷)[M].李平沤,译.北京:商务印书馆,1991:136.

离生活实践去抽象地学习知识;知识、思考与行动都可以在大自然中进行,大自然是对儿童进行教育的最好的老师,应放手让儿童回归自然的怀抱,接受自然的教育。卢梭在自然中将学、思、行结合起来的教育理念,极为符合中国的古老智慧,所以我们需要不断吸收优秀的思想,来重温自己的智慧,并在此基础上不断发展和完善。

(四)善用寓言故事

在前面章节中,我们呈现了维柯对"寓言故事"的词源学追溯。寓言故事就是事实本身,有讲真话的意思。对儿童讲真话,符合他们的心理需求。卢梭也提出了对寓言进行学习的观点,他认为如果对孩子们直截了当地讲真理,就像是用幕布把真理盖起来,孩子们不愿意花力气去把幕布揭开,所以更应该使用孩子们喜闻乐见的寓言故事对孩子们进行引导。卢梭说:"儿童犯错误的时候,正是可以用来讲寓言的时候。我们借寓言这种奇异的形式去谴责犯罪的人,就既能教育他而又不冒犯他;他把寓言所讲的真理用来看自己,于是才明白它所讲的话果然不虚。"① 从这里可以看出,教育学生不是单纯凭口训就可以的,也应该充分利用孩子们感兴趣的寓言故事,在潜移默化中,润物细无声。在惬意的、没有压力和指责的情况下,让儿童在不自觉中获得道德和社会经验,从而能够避免错误的发生。柏拉图、西塞罗、维柯等都强调过寓言故事在儿童教育中的重要意义,可见它是有效的方法之一。在幼教领域中,我们还需要继续加强寓言教育。

(五)掌握劝勉的艺术

除了强调教师用眼睛观察外,卢梭还强调了"说的艺术"的重要性。他说:"做老师的人应当掌握的一门最大的艺术就是:针对情况进行劝勉,预知这个年轻人在什么情况下可能听他的话,在什么情况下可能还是那样的执拗,以便处处让经验去教训他,同时又不使他遭遇太大的危险。"② 教育者的语言表达能力的培养,是教师培养工作中的重要一条。但是,语言表达能力和劝勉的艺术似乎并不

---

① 让-雅克·卢梭.爱弥儿 论教育(上卷)[M].李平沤,译.北京:商务印书馆,1991:348.
② 让-雅克·卢梭.爱弥儿 论教育(上卷)[M].李平沤,译.北京:商务印书馆,1991:347.

完全相同。劝勉的艺术,需要站在对方的立场上,用移情的方法进行。劝勉的工作,需要把握好时间和地点,它不仅是一种技能,更是一门艺术。教师也应该有预见能力,能够提前知道接下来会有什么样的情况出现,这样我们就会规避危险,以便更好地完成教育任务。

(六)采用自然后果法

对待任性的、要挟的、懒惰的、缺乏自律的以及犯各种错误的孩子的教育方法,卢梭提出了他的"自然后果法"。下面以卢梭"自然后果法"为例,说明他是怎样对待孩子的啼哭的。卢梭认为,不能让孩子养成用哭来命令成人做事的习惯,这样容易使孩子继续拥有从婴孩期就有的任性。所以卢梭的建议是:如果一个孩子天生就爱无缘无故地啼哭,就应该让他白白地哭一阵,让他得不到一点回应。通过这样的方法,在一定程度上能够引起他的思考,使他慢慢发现,他的啼哭不能够成功满足他的想法,从而可以在一定程度上使他停止哭泣。所以当一个孩子在哭的时候,我们可以静静地看着他,让他拥有一定的思考空间,当他停止哭泣的时候,再询问他哭的原因,并对他进行一定的教育。通过这种方式,以后当他再次想要哭闹的时候,就会首先思考不停地啼哭是否真的有用,这样就会减少孩子的一些无用的哭泣。因为孩子是根据信号,也就是通过感觉到的效果来判断其行为是否有意义,所以如果孩子一哭,成人就满足他,孩子就会变得更加任性;而如果孩子一哭,成人就训斥他,孩子的性格就会变得更加卑怯、胆小。孩子之所以有这样的行为,其实也是受成人的态度与行动影响的。比如:在孩子摔跤时,如果成人的表现是镇静的,那么孩子的表现也会相对镇静,会勇敢地面对摔跤带来的疼痛;而如果成人的表现是慌张的,那么孩子的表现也会受到一定的影响,变得更加害怕面对摔跤带来的疼痛。

大部分孩子的心智是不成熟的,应对自然要求的能力相对较差,所以需要我们在儿童面对自然或生活的时候为他们提供他们缺乏的经验和力量,以帮助他们更好地面对自然与生活。当然,在这个过程中,我们也要仔细研究他们的言行举止,以便能分辨出他们的欲望,哪些需要是来自自然的,哪些是反常的。针对这个问题,卢梭也曾举例加以说明:"如果他自从能够用说话的方式索取他想得到的东西以后,但还是要用哭的方式索取所欲求之物,那么,不论他出于什么目的，我们都应当干脆地拒绝。如果他确有需要，但又无法确切地表述出来，你就要想办法弄清楚他需要的是什么，并且立即照着他的需求去做。"① 当一个孩子想要抓住一样东西时，开始他可能并不会发出声响或者只有一点声响，但是由于孩子没办法准确地估计自己与那件东西的距离而拿不到那件东西，他可能开始哭泣并奋力伸出双手来表示自己对那件东西的需求。当遇到这种情况时，我们可以缩短孩子与那件东西的距离，让孩子可以自己拿到那件东西。当孩子哭泣时，我们不能一味地想要快速满足孩子的需求，而是应想办法锻炼孩子自己的能力，让他明白哭泣是不能解决问题的，更不能任性或随意向别人发号施令。通过这样的方式，成人可以不过分担心孩子的哭泣，孩子也可以在成人对他采用的"自然后果法"中得到成长。

因为卢梭并没有从事教育实践，更没有儿童教育的经历，所以，他所有有关自然教育方法的零散陈述，只是对他童年时期自然、自由环境的一种怀念和理念上的一个阐述。但如果用施莱尔马赫的观点，那么基于笔者不同的经历和立场，可能会比作者给出更好的解释。从这一点来看，上述有关卢梭的儿童自然教育的方法，是笔者基于自己的儿童实践以及对自然教育的深刻理解，所以使笔者有信心解释卢梭的思想，并在一定程度上可以比卢梭本人更好地解释卢梭的观点。

第三节　教劳结合论

教育与生产劳动相结合是指教育过程和生产劳动过程不可分割的联系和有机的结合，这是马克思主义教育思想的基本原理之一，也是社会主义新中国教育的基本方针之一，具有丰富的内涵和意义。尤其在新时代中国特色社会主义时期，劳教结合的意义更为重大。这就要求我们在儿童教育的过程中，采用老子的"行不言之教"和陈鹤琴先生所说的"在做中学、做中教、做中求进步"的观点为指导原则进行教育，借助儿童的工作和游戏，让儿童真实地劳动，提供机会让儿童操作，从而使他们拥有真实丰富的体验。卢梭、福禄培尔和蒙台梭利都大力倡导把工作和劳动结合起来的教育观点。

---

① 让-雅克·卢梭.爱弥儿：精选本[M].彭正梅，译.上海：上海人民出版社，2011：38.

我们生活在一个瞬息万变的世界中，今天的孩子面临诸多的新问题和新挑战。他们今天学到的东西，明天可能就会过时，为了未来的发展，儿童必须具备解决意外问题的创新能力。所以，仅靠知识是不够的，必须学习如何创造性地利用知识。福禄培尔的自然教育充分地表达了这一教育理念。福禄培尔首先重视教师在教育过程中的地位和作用。对于孩子来说，教师就像牧师、先知、神圣仪式的向导和管理员，但是教育的目标必须是培养学生成为独立的思想家。因此教师就要提高文化容忍度，应该对学生表现出友善和同情，还要教给学生和他人相处所需的社交技能。总体而言，教师应按照一些基本原则承担自己的责任，以维护学生的权利和利益。

一、重视创造力和劳动能力的培养

福禄培尔认为，幼儿园的儿童正处在创造力发展的关键时段。孩子们在玩耍的时候，其实就学习了创造过程：如何产生新想法、尝试新想法、测试界限、尝试替代性方案等，能够从他人那里获得反馈并能根据他们的经验产生新想法。儿童产生这个创造过程的核心就是创造能力。如果我们希望儿童富有创造力，我们就需要为他们提供更多的创造机会。福禄培尔在1837年开设世界上第一所幼儿园时就有了这个想法。随后，福禄培尔用各种物体（例如积木、珠子和砖块）设计并制作了给孩子们用来玩耍、学习自然界中的常见图案和形式的恩物。福禄培尔的积木、珠子和砖块吸引了幼儿园的孩子并促使他们进行创造性的探索。儿童在做什么并不重要，可能正在建造沙堡、写诗、烹饪新食谱或为交互式机器人编程，重要的是他要做出对自己或周围其他人有意义的事情。实际上，福禄培尔创造的恩物可以看作是建构主义教育方法的早期范例，儿童与物体互动的过程，其实是与环境进行的有意义的建构过程。

孩子从童年时期就需要开始接受劳动教育，劳动不仅是体育锻炼，还是一门艺术。与其他艺术相比，劳动是最不需要别人帮助的，它更自由、更独立、也更有意义。灵活的大脑来自灵活的双手。假如教师经常指挥小朋友的双手，那么，孩子就会习惯性用手，大脑也会越用越灵活，理性慢慢就会取代感性。所以，亲身的劳动是智慧与理性来源的基础，只有自己锻炼自己，真正地劳动起来，才能学会自己支配自己，促进自我心灵与头脑的发展。在现如今的教育领域中，我们十分重视素质教育，强调德智体美劳全面发展，但实际上，孩子仍然处于家庭生态链的最顶端，父母唯恐孩子受到委屈，千般娇生惯养，这五分之一的"劳"在孩子的教育中几乎得不到体现，而在这种状态下成长的儿童，便会严重缺乏自立能力。

二、自然教育方法的四个基本原则

在肯定了劳动教育的重要性后，福禄培尔幼儿园将重点放在恩物的操作上。教师和孩子们在操作福禄培尔恩物的时候，并不是随意的，而是需要遵循一定的教劳结合原则，这些原则如下：

1. 自我活动的原则

据福禄培尔所说，只有通过自我活动，儿童才能真正发育。自我的活动能够给儿童带来欢乐、自由、知足与平和。它使孩子能够展现自己的个性并实现自我价值。福禄培尔坚持认为孩子不应沉迷于父母或教师建议的活动，应给予儿童充分的自由以执行自己的冲动和决定。

2. 游戏方式的原则

游戏是童年时期儿童释放压力的最重要的活动。在游戏中，儿童发展了诸如合作、领导、宽容、自由、相互协调等不同的素质。游戏对于儿童的身体、心理、道德和社会性发展都非常重要。

3. 社会参与的原则

从幼儿一入园开始，就应该对他们进行集体生活的训练，使他们适应集体生活，并为他们未来能够在社会中过上良好的生活以及发展他们的人格做准备。福禄培尔说过，真正的教育应该在他人的陪伴下进行，因为个人的生活是社会的组成部分。他认为，所有的社会机构，如家庭、学校、教堂和国家等，都是个人发展的重要机构，个人将在其中实现个体性和多样性的统一。

4. 自由活动的原则

福禄培尔认为，如果要让儿童接受良好的教育、真正的指导和培训，就必须首先提倡自由。儿童的活动和教育发展应具有充分的自由，不应受到外界的干扰。

这些原则体现了动与静的结合、个人与社会的结合、自我约束与自由的结合，这些原则对现在的儿童教育依然非常重要。

三、教劳结合的思考与实施

福禄培尔幼儿园的教师和家长们在进行教育活动的时候，需要时刻思考并践行以下活动，相信这些问题也会引发我们的思考：

（一）走向大自然

福禄培尔非常重视自然，强调应在孩子成长过程中尽可能地带孩子走进大自然。但是过去与现在的很多家长认为玩具对儿童的意义重于大自然，家长为了孩子的成长，总是给孩子购买很多的玩具。身为儿童教育之父的福禄培尔却对此持相反的态度，他反对给幼儿很多玩具，以便孩子可以参与到生活和工作中。就此而言，家长在给孩子买玩具以及让孩子玩玩具的时候，需要谨慎，需要思考这些问题："（1）玩具是否有助于孩子的想象力？（2）玩具有教育意义吗？（3）训练儿童玩玩具能给孩子带来什么？"[1] 对上述问题，玩具制造商、儿童教师和家长认真思考过吗？如果按照福禄培尔的建议，放弃在室内玩玩具的机会，到大自然中去自由地创造玩具，这是不是比花钱给孩子买那些意义并不是很大的玩具更有价值？

（二）教劳结合实际工作观

和卢梭一样，福禄培尔和蒙台梭利认为孩子的第一堂课应该是实际的工作。他最高兴的事情是促进孩子有目的地工作，或者在工作的情况下，激发孩子对社区工作者的感激之情。为儿童真正成为人的发展而要做的一切，以及为满足其所有方面的需要而进行的一切教育，都必须联系在一起，并激发儿童对工作的冲动欲。儿童的幸福应当来自工作，而不是无目的的嬉戏。

1. 劳动使人与上帝相似

上帝按照他自己的形象创造了人，即创造了他自己的摹本，因而人应当像上帝一样进行创造。"这就是如我们合乎事实地、具有典型意义地提到的劳动和勤

---

[1] HARRISON E. Questions on a study of child-nature [M]. Chicago: Chicago Kindergarten College, 1897: 05-23.

奋、活动和创造的崇高含义、深刻的意义和伟大的目标。我们通过刻苦和辛勤，通过工作和行动，伴随以明确的思想或甚至仅仅朦胧的预感，而且只有伴随以这种直接的活生生的感觉，使内在的东西在外部表现出来，给精神的东西以机体，给思想以形态，给不明显的东西以明显性，给永恒的、活在精神之中的东西以外表的、有限的和短暂的存在……"① 从刚出生的婴儿到年轻人都需要经过工作和生产活动的训练，这是人的本性的要求。通过游戏和操作物件等去训练婴儿感官和四肢活动，是满足婴儿最初的求知欲的表现，这是人为了承担未来的生产活动而必须接受的教育。

福禄培尔认为，人类的发展、训练和表现不仅体现在静止地存在于自身内部的宗教和宗教精神上，不仅体现在向外发生作用的实际操作上，同时也要归结到人类自身上。立足于人类自身，在后一种情况下就是节制、适度和节约。首先，"体力劳动本身可以解决很多问题，早期劳动根据其内在意义进行、确认并提升了宗教信仰"②。其次，福禄培尔认为任何劳动都可以成为工人最大的快乐来源，而他的整个教育系统都是为了向儿童展示这一真理而构建的。最后，要让儿童相信，人们不是为了获取工资而工作的。尽管福禄培尔认为，人为保护自己的身体，确保自己的食物、衣服和住所而工作。尽管工作确实是为了工资，但教师不应对孩子传播这种观点，而应当把工作放在极为崇高的位置上。

2. 重视儿童的工作

人类有一种自然的工作本能，并通过工作来形成自己的个性、改善自己的环境。因此，工作是人类的特征，创造更加轻松舒适的生活环境的能力直接关系到人类文明的进步。孩子们也通过不断地创造使他们自我满足，形成自己的个性。孩子的工作具有多种内在的能力。尽管一个孩子不知道为什么要播种或收获，但播种和收获的工作同样能引起他的兴趣。这种内在的能力就是一种"显性本能"，它是指遵循内部指导的冲动，保留物种的本能。这些显性本能为儿童提供了生命早期阶段的指导和保护，是儿童活动和适应外界的力量源泉。例如，他会很乐意从小路或犁沟中除掉杂草、扫除干枯的树叶或者收拾旧的树枝。

---

① 福禄培尔.人的教育[M].孙祖复，译.北京：人民教育出版社，1991：22.
② FRIEDRICH F. Friedrich Froebel's pedagogics of the kindergarten[M]. New York: D. Appleton and Company，1895：22.

上文提到，成人只对事情的结果感兴趣，并且具有很强的功用性。他们做事几乎都是根据自己的观点选择使用哪种方法，这使他们习惯于以最直接的方式和最短的时间来实现自己的目的。对于成年人来说，孩子对琐碎或无用的事物的热情完全是不值得的。当孩子发现桌布倾斜时，他知道应该如何摆放桌布，这个过程对孩子来说是一种欣喜若狂的挑战。此时，成年人一定要避免出来管束他们，避免不停地阻碍儿童。只有这样，儿童才能成长。如果孩子要梳头，成年人通常不会因为孩子的这个要求而兴奋，反而会觉得自己的能力受到了孩子的挑战。他们知道孩子不能快速梳理头发或轻易达到自己的标准，而他们可以为孩子做得既快又好。这时，尽管孩子萌发了创造性念头并开始了令他愉快的建设性活动，但当他看到成年人抬起头来拿木梳子，并说必须由成年人来梳理的时候，他的热情就凉了下来。因为成年人是个强大的巨人，儿童没有能力与之争吵，便只有顺从的份了。相关的案例非常之多，比如当成年人看到一个孩子试图穿鞋或系鞋带时，他们的做法也会如上。

所以，几乎儿童的所有尝试性工作均会被成人阻止。成人变得恼怒不仅是因为孩子在尝试完成某些活动上没有力量，还因为孩子的节奏和他们的行为方式不能满足成人的标准。当孩子以强烈而快速的节奏活动或运动时，成年人却能够容忍，他们很高兴忍受孩子造成的各种混乱。当孩子动作缓慢时，成年人会觉得不得不干预，并用自己的行为代替孩子的行为。但是，蒙台梭利说，成年人这样做并不能帮助孩子满足其心理需求，而是代替了孩子从事他们自己喜欢做的所有活动。由于成年人阻止儿童的自由活动，因此成为儿童自然发展的最大障碍。儿童喜欢独立工作并非常努力地工作，一个自由活动的孩子不仅可以从周围的环境中收集感官印象，而且喜欢精心地开展活动。儿童正是通过个人的努力和工作才不断地自我成长起来。

3. 通过工作培养儿童的自律性

在福禄培尔幼儿园中，孩子工作的中心是"自我教育"，也就是孩子独自地工作，这无论是在形式上还是在结构上都是一种极为确切的工作，这样可以提升他的存在感，发展他的创造力。自律、时间和使用资源的有序性可以帮助孩子们发挥他们的个人潜能，并增加他们的社会价值感，因为他们知道自己是来自幼儿园的"小工人"。

为了培养儿童的动手能力，福禄培尔从未要求孩子为了用相同的材料建造新的房屋而销毁他们建造的旧房屋，而是坚持认为，应通过适当的改动，把旧房屋建造成新房屋。"禁止儿童匆忙地毁坏旧的创造，以鼓励他们思考和培养他们的耐心；另一方面，也激发了儿童对劳动的尊重，有序地从旧事物中建造新东西的理念。"① 福禄培尔建议，教育一定不能急躁，要一步一步慢慢来，而不建议幼儿有"先毁坏再重建"的想法。正如古文物那样，毁掉再建，总会失去原有的风韵和独特性，任何事物被毁掉后都无法回归原状，就像赫拉克利特所说的那样："任何人都无法两次踏进同一条河流。"实际上，幼儿园的工作旨在为个人未来的幸福和社会的进步打下最广泛的基础。国内不少的幼儿园每日花比较多的时间在儿童的纪律管束上，如果把这些时间花在引导儿童工作上，培养他们的自律性，是不是效果会更好一些？

4. 通过工作提升儿童认知水平

（1）语言训练。

福禄培尔说：文字不能只用来教导儿童，而必须要被儿童接受。语言不是被灌输的、被训练的，而是被自然而然习得的。我们在儿童语言教育的过程中，是否思考了福禄培尔思考的问题："①母亲和教师是否应该筛选孩子阅读资料的内容？②可以通过孩子肢体动作解读他们的精神本质吗？③儿童外部身体手势是否表达他们的内部思想？④我们怎样才能通过一个孩子的手语来读懂他？⑤孩子如何开始讲故事？"② 基于对当下幼儿园教育的观察，很多幼儿园重视儿童阅读兴趣的培养，也重视儿童阅读材料的选择，但是，教师在引导儿童阅读的过程中，有认真思考阅读内容以外的东西吗？有把儿童的感官和他们的思想结合起来思考吗？有研究儿童肢体语言和内在思想的关联吗？福禄培尔这些哲学层面的思考，相信会为幼儿教师以及家长深入引导儿童阅读提供一定的启示。

（2）思维训练。

我们总是强调儿童思维训练的重要性，但是如何有效地培养儿童的思维能力？福禄培尔以及他的学生们在对儿童进行思维训练的过程中，总是思考如下问题："①如果连续性的洞察力在科学和历史上是伟大的，那么其对儿童的帮助是

---

① FRIEDRICH F. Friedrich Froebel's pedagogics of the kindergarten [M]. New York: D. Appleton and Company, 1895: 31-32.
② HARRISON E. Questions on a study of child-nature [M]. Chicago: Chicago Kindergarten College, 1897: 05-23.

什么呢？②我们一生中是否看到万事万物都在一起工作？③母亲可以对孩子进行逻辑训练吗？④逻辑训练的好处是什么？⑤如何在科学工作中建立和孩子的联系？⑥某些母亲和教师训练孩子会失败吗？为什么？"① 这就需要母亲和教师共同提升自己的科学素养，不断地进行自我反思，才能持续不断地回答上述问题。

5. 通过游戏探寻真理

根据福禄培尔的说法，孩子天生就有寻求真理的倾向，游戏在儿童的学习中占据着重要的位置。在游戏中，儿童的想象力、创意冲动和象征、合作的能力得以充分体现。福禄培尔这样评价儿童游戏的作用："游戏是儿童发展的最高阶段……游戏是现阶段人类最纯粹、最充满精神的活动，同时也是整个人类生活的内在特质，是人与万物自然生命的体现。"② 因此，它给人以欢乐、自由、满足，能让人得到内在和外在的放松，它甚至能够维护世界的和平——"它（游戏）掌握了一切美好事物的来源"③。因此，游戏是儿童努力实现内在和谐并发展其作为人类成长所需要的知识和技能的方法。福禄培尔在他的教育实践中，不断地践行这一原则：他的课堂不是在教室里，而是在孩子们的花园里，那里的每一项活动都旨在通过指导儿童进行游戏来给予他们快乐。

福禄培尔相信，以孩子提出的想法为基础的指导可以培养孩子的行动能力，并培养他们的意志力。福禄培尔的早期幼儿园中包含的游戏是受到儿童欢迎的那些游戏。孩子们自己对游戏有独特理解，他们在游戏中扮演角色，使用各种符号定义或重新定义实物，不断转变自己的观念并通过协商来确定游戏规则。游戏本身就是儿童生活的延伸，儿童通过自己内在的表现，能够在一定程度上获得对外部世界的自主权。

（三）家庭劳动教育

福禄培尔高度重视家庭教育，他在《人的教育》专著中通过案例详细说明了父亲和母亲在家庭中应该采用自然的实物进行教育。但首先要注意的是，家庭中父亲的教育角色很重要，不能忽视。身心健康的孩子自然地牵着他敦厚的

---

① HARRISON E. Questions on a study of child-nature [M]. Chicago: Chicago Kindergarten College, 1897: 05-23.
② FROBEL F. The education of man [M]. New York: D. Appleton and Company, 1887: 55.
③ FRIEDRICH F. The student's Froebel [M]. London: Sir I. Pitman & Sons, ltd., 1911: 54-55.

父亲的手，而悉心关怀儿子的父亲则引导他的孩子从农村到城市，从自然到艺术，或从手艺、耕作到园艺，尽管二者出发点和原因各不相同，但各自都有可能从自己的认识范围出发，去认识别人的认识范围，把别人的认识范围同自己的认识范围联系起来。父亲的每一项活动、每一种手艺以及每一种职业都能够把孩子从起点引导到掌握人类一切知识的层面上。"农民的孩子通过他父亲的马车和犁能够掌握何等丰富的知识！磨坊主的儿子通过他父亲的磨坊，商人的儿子通过他父亲的作为经商对象的原始的或加工过的自然产物，能够掌握何等丰富的知识！"[1] 充分利用父亲的性别特质和职业特性对儿童进行生活教育，是一种极为重要的方式。福禄培尔是教育史上较少论及父亲对儿童成长起重要作用的思想家之一。

1. 数学学习

对于儿童的数学学习，福禄培尔建议应该在实物中学习。福禄培尔认为："儿童绝不应当长时间地在对实际被计数和将被计数的对象物缺乏观念的情况下念数词，否则这些数对他来说便是空洞的、毫无意义的。"[2] 对于数的概念的学习，应该遵循由观察个别事物逐渐上升到一般乃至最普遍的事物的顺序，儿童的数学学习应该充分发挥其感官功能，在实物中学习。家长记住这一原则，可以在家中陪同儿童在实物操作中学习。

2. 感官教育

感官教育是儿童时期重要的教育手段。福禄培尔列举了母亲刺激儿童嗅觉的案例。为让儿童注意到花的香味，母亲有意发出嗅闻的响声并说道："这东西真香。闻闻，孩子。"或者遇到相反的情况时，她用不舒服的表情把鼻子和脸从不好闻的花朵那里避开。"这位纯朴的母亲，为了不让俗人的眼睛亵渎了她的这个神圣的幼儿，几乎羞怯地悄悄把孩子隐避起来，尽力以最自然的方式使他的四肢和所有的感官得到充分的活动。"[3] 福禄培尔倡导用自然的方式发展儿童的感官，在不知不觉中习得生活的经验。他充分认识到利用家庭中的自然资源让儿童在操作中最大限度地学到各种知识的重要性，这也是家园合作的雏形。

---

[1] 福禄培尔. 人的教育[M]. 孙祖复，译. 北京：人民教育出版社，1991: 55.
[2] 福禄培尔. 人的教育[M]. 孙祖复，译. 北京：人民教育出版社，1991: 52.
[3] 福禄培尔. 人的教育[M]. 孙祖复，译. 北京：人民教育出版社，1991: 39.

3. 观察能力的培养

母亲为了让孩子注意到物体的形态或者位置的变动,采取了很多方法。"比如说她可以指着灯光说:'这是亮光。'然后把灯光拿掉并说:'亮光离去了。'或者说:'爸爸来了。''爸爸去了。'或者为了让孩子注意到事物本身的活动,说道:'猫咪来,来到孩子身边。''猫咪跑开。'为激发孩子的身体和四肢的活动,她说道:'把花儿拿住。''抓住猫咪。'或者,母亲把球慢慢滚动,说道:'把球拿住。'"① 如此种种。利用生活中最常见的事物,用最自然的方式去教儿童,不失为一种既经济又实用的方法。

4. 走向大自然

世界万物,皆有其度,人和万物是和谐一体的。福禄培尔鼓励家长带着儿童走出去,进行短途的户外远足,观察、探索大自然。"儿童通过亲自对事物之间的这种永恒的、活生生的自然联系的觉察、发现和注意,通过直接的事实观察和自然观察而不是通过儿童的意识中缺乏直观印象的名词概念的解释,儿童将会形成一种关于自然中一切事物和现象之间永恒的、活生生的内在联系的极为重要的思想,这种思想,不管最初可能怎样模糊,然而会越来越明确。"② 亲身实践的事物的确会印刻在我们心里,但是依据我国现在学前儿童家庭教育的发展现状来看,家庭还没有为儿童提供足够成长的时间和空间。

福禄培尔的游戏思想为19世纪末的儿童心理学和儿童学习运动奠定了基础。"福禄培尔发现了游戏的真实本质和功能,并以改进引导游戏的方式对其进行调节,自然地投入工作,确保童年的游戏具有相同的自发性和欢乐性、相同的自由性和宁静性。"③ 儿童在游戏中的表现是具有启示性的,其本质被认为是真理。游戏不仅是孩子们潜意识的象征性表达,而且作为主要且自主的游戏现象超越了游戏主体,成为具有其自身结构的有意义的整体,游戏本身就具有直接的代表性和启示性。福禄培尔的游戏体现出对儿童的理解和重视、对儿童的自我教育和自律性培养的认同,与蒙台梭利的教具一样,都有着重大的意义。

---

① 福禄培尔. 人的教育[M]. 孙祖复,译. 北京:人民教育出版社,1991:41.
② 福禄培尔. 人的教育[M]. 孙祖复,译. 北京:人民教育出版社,1991:266.
③ FRIEDRICH F. Friedrich Froebel's pedagogics of the kindergarten[M]. New York: D. Appleton and Company,1895:58.

第四节　实践经验论

唯物辩证法认为，实践是主观和客观对立统一的基础，脱离实践必然会导致主客观的背离，从而产生主观主义，所以必须坚持实践，以保持主观和客观的一致性。在认识过程中，要用实践检验人们的认识，要善于正确地运用多种多样的科学实验和典型试验的方法来验证。整个客观物质世界以及其中的每一种事物、现象都是多样性与统一性的体现。它们各自都有各自的结构，包含不同的层次、要素，组成一个个系统；各个事物、现象、系统都有自身的个性，同时，它们之间又有着某种共性，共性存在于个性之中。多样性与统一性、共性与个性都是对立的统一。一个孩子来到这个世界后，他慢慢地长大并成为环境的一部分。因此，孩子也会受到环境的影响，从而发展出特定的个性。所以教育首要的任务是根据孩子的性格发展他的个性，否则，孩子可能会有一些人格障碍。考虑到人格障碍是对正常情况的偏离，蒙台梭利提出了一种吸引人们注意此类的哲学观点——"孩子通过与自然接触可以以最佳的方式发展。"所以，必须保证儿童与自然存在必要的互动。在实际的互动中，儿童可以获得丰富的经验，提升各方面的发展水平。

一、教师的角色和职责

儿童自然教育能否得以彻底地实施，与教师的专业素质密切相关。蒙台梭利教育模式非常重视教师的角色定位和职责。

（一）教师的角色

1. 环境的准备者

遵循蒙台梭利自然教育法的教师们相信，只有当一个人适应环境时，他才可以将他的活动指向特定的目的。所以，创设合意的环境是蒙台梭利教师的首要任务。在创设环境的过程中，所有教具都应小心地轮流摆放，而且要始终保持教具的新颖、美观和完美，以吸引孩子们开展活动。另外，教师必须根据孩子的年龄特点和潜质，培养儿童保护和管理环境的能力。首先帮助孩子从融入环境逐渐过渡到给别人提供帮助，然后鼓励他们保护环境，最后到独立管理环境。蒙台梭利教师创设的这个美观完美的环境，各部分功能相互依赖，共同协调。

2. 儿童发展的促进者

在蒙台梭利的幼儿园中，对于教室里摆放的每个物品，教师都要对孩子们解释，向他们介绍这是什么玩具、如何操作、如何收集等；在此基础上，鼓励孩子们有目的地、独立地选择材料，以便开展活动。教师意识到，一旦自己介绍得不细致，儿童没有弄明白材料的用途，他们便会因为不懂而变得盲目，会难以控制自己的情绪，以至易怒，然后失去兴趣，甚至产生破坏性行为。所以，教师们细致地介绍材料以确保孩子们明白这一步很关键。除此而外，蒙台梭利的教师还必须非常清楚自己应该做什么，如何观察、如何保持镇定和耐心、如何抑制自身的冲动不至于干扰孩子、如何指导孩子选择合适的教具、如何激发孩子的兴趣、如何根据孩子的才能实施教学等等。所以，蒙台梭利教师是儿童发展的促进者，在教育的过程中，他们会细致考虑每一个儿童的发展需求。

（二）教师的职责

蒙台梭利的教师在正式教育开始之前，必须受到严格而系统的培训，明确自己的职责，为开展教育做好充分准备。

首先，学会情绪管理。教师在情绪上需要自我克制，必须放弃专制，必须消除内心的狂妄，冷静地控制自己愤怒的情绪，并学会谦虚和宽容。比如：在教育的过程中，教师先不要过多地关注孩子的脾气，纠正孩子的错误，而是先管控好自己的情绪。只有先清除自己眼中的沙子，才能清楚地知道如何消除儿童眼中的灰尘，教师必须以孩子期待的方式要求自己。这些心理准备会让教师处于平静克制之中，从而使他成为一名合格的教师。

其次，不断进行反思。教师应该经常对儿童所面临的困境进行反思。儿童并不会用理性来判断待遇是否公正，但儿童如果受到不公待遇，能感觉到某些事很奇怪，长此以往，心理就会变得抑郁，性格就会扭曲。儿童出于对成人的不公而产生的怨恨情绪或为反抗轻率行事的成人，会用怯懦、说谎、出格的行为，或没有明显理由的哭闹、失眠和过度的惊恐来表现，因为他们还无法用理性弄清楚事情的缘由，找不出做此行为的原因。如果儿童确实表现出了某种抵抗，但这种抵抗不是直接地或有意地反抗成人，而只是积极地保护自己，或是对压制的一种无意识的反抗，教师就需要给予他所需要的安抚。教师必须要尊重儿童的性格，爱护他们纯洁而又非常敏感的心灵，给予他们心理发展所需的生活环境。

再次，采用观察方法。与儿童打交道时，教师需要细致观察。但是观察不是只用眼睛看，观察需要从心理学的角度进行，目的是发现儿童与成年人之间以及社会环境中的冲突。通过观察，教师发现，这个小孩子的绘画天赋很强，那就不要抢夺他手中的笔，让他随心所欲地画下去，这样就会避免不必要的冲突。教师和儿童的冲突为什么会产生呢？很多人说，是因为孩子年龄小，很多事情都没有经历过，很多事都不懂，所以等到发生了冲突的时候，自然而然要听"走过的桥比儿童走过的路还长"的成年人的。但是，蒙台梭利认为，这恰恰就是冲突进一步发展的原因。教师不允许孩子和自己说话时有质疑的语气，这就让教师与孩子之间的桥梁彻底地断裂。所以，想要真正了解童年的秘密，教师需要用自己的心灵去观察孩子，去接纳孩子。观察是儿童教育中的一种最简洁、最经济而且最有效的教育方法。但是，要做好观察，教师需要有一定的教育学和儿童发展心理学领域的经验积淀，并且要有很强的反思能力。

综上，作为蒙台梭利幼儿园中的教师，必须学会保持冷静，拥有谦虚的态度和克制的理性，这对于理解孩子至关重要。尊重儿童、理解儿童，和儿童建立一种新的关系，才能够使儿童尽可能地按照自己的本性去活动而不受到约束。

二、建立与自然的联系

蒙台梭利在室内外创建了促进幼儿探索自然的各种活动，包括每天在树林中或周围的户外探险，开展与季节相关的各种自然活动，给儿童提供观察昆虫和小动物的机会，开展与自然有关的日常朗读以及在温室中获得园艺信息的活动等[①]，从而增加儿童与自然的互动，培养儿童对环境负责的生活方式，也鼓励儿童成为未来的自然主义者。

（一）创设"有准备的环境"的重要性

蒙台梭利早期的教育学和心理学领域理论知识的积淀以及长期的教育经验使

[①] RUSSELL M H. Connecting children to nature in a Montessori primary environment [D]. Wisconsin: University of Wisconsin, 2014.

她坚信，环境对人的智力、心理的发展是举足轻重的，不可忽视。

"环境无疑在生命的现象中是第二位的因素，它能改变，包括助长和抑制，但它从来不能创造，除非与儿童形成积极的互动。"① 如果环境不能与儿童形成一种交往关系，那么环境对于儿童来说，只是一件并无多大益处的摆设。只有创造良好的环境，儿童的潜力与实力才能得到充分发展，因为任何个体的行为都是环境经验的产物。"儿童一生下来从精神到物质一无所有，但他们却拥有巨大的发展潜能，这种潜能会以他周围环境为依托得到充分发挥。"② 环境中有很多能够引起儿童兴趣的东西，儿童的大脑通过从周围环境中吸收养分、吸取经验来使自己成长；儿童通过对周围环境的深刻印象来建造他们心灵深处的自我。儿童只有吸收周围环境中的经验才能得到完全发展。所以，教育的首要条件就是向儿童提供环境。那么，提供什么样的环境才能最大化地发挥教育的功能呢？

提出"有准备的环境"是蒙台梭利对儿童教育的一大贡献。任何个体的行为都是环境经验的产物，儿童只有吸收周围环境中的经验才能得到完全发展。"教育的首要条件就是向儿童提供环境，以保证大自然赋予他们的能力能够得到充分发展。这样做不仅仅是取悦于他或让他做喜欢的事情，而是意味着我们必须调整自己的观念，与自然协调工作或遵循自然的法则。这些自然法则就要求我们根据环境经验进行发展。"③ 蒙台梭利认为，"有准备的环境"能够帮助儿童细致地观察自然，更重要的是，能够使孩子感到兴奋，这将有助于孩子独立生活。"有准备的环境"是给孩子打开宇宙的钥匙。当注意孩子的兴趣倾向及其在学习和玩耍过程中潜力的表达时，教育者可以创造一个更有利于每个孩子不同发展的环境。为了做到这一点，教育者更需要用敏锐的观察来捕捉、了解孩子的内在需求。

（二）室内的自然环创

1. 真实而自由的室内环境

蒙台梭利学校的教育环境中的材料都是真实的，和我们现实生活中使用的材

---

① 玛利亚·蒙台梭利.有吸收力的心灵［M］.高潮，薛杰，译.北京：中国发展出版社，2003：44.
② 玛利亚·蒙台梭利.有吸收力的心灵［M］.高潮，薛杰，译.北京：中国发展出版社，2003：69.
③ 玛利亚·蒙台梭利.有吸收力的心灵［M］.高潮，薛杰，译.北京：中国发展出版社，2003：101.

料相同，学校甚至还提供烤箱、刀具和其他铁制品。提供真实的生活材料目的就是强调自然与现实的结合，他们不接受替代性或模拟性的"假冒材料"。材料的高度也要求必须要适应儿童的身高。另外，学校还允许儿童可以按照自己的意愿移动或摆放家具，以符合他们的本性要求。在这种环境下，教师允许儿童从橱柜中取出任何根据其身高设计的材料，并可以随心所欲地进行操作。如果孩子们认为有必要，他们也可以在地毯上工作，或将材料放在任何符合他们意愿的地方。

2. 重视室内环境的美感

为孩子创设的环境不仅是自由的，还应该精致而诱人，因为环境的美能够促使孩子们产生积极的反应。美不是对正在成长的孩子的外在贡献，而是对儿童心理发展有积极作用的一种必需品。所以，蒙台梭利学校里的材料的颜色、亮度和形状都彼此适应，环境中的所有事物都具有吸引孩子注意力的特点。例如，明亮和浅色的桌子给孩子一种"应该专心使用它们"的感觉。材料在环境中的吸引力使孩子们对环境产生了兴趣，并使孩子们认真谨慎地使用它们。在蒙台梭利环境中，可以清楚地看到自然被赋予的重要性，这是我们在创设环境时首先要注意的要点之一。

（三）室外的自然活动

蒙台梭利说："我们可以把教育对儿童的影响比做培育新品种的花。园艺家通过适宜的照管和处理，能够改良花的香味、色彩和其他自然特性。""我们并没有看到方法，我们所看到的只是儿童。我们可以看到儿童的心灵摆脱了障碍的束缚，依照其本性发挥作用。"[1] 而且，在自然的环境里，儿童的消极心理活动会被另一种积极的品质所代替。因此创建一个能促进儿童自然天性发展的环境相当重要。而园艺和其他户外学习活动引起了儿童极大的欢喜和热情，同时也使教室与自然界的联系更加紧密。"必须有适合儿童成长的环境，环境中不利于儿童成长的障碍必须减少到最低限度，这个环境还必须为发展儿童的能力提供锻炼活动的场所。"[2] 在我们的教育体系中，最大的特点就是强调环境的重要

---

[1] 玛利亚·蒙台梭利. 童年的秘密——揭开儿童成长奥秘的革命性观念[M]. 金晶，孔伟，译. 北京：中国发展出版社，2006：170.
[2] 玛利亚·蒙台梭利. 童年的秘密——揭开儿童成长奥秘的革命性观念[M]. 金晶，孔伟，译. 北京：中国发展出版社，2006：137.

性。无论环境如何受到控制，大自然是无处不在的。以下做法，是蒙台梭利学校成功的室外案例：

1. 备好装备

提醒父母准备好儿童在不同天气下可以进入大自然的用具，比如：靴子、雪裤、雨鞋、带帽的雨衣、大衣、帽子、手套、防晒霜和防蚊剂等。

2. 建设自然博物馆

蒙台梭利幼儿园自己创建自然博物馆。首先，儿童可以自由观察和应用，教师将各种物体放在平桌上，以便儿童随时观察和翻阅，并留有所观察物体的相册，而不是把资料高高地搁在柜子里或者贴在高处的墙上。其次，每个进博物馆的孩子都有机会在博物馆里绘画、记录。他们在图画本上画下自己在步行中观察到的事物，例如一群小蓝鸟、鹰、鹭或任何生物，并记录下日期以及各种观察值。在这个小小的自然博物馆里，如果孩子们不确定观察到的某个特定的动物或正在生长的东西是什么，教师就让孩子们通过感觉来观察和推测。例如，孩子们在博物馆观察到了雪中动物的脚印并努力辨别是哪类动物留下了这些足迹。在下雪天，孩子们就能够用眼睛去观察、分辨动物的美丽足迹。有时，孩子们还能够发现泥泞路中鹿的脚印。另外，孩子们发现在树根部的地方有铁轨的痕迹，于是他们推测这里应该有松鼠。回到教室后，孩子们就研究铁轨的形状以验证其假设。在自然中，儿童敏锐的观察力能得到发展，如在自然界中发现别的动物，儿童先在自然书籍中观察"猫头鹰眼睛""狐狸行走""鹿耳""老鼠胡须""浣熊手"和"土狼鼻子"，然后再来到大自然中观察他们。教师和儿童把这些研究行为都做了记录，保存到了博物馆中。

3. 建立小型花园

教师会和儿童一起规划建造小小的花园，并不断地建设它。孩子们渐渐学会美化花园的内部，同时保留其外部的美丽，花园也慢慢地成为儿童的户外教室。

4. 搜集自然材料

教师和儿童从户外收集各种自然材料，例如岩石或树叶。对于收集到的材料，教师让孩子们观察、描述并创建故事。学习认识每块岩石的时候，例如岩石边缘的平滑度或粗糙度，教师会引导儿童思考："如果石头是平滑的，它是怎么变成这样的呢？它会容易跌落到水里吗？如果岩石很粗糙，是否还有其他岩石能够掉落在它上面？是雨水之类的东西把其边缘磨损了，还是别的树枝顶破了它?"① 这些问题都能引起儿童极大的兴趣。

儿童的成长和发展有赖于不断缩短他与环境之间的距离。因为儿童只有不再依赖成人,才能发展自己的个性,即我们所说的获得自由,适宜的环境将有益于儿童的成长。总而言之,拥有一个活动领域和机会来获得新的经验会给孩子的精神带来满足感,从而推动孩子走向世界。

小结:再创造好于原创造

儿童可能比其他任何群体都更容易受到他人对他们的影响,他们是社会中最容易被边缘化的群体。事实是,对儿童的研究不是由儿童本人而是由成年人发起和进行的。对儿童的研究要求成年人不仅要解释儿童与成年人的相同之处,还要解释他们的不可归约性甚至是神秘性。成年人可以通过艰苦不懈的努力来更好地理解儿童的独特声音和经验,从而赋予儿童和世界有意义的礼物。为了发展一个能够应对儿童时代独特挑战的诠释学圈,施莱尔马赫在19世纪初期将诠释学从单纯的经典文本(尤其是《圣经》)的诠释学技术转化成对人类社会理解的一般方法。童年在施莱尔马赫看来,是神给世界的神圣礼物,每个来到世界的新生婴儿都以他最纯粹、最完整的形式出现。诠释学是一种内在的自然智慧或直觉。尽管语言和社会不可避免地出现扭曲和腐败,但我们每个人仍然以某种方式保留或者说是记录了童年。同样,儿童时代成为诠释学的一个重要问题,部分原因是它体现了诠释学试图达到的人类神圣的内向性。施莱尔马赫关于童年的阐释充满了浪漫主义色彩,他崇尚童年时期的纯正无瑕。我们通过对夸美纽斯、卢梭、福禄培尔和蒙台梭利自然思想的阐释,尽可能地走进了童年,走进了那个属于儿童的自然世界,并尽力抓出了为我们当代儿童自然教育可借鉴的方法。

理解和解释虽然是对原创者的再创造,但在施莱尔马赫看来,创造与再创造是不同的。尽管理解和解释是原创造的再创造,但再创造可能比原创造更好。施莱尔马赫曾言:"我们(指解释者)可能比作者自己还更好地理解作者的思想。"②理解是对原始创造活动的重构,对原来生产品的再生产,对已认识东西的再认

---

① GILDER S A. Montessori by nature[J]. Montessori Life, 2009(4): 34-38.
② 弗里德里希·施莱尔马赫. 诠释学箴言(1805-1810)[C] // 洪汉鼎. 理解与解释——诠释学经典文选, 北京: 东方出版社, 2001: 45.

识。正因为如此，伽达默尔认为施莱尔马赫这一命题对诠释学有极高的理论价值："解释的唯一标准就是他的作品的意蕴，即作品所'意指'的东西。所以，天才创造学说在这里完成了一项重要的理论成就……因为应当被理解的东西并不是原作者反思性的自我解释，而是原作者的无意识的意见。"① 处于不同的时代，我们对文本的理解可能比原作者对同一问题的认识更能够接近原作者。

　　站在幼儿教育备受重视的当下，我们对夸美纽斯教育顺应自然教育的原则、婴儿自然教育的顺序、对非强迫式的理解，对语言与修辞学的理解等，可能比所处那个时代的作者对这些问题的理解更透彻。站在科技更发达的当下，人类为了各自的利益，产生了无数自我伤害甚至自我毁灭的行为，比如婴幼儿奶粉中的三聚氰胺，比如给儿童接种的毒疫苗……如此来看，我们便更加能理解卢梭赞美大自然的初衷。从这个层面上看，生活在卢梭所批判的社会去自然化现象严重的当下，人们对自然的渴求应该甚于卢梭。对于卢梭对导师角色的定位，以及在如何实施自然教育等方法的操作上，基于解释者（笔者）自身的儿童实践经历以及作为一名硕士生导师的经历，我们可能比卢梭更理解卢梭。在游戏已经是儿童生活必不可少的一部分的当下，对儿童游戏的种类、性质和意义的研究热火朝天。在这样的背景下，解释者相信，他们对福禄培尔游戏的理解会比他本人更好地解释儿童游戏。在生态可持续发展已经变成世界各国的一个主要问题的当代以及对儿童日益采用科学的观察方法的今天，对蒙台梭利的生态可持续性原则和对观察方法使用的理解，可能会比她本人对这一问题的理解更为透彻。理解者和解释者更理解作者自己的理解，理解这一创造性活动不是简单的重复或复制，而是更高的再创造，是创造性的重新构造或重新认识。这意味着作者并不是自己作品的理想解释者，作者并不比解释者具有更好的精神状态。

---

① 汉斯-格奥尔格·伽达默尔.真理与方法（第1卷）[M].洪汉鼎,译.上海：上海译文出版社，2004：197.

结 语

走向自然教育的终极目标

教育的最终目的关涉人的培养问题：为谁培养人？培养什么样的人？从哪些方面培养人？不同国家、不同时期有不同的教育目的。我们国家的教育目的是培养德智体美劳全面发展的社会主义建设者和接班人。本章讨论了儿童的道德世界和精神世界及自然教育培养的目标，旨在回应我国幼儿教育培养目标的问题。

第一节　儿童的道德世界

美德出良才，品德决定一个人成才的方向。儿童既是天性善良、充满好奇的小天使，又是依靠本能生活并需要不断被教化的人。他们生来拥有不同天赋，其发展亦千差万别。儿童时期是一个人个性品德形成的重要时期，儿童的发展是社会科学家、心理学家和整个社会都无法回避的问题。在此时期采取有效的途径对儿童进行道德启蒙教育极为必要。家长和教师在抑制儿童不良行为、鼓励积极行为方面，作用极大。

一、德育概览

（一）德育之时

德育是夸美纽斯思想的重中之重，他提出了教育的三种目标：德行、虔诚和博学，其中德行是必不可少且是最重要的，它是教育的最终目标。他批判当时学校不重视德育的情况，在许多学校中，德育只居于二等位置，学校培养出的不是顺从的羔羊，而是凶狠的野驴和倔强的骡子。他认为德育要尽早，就像种地一样，如果不提前播种，那就长不出粮食，只会生长杂草。儿童的模仿能力十分强大，无论是好的行为还是坏的行为，他们都模仿，因此他主张家庭要尽早开展德育，无论是家长还是保姆都要在孩子面前以身作则，为孩子树立好榜样。

（二）德育之规

夸美纽斯认为，为永生作准备的过程分为三个阶段："认识自己（和万物），控制自己并改变自己，人的最终目标是与神分享永恒的幸福。"① 生活实际上只有三件事要做："（1）熟悉所有事物；（2）有控制一切事物和自身的能力；（3）使自己和万物属于万物之源的上帝。"② 如果要用三个词来表达这三件事，那么这三个词分别是："博学；美德或适当的道德；宗教或虔诚"。③ 知识、美德和信仰的种子自然存在于我们心中，所有生物都有其生存的目的，而创造者已为他们提供了实现该目标的必要器官和工具。人类除了天生对知识的渴望外，还可以在自然的引导下学习一切知识。

夸美纽斯反对盲目追求知识或盲目追求能力，认为知识应与德性相结合。美德不同于知识，美德是需要通过不断做正确的事情来学习的，而不是通过批评坏事来获得。做正确的事会让人得到一种幸福感和正义感，一旦产生良性循环，儿童会逐渐养成对正义的正确认识，也会慢慢形成正确的三观。善良的心是永恒的盛宴，学习、美德和信仰这三个要素是所有幸福之源。

在进行德育的过程中，夸美纽斯要求教师遵循如下原则："（i）所有美德，无一例外，都应植入年轻人心中；（ii）应该首先教授那些最基本的美德：审慎、节制、坚韧和正义；（iii）儿童必须通过接受良好的指导，学习事物之间存在的真正差异以及事物的相对价值来获得审慎；（iv）在整个教学过程中，应教导男孩子在饮食、喝酒、睡眠、走路、工作和娱乐、说话和保持沉默方面观察学习并有所节制；（v）应当通过自我屈服来学习坚韧不拔的毅力，也就是说，在错误的时间或超出适当时间抑制儿童玩耍的欲望，并消除其急躁、不满和愤怒的情绪；（vi）年轻人应该学会通过以下途径来践行正义：不要伤害任何人，要各尽其责，避免虚伪和欺骗，要乐于助人，讨人喜欢；（vii）年轻人特别需要那种能够坦诚且忍耐

---

① COMENIUS J A. The Great Didactic of John Amos Comenius [M]. London, A., and C. Black, 1907: 36.
② COMENIUS J A. The Great Didactic of John Amos Comenius [M]. London, A., and C. Black, 1907: 37.
③ COMENIUS J A. The Great Didactic of John Amos Comenius [M]. London, A., and C. Black, 1907: 40.

辛劳的刚毅；（viii）坦诚是通过与有价值的人经常交往而获得的，在他们在场的时候，要遵守所授的戒律；（ix）如果男孩在工作或游戏中持续忙碌，他们将学会忍受辛劳；（x）正义的共同美德，或勤奋和服务他人的意愿，必须在年轻时培养；（xi）在罪恶控制思想之前，必须在很早的阶段就灌输美德；（xii）通过不断做正确的事来学习美德；（xiii）必须不断地在孩子们面前树立他们父母、养护者、导师和同伴过有条理的生活的榜样；（xiv）但是，除了以上例子以外，还必须给出行为准则；（xv）必须非常小心地保护儿童免受不良社会的影响，以免受到污染；（xvi）由于我们如此警惕，以至于没有任何邪恶能找到入口，因此严厉纪律对于遏制邪恶倾向是必要的。"① 但当下的儿童教育中依然存在诸多的问题，比如虐童事件不时发生、道德教育依旧停留在口头的说教上等。如果在基础教育的过程中，教师们和家长们能够倾心倾力地做到上述立体的、全面的德育原则，道德教育就不会变得如此棘手了。

二、德育之体

夸美纽斯是教育史上一位较早系统地阐述儿童道德教育的思想家，他对儿童道德教育提出有独到见解的具体细则，即如何轻松、谨慎地培养婴幼儿的德性。当然，后世的维柯、卢梭、福禄培尔和蒙台梭利等教育家也无不重视德育。那么，德育主要包含哪些内容呢？

（一）节制

在夸美纽斯看来，节制位于德行的第一位，它是健康生活的基础，是所有母亲应拥有的美德，因为母亲的美德是最能直接传给儿童的。夸美纽斯认为，只要大自然要求你只能吃这么多的食物、喝这么多饮料和睡这么长时间的觉，就要跟随大自然的引导。因此，只有当婴儿看上去很饥饿或口渴或很想睡觉时，才让他们吃饭、喝水、睡觉。在这些需求出现之前，给他们喂饭，给他们喝水，让他们睡觉，甚至超出他们的意愿硬塞给他们食物或强迫他们睡觉，都是错误

---

① COMENIUS J A. The Great Didactic of John Amos Comenius[M]. London，A.，and C. Black，1907: 211-216.

的。对他们来说，根据自然提供这些东西就足够了。夸美纽斯认为，坚韧就是抑制在错误或者不适当的时间中产生多余的欲望，这其实是指人在做事之前要保持理性，不要冲动。感性是在处理事情的时候以个人情感为主，不压抑自己的快乐，是自然流露、天生具有的；理性则是压抑自己的快乐，但最终也会得到满足。理性和感性没有绝对的好坏之分，但在对待事情的态度上，需要克制与坚韧。儿童如何在面对事情的时候能做出正确的选择，就需要成人很好的引导。

卢梭对爱弥儿的教育，也倾向于遏制而不是刺激。对于一个即将踏入青春期的孩子来说，他的好奇心和欲念是强盛的，卢梭觉得我们应该让他接触一些能够遏制而不是刺激的东西，这样的话，应该将爱弥儿带到远离城市的地方去生活，因为城市生活就是一种享受。夸美纽斯认为在孩子形成自己独立的价值判断之前最好不要在城市生活，因为这对他良好价值观的形成有着极大的风险，除非能够对他所接触的人、享有的生活以及爱好进行严格的把控和挑选。道德教育的根本之一在于节制，因为"把一切能够得到的东西都看作是自己的，这是人的一种天性"[①]，而人类的"欲望由于一贯轻易地得到满足而膨胀加剧，固执地欲求那些不可能得到的东西，从而处处遭遇抵触、障碍、困难和痛苦"[②]。欲望越强，幸福越远。

福禄培尔也赞成节约与节制，因为人力的发展、训练和表现不仅体现在静止地存在于自身内部的宗教和宗教精神上，也不仅体现在向外发生作用的劳动和实际操作上，同时也要归结到人力自身，立足于人力自身，而在后一种情况下就是节制、适度和节约。所以人的力量、天赋及其发展方向、四肢和感官活动，是按照它们本身在儿童身上出现的必然的次序发展的。上帝创造了人，人也体现着上帝的精神。福禄培尔否定人的活动是为了物质的满足，人活动的表现实际是内部外部以及自身的统一，人的发展是遵循自身次序的。

（二）整洁

夸美纽斯要求成人用尽可能干净整洁的方式护理婴儿。就饮食、穿着和身体

---

① 让-雅克·卢梭.爱弥儿：精选本［M］.彭正梅，译.上海：上海人民出版社，2011：40.
② 让-雅克·卢梭.爱弥儿：精选本［M］.彭正梅，译.上海：上海人民出版社，2011：41.

护理而言，要习惯于保持体面。在儿童第二年、第三年和以后的几年中，要适当地教孩子端庄地吃食物，不要让油脂弄脏手指。① 这些良好的生活习惯，构成了美德的一部分。

（三）耐心

儿童应养成耐心的习惯，避免过分放纵自己。有些孩子早在他们的第一和第二年，恶习就开始出现，成人最好在这个时候将恶习根除。例如："一个性格顽固的孩子企图用哭闹的方式来获得自己内心所渴望的东西；还有的儿童则通过咬人、踢人和敲击物体来表现出他的愤怒、恶意和复仇的想法。"② 夸美纽斯认为，这些情感是非自然的、偶发的，一定要及时制止。如果成人发现一个孩子想要吃的东西过多，或者食物上放满了蜂蜜、糖或水果，那就不要允许他吃这些东西。不用担心他哭泣，他哭完后，就会以极大的克制力终止这些习惯。同样，如果孩子脾气暴躁，也不要屈服，要责备他，也不要给予他想要的东西。夸美纽斯说，通过这种方式，儿童会长久地理解并服从成人的意志，而不是满足于自己的愉悦。两岁的孩子已经能足够"运用"这项手法，以无须付出很大的努力就可以让自己习惯于被别人服务的卑鄙行为，他们试图借助这种方式掌控一切。所以，家长要十分小心。

（四）服从

绝对服从上级命令是不可或缺的。夸美纽斯认为，除此而外，还应该训练儿童的敏捷性，这样，当他们被需要时，就可以离开自己的游戏和其他所有事情，以最大的敏捷性执行上级的命令。对于上级，他们应该学会敬畏上级的行为、语言和要求，要对自己的行为感到自信，以便随时提醒自己能够对上级的点头和命令作出迅捷反应并立刻执行。这种服从上级的迅速性可以从他们最早年龄的训练中学到，以后对他们来说将非常重要。

福禄培尔也强调孩子要学会服从，但他认为所应服从的对象不是夸美纽斯

---

① COMENIUS J A. Comenius' school of infancy: An essay on the education of youth during the first six years[M]. Boston: D. C. Heath and Company, 1901: 60.
② COMENIUS J A. Comenius' school of infancy: An essay on the education of youth during the first six years[M]. Boston: D. C. Heath and Company, 1901: 65.

所说的上级，而是上帝。在他看来，既然人是由上帝创造的，就必须服从于上帝。"受教育者和教育者也必须服从一个永恒不变的第三者并受其支配，必须详尽地体现在教育者和教师的每一项要求中。原来的教育、教学和训练，其最初的基本标志必然是容忍的、顺应的。"① 当然，这种容忍与顺应，仅仅是保护性与防御性的，而不是指示性和干预性的。"人通过上帝而扎根于上帝，上帝就是一切表现出来的事物的最终的支点和最初的起点。如果父母想使他们的孩子获得并为其提供这个永不动摇的、永不消失的、作为生活中最珍贵的装备的支点，如果父母和孩子在静悄悄的卧室或在户外大自然中感到并认识到自己在祈祷中同他们的上帝和天父和谐一致的话，那么，他们在内心和外表的表现上都必须达到一致。"② 人要服从于上帝，这是教育所必须要做到的。在教育儿童服从的过程中，成人需要思考如下问题："（1）有哪些规则可以帮助母亲确保孩子服从？（2）幼儿服从的本能何时唤醒？（3）确保幼儿服从的最大问题是什么？（4）给出我们可以不加强制地确保服从的阶段有哪些？"③ 各项工作准备就绪，执行任务时，脚步就会轻松。在培养儿童意志的过程中，让父母和教师做好服从的准备，事情就会进展得顺利。总之，福禄培尔的道德教育是基于对上帝的虔敬和服从，要使得这种顺从持续下去，就需要对儿童进行服从、节制和虔敬的引导。

（五）礼仪

夸美纽斯发现，孩子和孩子之间是有差异的。"有的孩子是可亲的，对父母和他人礼貌且恭敬，在这方面就不需要大量的指导；而有的孩子天生顽劣，就需要训练，要让他们始终保持谦虚和认真的态度。"④ 怎样才能教这些孩子保持谦虚和认真的态度呢？夸美纽斯细致地给予指导："首先，应该锻炼这类儿童的姿势和动作，如何坐直、直立、行走、不随意弯曲四肢及避免走路蹒跚；其次，要让

---

① 福禄培尔. 人的教育[M]. 孙祖复, 译. 北京: 人民教育出版社, 1991: 4-5.
② 福禄培尔. 人的教育[M]. 孙祖复, 译. 北京: 人民教育出版社, 1991: 18.
③ HARRISON E. Questions on a study of child-nature[M]. Chicago: Chicago Kindergarten College, 1897: 05-23.
④ COMENIUS J A. Comenius' school of infancy: An essay on the education of youth during the first six years[M]. Boston: D. C. Heath and Company, 1901: 67.

他们知道在什么场合下该用什么动作,该具备什么智慧;另外,教他们如何向遇到的任何人致敬,知道敬礼时该如何弯曲膝盖或伸出手;最后,当他们与上级交谈时,要知道如何脱帽,还要知道与美好和尊严有关的许多其他事情。"① 孩子们需要的任何一样东西,一旦得到,就应该教导他们给予感恩并思考何时以及如何回报等。尤其有必要使他们习惯于讲真理,以使他们的所有话语都可以与基督的教导一致。

(六)审慎

人类道德世界的最关键之处在于人有统治能力,人是"创造者、自愿者",夸美纽斯将人理解为事物的主宰。从人的更高贵的一面看,人不具备控制自身的艺术,而能控制自身的道德审慎。夸美纽斯说,对谨慎的最崇高取向的认识在很大程度上取决于对此所表示的敬意。审慎的关键条件是对自我的了解,谨慎的最高目标是确保人们使自己处于和平状态,以便每个人都能无忧无虑地享受自己的幸福。实现这一最高目标的手段是人类的理解力和对极限的遵守,以及对自己和他人行为的正确认识。自我利用的目的是借助理性、执行能力、情感和语言等手段保护自己。人类审慎的品质应该从小在儿童的心中扎下根基,夸夸其谈、冲动等行为都不值得提倡。②

(七)虔诚

无论是夸美纽斯还是维柯,都论述过虔诚品质的重要性,都强调人类虔诚的对象是上帝。只要一个人虔诚,就会很容易变得聪明、诚实和公义,因为一切都轻易地恢复了其本性。夸美纽斯坦言说,只要人足够真诚,就会得到想要的知识,因为每个人都蕴藏着知识、美德和正直的种子。在我们彻底掌握了信仰和宗教的概念之后,我们的内心应该学会在任何地方寻求上帝,因为他已经用自己的作品掩盖了自己,如同窗帘,并在所有可见的事物中无形地呈现,指引着一切,尽管我们看不见。我们一旦找到他就跟随他,而当我们接近他时,应该享受他的

---

① COMENIUS J A. Comenius' school of infancy: An essay on the education of youth during the first six years[M]. Boston: D. C. Heath and Company,1901:68.
② COMENIUS J A. The Great Didactic of John Amos Comenius [M]. London,A.,and C. Black,1907:212.

教导。教育可以使人们变得更好，使人们回归自然，并使人们更加明智、诚实和公正。

由于原初人的无知，无法认识各种自然现象，便想象出了天帝约夫的伟大力量，为了保证人类能够顺应天意，就需要在儿童的心中培养虔诚。维柯经过研究发现，那些野蛮人起初都凭人类所能感觉到的去体会天神意旨，这是由于他们在自然方面找不到救济，在绝望中就诉求某种超自然的力量来拯救他们。这就导致他们去畏惧天帝约夫的意旨（尽管是虚妄的），以为天帝能用闪电击中他们。"原始野蛮人从那些最初的暴风雨的乌云中，从那些闪电的光亮之中，体会出这一伟大真理，天神的意旨在照顾着全人类的福利。"① 既然天神创造了一切并掌管人类社会的一切，那么一切民族当中都有一个永恒的特点："借畏神为手段在儿童心中培养虔敬。"② 所以，诗性的伦理首先从虔敬开始，虔敬是由天意安排来创建各民族的，因为在一切民族中，虔敬是一切伦理的、经济的和民政的德行之母。维柯相信，只有宗教才能使人有实践德行的力量，而哲学毋宁说更适宜于讨论德行。哲学只是入口，宗教才能入心。虔敬起于宗教，宗教敬畏神祇。虔诚和敬畏是统一在一起的。

（八）向善

在维柯看来，"只有宗教才能打动各族人民的情感，去做各种德行方面的事，也只有情感才能驱遣他们这样做，而哲学家们关于德行的各自推理的格言，只有在高明的修辞家把实行德行的情感煽动起来时才有用处"③。也就是说，德行上的善不能来自各种感官，只有心灵想要达到善，才会推动感官采取各种合乎道德的行为。在维柯的基督教里，他认为是神的恩惠推动合乎道德的行为来达到一种永恒无限的善。维柯的《新科学》反复强调对宗教虔敬的研究是它不可分割的一部分，一个对宗教不虔敬的人，就不可能是一个真正具有智

---

① VICO G. The New Science of Giambattista Vico[M]. 3rd ed. New York: Cornell University Press, 1948: 385.
② VICO G. The New Science of Giambattista Vico[M]. 3rd ed. New York: Cornell University Press, 1948: 503.
③ VICO G. The New Science of Giambattista Vico[M]. 3rd ed. New York: Cornell University Press, 1948: 310.

慧的人。

如同苏格拉底所坚持的那样，卢梭也几乎持类似的观点：知道自己的极限是天生的善良。善良使人遵循自己的意愿而不损害他人，而美德则使个人能够克服自己的倾向并成功地受益于他人的福利。美德不仅正义，还能约束激情。文明提倡贪婪，而好人几乎没有需求，他们满足于自己拥有的东西。天性美好的保持离不开后天的教育，若要保持人的天性，培养真正的人，就需要道德教育。人天生就具有良心、理性和自由，它们使人具备了获得良好道德的基础。卢梭对人类这三方面的善性进行了具体的阐述。首先是人的情感，人具有自爱的本能情感，但并不直接指向善，而是为人向善提供情感引导的基础，良心是喜善憎恶的，是对善的天生追求；理性教导我们认识善和恶，以便获得道德观念；自由是自然人的本质，也是教育的第一个原则，人的自由天性使人可以独立自主地判断，由此产生的行为才可体现出个人的道德。卢梭认为，这些天性在促进人的道德发展方面要相辅相成。首先有情感，而后有善恶的观念，但天性的自然情感是无所谓道德的，良心独立于理智，但良心的发展需要理性的支持，理性可以使人获得善恶的观念，理解有关责任、义务等道德观念。但仅仅知道善，并不等于爱善。人虽然具有良好的天性基础，却不具备先天的道德观念，仍需借助后天教育和实践来发展良好的道德。只有根据这些基础和条件进行恰当的道德教育活动，才可培养儿童对个人的道德和对社会的道德的理解。

（九）自爱

卢梭对孩子的道德教育主要包括两个方面：一是培养儿童善良的情感，二是培养儿童良好的道德行为。他反对道德的认知和意志，直接强调情感与行为的重要性。在情感的培养上，他认为有一个由己推人的顺序。善良情感的培养，应该从"自爱"开始，这是孩子的第一情感；而第二情感就是对自己周围人的爱。自爱具有原始性和内在性，并将伴随我们一生。尽管这是一种内在的情感，但只要我们为儿童创造一个有爱的成长环境，他就会逐渐意识到，一个人如果被人所爱，是非常美好的，进而他也会慢慢地学会去关爱别人。对孩子来讲，自爱是一种本能，教育者应该满足他们的这种本能，用真爱去感染他们，来自心底的爱才能够抵达心底，并能够激发出传播爱的火花。

三、德育之法

（一）在集体教学中培养

德育如此重要，寓于教学之中，通过集体教学培养儿童的自信心和能力。"伟大的成就更多取决于能力而不是力量。"① 夸美纽斯建议遵照如下问题思考德育的培养问题："（1）无论教师多么出色，他如何一次教多个儿童？（2）怎么可能通过同一本书教授所有学习者？（3）学校中的所有学习者怎么可能一次做同一件事？（4）如何按照一种相同的方法教授一切？（5）能用几句话可以解释很多事情吗？（6）一次操作怎么可能相当于做两三件事？（7）学习科目应如何逐步分级？（8）清除和避免阻塞学习的方法都有哪些？"② 根据夸美纽斯的要求，简洁和及时的原则旨在消除教学过程中的障碍和延误，并直接达到预期的目标。因此，他提出了课堂教学制度，要求每个班级都有一个教室和一名教师。教师必须面对整个课堂，并且在没有个人指导的情况下进行集体教学，即一名教师可以同时教数百名学生。另外，将每个班级分成多个小组，每组十个学生，同时应选择一名学习能力出色的学生作为十名学生的领导者，以帮助老师管理其他学生。这样，培养学生自信心和能力最好的途径就借助集体教学而获得。

（二）借助故事培养

柏拉图认为最好使用寓言故事向儿童进行道德教育，但要注意谨慎地选择材料。因为成人的首要职责是对寓言的作者施加监督，选择优良的寓言作品，摒弃有缺点的寓言故事，借用寓言中的某些故事教育孩子们，这样他们就可以用寓言来塑造自己的思想，甚至比用手锻炼自己的身体更重要。夸美纽斯对此表示了高度的赞同："我们最应该重视的是，儿童最初听到的故事应该以最完美的方式适应促进美德的发展。"③ 借助寓言故事进行道德教育，目前是幼教中十分普遍且有

---

① COMENIUS J A. The Great Didactic of John Amos Comenius［M］. London，A.，and C. Black，1907：160.
② COMENIUS J A. The Great Didactic of John Amos Comenius［M］. London，A.，and C. Black，1907：164-180.
③ COMENIUS J A. Comenius' school of infancy：An essay on the education of youth during the first six years［M］. Boston：D. C. Heath and Company，1901：63.

效的做法，关键之处在于对故事材料的选择上。

（三）在劳动中培养

劳动教育是德育的重要组成部分。夸美纽斯倡导要让儿童习惯劳动，以使他们厌恶懒惰。福禄培尔认为，作为上帝精神体现的我们，也要"合乎事实地、具有典型意义地提到劳动和勤奋、活动和创造的崇高含义、深刻的意义和伟大的目标"[1]。夸美纽斯反复强调，人的劳动和工作，不只是为了维持自己的肉体生命，还需要进行创造，以一定的形式将存在于身上的某种精神体现出来，"这样他可以认识他自身的精神的、上帝赋予的本质，以及上帝的本质"[2]。因此，要让儿童尽早地进行工作和劳动训练，这不仅是德育的重要组成部分，也是人性的基本要求。

（四）运用冥祷培养

要培养儿童的虔敬之心，夸美纽斯认为可以通过以下途径：第一，通过我们的理解来做；第二，通过我们的意志来做；第三，通过我们与上帝联合的意识所产生的喜悦来做。要做到上述，应使用"冥想、祈祷和审判"[3]的方法。夸美纽斯尤其强调冥想的重要性，冥想需要专心且持续不断，这是一种思考上帝的作为、言语和利益的有意识方式，即以最罕见的方式接受了上帝的所有劝告，以实现自己的目标。上述三种培养对上帝虔诚的方法，应当在儿童时期就开始灌输。"一旦儿童能够使用他们的眼睛、舌头、手和脚，就应让他们学会朝天看，向上伸手，说出上帝和圣灵的名字。"[4] 还要告诉儿童："人的这一生，注定要永恒。我们在地球上的生命只是短暂的，我们要为永恒的家园做准备。"[5] "我们在地球上的唯一工

---

[1] 福禄培尔. 人的教育［M］. 孙祖复，译. 北京：人民教育出版社，1991：22.
[2] 福禄培尔. 人的教育［M］. 孙祖复，译. 北京：人民教育出版社，1991：23.
[3] COMENIUS J A. The Great Didactic of John Amos Comenius［M］. London，A., and C. Black，1907：219.
[4] COMENIUS J A. The Great Didactic of John Amos Comenius［M］. London，A., and C. Black，1907：220.
[5] COMENIUS J A. The Great Didactic of John Amos Comenius［M］. London，A., and C. Black，1907：221.

作应该是为下一个世界做准备。"① 现实中做事之所以出现错误不在于事物本身，而在于人。所以，我们要达到虔敬的目的，就要不断地反思自己的问题所在，除此之外，也可以从哲学家、演说家和诗人那里获得大智慧。在教育的过程中，如何敬畏人的本能并使儿童的内心和外在表现达到一致呢？如何培养儿童的崇拜之心呢？以下这些问题，可以帮助教师在教育的过程中做进一步的思考："（1）在品格形成中是否需要自尊？（2）身体对思想的影响通常被忽视吗？（3）外在的姿势和态度会对内在的感觉做出反应吗？（4）应该在孩子身上发展崇敬感吗？（5）儿童内心的宗教生活如何表现出来？（6）有比孩子的灵魂还重要的事吗？"② 所有教师应在日常活动中把这些问题牢记在心。当然，我们应该选择适合中国特色的德育内容进行思考，摒弃宗教问题，并在培养儿童的过程中体现出来，这样就不会走唯智的道路，中国儿童的德育之路就会走得更顺畅。

（五）在行动中培养

卢梭认为，人的一生就是认识自己、认识自己的同伴、认识生活以及认识社会的全部。人生活仅仅具有知识显然是不够的，知识必须内化，导致自我行为改变，才能创造与他人共存的、更美好的生活。但他认为，美德与无知是相关的，而罪恶与知识是相关的。人类天生就是好人，社会却在不断腐蚀他们。他声称现今的知识已经被利用，人们通过知识塑造行为以掩盖自己性格的不足，知识使人们表现得愉悦，而知识却不引领人们行善。所以，在他看来，一个知识丰富的人，不见得是一个道德高尚的人，而可能恰恰相反。

于是，卢梭旗帜鲜明地反对虚伪的道德说教，他认为讲得好和做得好不是一回事，受过良好教育的人和好人是不同的，教育中使用的漂亮的修辞和实践存在差距。但卢梭所处的那个时代，社会不欣赏诚实，只赞美善良的演说而不是善良的生活。而对于卢梭而言，美德不仅是道德准则的问题，更是道德行为的问题，践行道德行为比起道德研究来说更是一种道德实践。也就是说，如果我们愿意寻找真理，那一定是我们自己写的真理，而不是别人美化的真理。适当的行动不一

---

① COMENIUS J A. The Great Didactic of John Amos Comenius [M]. London, A., and C. Black, 1907: 221.
② HARRISON E. Questions on a study of child-nature [M]. Chicago: Chicago Kindergarten College, 1897: 05–23.

定与知识并驾齐驱，我们无须努力建立良好的声誉；相反，我们应尽最大努力去行动。总之，卢梭反复强调，在道德领域里，善良的行动胜于虚伪的演说。

那么，该怎样善良地去做呢？首先，自我训练与共同塑造是比较有效地进行道德培养的方式。这种训练从身体和灵魂训练开始，最终的理想应该是建立在由关心共同利益的良好公民建立的良好社会上。"如果道德和美德，完全没有品位，没有感觉，没有精致，这将防止我把我的财富用于追求空洞的梦想，防止我浪费金钱和精力来教育孩子们背叛我和嘲笑我。"① 卢梭的道德规范，意在不仅希望增进对自我的了解、对基本人类的更好理解，而且希望它能促进对文明人类自身的了解，从而唤醒人们对更"自然"生活的兴趣。其次，摒弃物质的羁绊。"一个阶段的堕落就能夺去灵魂的生命，当一个人成天为衣食而挖空心思的时候，是听不到内心的声音的。"② 教育不应只注意物质上的教育，更要去关注精神上的发展，以便让我们教育的学生会去和自己的心交流。再次，不损人利己。"在道德教育方面，只有一条既适合于孩子，而且对各种年龄的人来说都最为重要，那就是：绝不损害别人。"③ 要教育孩子善良，要了解孩子需要什么，我们应该给予他们什么，应该如何给予，这是教师们需要用一生来学习和思考的问题。

卢梭的德育内容是他的"自然教育"的一部分，"自然"在卢梭的著作中具有强烈的伦理内涵。重视外在的大自然环境仅仅是卢梭自然伦理的一部分，是他对现实文明世界所带来的罪恶的一种逃避。他深刻地揭露了现代社会的缺陷和西方文明的失败，这种文明无法使人们过上更幸福、更完美的生活。一方面，他批评所处的那个时代的弊端与当前社会的问题有许多共同之处；另一方面，他又将道德、自然、教育和政治结合起来，其形成的合力比当今社会重视这四者的关系要重要得多。人类文明之所以被各种阴暗、变态与撕裂所充斥，原因在于利益蒙蔽了人们的双眼，使得人们远离了自然的规律和人类的道德。只有遵循了自然的规律，人类社会才不至于变得扭曲。他的观点今天仍然值得思考。

儿童是社会的"代理人"。儿童的道德行为影响他们的世界，尤其是他们的社会世界，因此，儿童应该对他们的世界有所理解并与之建立良好的关系。亚

---

① WOLFF L A. Nature and sustainability: An educational study with Rousseau and Foucault [J]. Environmental Education Research, 2014, 20(3): 430-431.
② 让-雅克·卢梭. 爱弥儿 论教育（上卷）[M]. 李平沤, 译. 北京: 商务印书馆, 1991: 372.
③ 让-雅克·卢梭. 爱弥儿 论教育（上卷）[M]. 李平沤, 译. 北京: 商务印书馆, 1991: 115.

里士多德说过:"如果您想传达美德的含义,那么您已经在讲道德标准的问题,即您要叙述一个体现这一美德的人的故事——例如,阿喀琉斯代表勇气,佩内洛普代表坚毅,泰勒斯代表智慧。这样的叙述(古老的或现代的)为语用表述提供了衡量、判断和行动的范例。否则,如何分辨公正和不公正行为之间的区别呢?"①

是的,上文中的思想家谈及儿童教育过程中的道德教育,就是在为儿童教育提供标准和规范。尽管作者的时代背景和个人生平大不相同,但很多道德标准和规范趋于相近甚至相同,这些相近或相同的道德标准,比如对向善、节制、虔诚和服从等品德的肯定与宣扬,在今天的儿童教育中依旧熠熠生辉。

第二节 幼儿的精神世界

全面发展的人是精神世界丰富的人,幼儿教育如果失去对幼儿精神的研究,无异于研究动物。自由是人类追求的最高目的,自由是教育无法回避的话题。在教育思想史上,几乎所有的思想家都谈及幼儿的自由。从亚里士多德提出的"人本自由,为自己的生存而生存"②到文艺复兴时期人文主义者(如但丁和皮科)高喊的"自由的第一原则就是意志自由",再到康德提出的"自由是人之为人的真正尊严所在"的伦理学中,罗素把失去意志自由看作世间最恐怖之事以及黑格尔的"自由是人的本性"③和马克思的"人类的特性恰恰就是自由的自觉的活动"④,这些思想家们的论述都说明了人的存在就是人的自由。人有自由,就在于人有选择行动的权利,行动、价值和真理都是选择的结果。在幼儿自然教育领域里,思想家们依然要讨论幼儿的自由问题。

一、精神教育的神圣性

在夸美纽斯看来,人性与神性是一样的,因为人类精神世界的基础是人的

---

① KEARNEY R. What is diacritical hermeneutic?[J]. Journal of Applied Hermeneutics,2011.
② 亚里士多德.形而上学[M].吴寿彭,译.北京:商务印书馆,1983:5.
③ 黑格尔.哲学史讲演录(第一卷)[M].贺麟,王太庆,译.北京:商务印书馆,1959:26.
④ 马克思,恩格斯.马克思恩格斯全集(第42卷)[M].北京:人民出版社,1972:165.

形象对原型（上帝）的依赖，以及由此衍生的人性与神性的相似性。"正是神的形象，促使他去寻找自己原型的人（archetypus），从而为自己谋取了最高的利益（bonum）。"① 精神世界的根源是宗教（religio），是宗教或精神上的审慎导致人将自己塑造成神。根据夸美纽斯的观点，人通过信仰将自己的理性塑造成神圣的理性，通过爱将其行为塑造成上帝的旨意，通过希望将其塑造为造物主的力量，并为了上帝，为包括他人在内的所有生物服务。这种关系的基本原则就是人的意愿与上帝恩典之间的不断联系。尽管似乎人类意志的独立性和自由受到了一定程度的限制，但上帝并没有对任何人行使强制性，而是将所有的决策权留给了人类。如果上帝果真要强迫人类，那实际上是他对自己的创造施加胁迫，将人类意志变成非意志，将人类变成非人类，事实显然并非如此。当人向上帝敞开心扉，按照他的命令执行时，他总是自愿地行动。人不仅是上帝的隐喻式代表，而且是其真实形象，是根据他自己的自由决定权而获得的。他们有悖逆上帝并背弃上帝的能力，但是自愿服从会得到上帝的奖励。夸美纽斯明确地、反复地强调人的自由意志的优先地位，因为它超越人的其他特征，是人之为人最根本的追求。

　　福禄培尔认为：上帝与大自然等同，上帝是通过自然向世界启示的，上帝是大自然的另一个名字。反之亦然，万物是统一的，统一于上帝与自然之间。"教育应指导人们去了解并认识神圣的精神以及永恒的原则，这些原则赋予周围的自然以生命。"② 这种精神意味着绝不能让幼儿灰心丧气，不要让他们厌倦生活，而要让他们充满活力，强健身心，就像"真正高昂的男孩一样，他自然地充满活力，充满欢乐，从不认为他会对其他生命有任何伤害"。③ 因此，精神教育不只是课程的一个方面，它要教育所有的孩子，促进其身体、思想、感觉、审美意识、道德、想象力和创造力的发展，鼓励幼儿参与内部与外部世界，体验并了解欢乐和悲伤、爱与被爱的含义，即尽可能使自己成为一个完善的人，这就是福禄培尔

---

① ČÍŽEK J. The pansophia of Jan Amos Comenius with regard to his concept of nature[J]. Acta Comeniana，2014，28（52）：51-93.
② LIEBSCHNER B. Foundations of progressive education[M]. Cambridge：Lutterworth Press，1991：113.
③ LIEBSCHNER B. Foundations of progressive education[M]. Cambridge：Lutterworth Press，1991：133.

的精神教育。

在《人的教育》中，福禄培尔展示了他的精神教育的原则：神圣统一性或整体性；对立的规律和对立的联系；自我活动原则以及通过与世界互动而使孩子的内在生活不断发展的过程。福禄培尔的思想对诸如培养幼儿精神和学校精神等具有重要意义。当下精神教育的思想、以幼儿为中心的渐进式教育，尊重童年的"完整性、包容性、以人为本、培育性和非评判性"[1]等思想一定程度上受到了福绿贝尔思想的影响。诸多学校已将它作为自己学校的精神，教师将关怀和教学作为教育使命，孩子们能够在其中体验到自己存在的价值。这样的学校是一所人与人之间界限柔和、多样性统一的学校，是一所每位教师将关怀和教学融为一体作为使命、每个孩子都会感受到自己价值的学校。

狄尔泰认为对一切历史文本的解读都是对生命的理解："对于精神（Geist）来说，没有什么东西本身是陌生的，因为它建立更高的无限的统一，一切生命的核心，这是不为任何边缘所束缚的。假如存在的和能变易的东西原本并不包含在精神里和从精神发展而来，那么我们如何可能理解最奇特的、迄今最陌生的知觉、感觉和观念呢？"[2]一切皆在精神之中，没有精神即没有生命，也就没有存在，当然也就不可能有感觉。对于幼儿更是如此，失去了对他们精神的理解，就失去了对幼儿生命的理解。

二、自由何以重要？

（一）本能使然

根据夸美纽斯的说法，在这个小小的世界中，人与物质共存，与动物共享感官知觉的能力，但人类超越了前两者，具有不朽的精神和智力。不朽的精神和智

---

[1] BEST R. Exploring the spiritual in the pedagogy of Friedrich Froebel [C] // 15th International Conference on Children's Spirituality and the Whole Child: Interdisciplinary Approaches, July 26-29, 2016, Bishop Grosseteste University, Lincoln. International Journal of Children's Spirituality, 2016: 26-29.

[2] 弗里德里希·阿斯特.诠释学（1808）[C]// 洪汉鼎.理解与解释——诠释学经典文选.北京：东方出版社，2001：2.

力使他超越动物性。① 因此，人类与其他物种的区别在于自由意志或永生不朽。自由意志对于理解人至关重要，夸美纽斯将其置于最高的、完全自治的位置。也就是说，只有具备自由意志的人才能成为宣扬上帝无限智慧的适当对象。人的无限性在于他的不确定性和开放性。因此，他被赋予了无限的自由，他可以自己决定自己的命运。人类意志的自由是如此强大，以至于无法被他人、天使、魔鬼甚至上帝本人所限制，自由意志是人类本性的关键点。

夸美纽斯认为，在道德世界中，首先要强调人的纯粹的自由，要依靠人自身的明晰的智力定律、自由意志和自由经营的权力。由于人有自决的可能性，因此他除了自己不受任何其他事物的统治外，也应该能够在他不知道、不想要或无法控制自己的情况下，不被另一个人所统治。夸美纽斯重复了他在描述物质世界时所见到的无法估量的人类的力量：人类具有无限性，人类是一个如此独特而独立的人，他不能被任何其他生物所统治，他是万物的主宰者。

既然自由意志是人的本性，那么他就应不使自己受任何其他造物的奴役，甚至也不受自己的血肉之躯的奴役。他应当利用一切事物为他服务，对于在何处、何时、怎样和以何种程度使每一种事物得到充分的利用，人类不要无知；对我们的身体应得到何种程度的满足不要无知，对怎样顾及他人的利益也不要无知等。总之，"他应当能审慎地控制自己的动作和行动，包括外部的、内部的以及别人的"②。此处的"他"应用在幼儿教育领域，我认为应该指成人（主要指家长和教师），因为在成人的世界里，幼儿往往是弱者，经常受到他们的控制。对于孩子，成人们应该使其顺其自然地发展，孩子应该有自己的思想并能逐步控制自己的行为，成人应该放心大胆地允许他们运用一切自己可以利用的资源，与此同时，还要保证他们的行为恰当，引导幼儿在不损害别人利益的前提下，恰当处理自己和他人的关系。

（二）文化使然

维柯的《新科学》其实就是一部人类追求自由的实践史。他考证了人类初期

---

① ČÍŽEK J. The pansophia of Jan Amos Comenius with regard to his concept of nature [J]. Acta Comeniana, 2014, 28 (52): 51-93.
② 夸美纽斯. 大教学论·教学法解析 [M]. 任钟印, 译. 北京: 人民教育出版社, 2006: 36.

的特质:"人尽管羸弱,却有自由选择,能够把情欲变成德性。"① 人的自由选择是意志自由对肉体的控制,而意志自由是一切优良品质的来源,是公平事物和一切凭公道制定的法律。他用历史的进程证明了人类自由意志的存在和自由意志对历史发展的促进作用:"人类存心要满足自己的淫欲,抛弃自己的子女,而他们却创建了合法的正式婚姻制。各家族就是由婚姻制产生的。"② 家族父主们"存心要对自己的受庇护者们毫无节制地运用父主权,而他们却使受庇护者服从民政权力,诸城市就是由民政权力产生的"③。贵族的统治阶层"存心要对平民们滥用主子的自由,而他们却不得不服从法律,而法律就奠定了民众自由"④。各族自由的人民"存心要摆脱他们的法律束缚,而他们却变成服从独裁君主的臣民"⑤。独裁君主们"存心要巩固自己的地位,于是用各种淫逸的坏风气来腐化臣民,而结果却把人民交送到较强民族手里去忍受奴役"⑥。这些民族"存心要瓦解自己,而他们之中的幸存者却逃到荒野里去求安全,在那荒野里他们像不死的凤鸟,死了又活过来了"⑦。无论是个人、家庭、普通民众还是民族的行为,造成这一切情况的都是心智,因为人们是凭理智来支配行为的;是经过心智选择,不是命运如此;选择也不是偶然的,因为他们经常这样做。其实,维柯要借助这些历史进程赞美人类具有主观能动性的前提是他有自由意志,"存心要"就表明了人类具有这种自由意志选择的能力,而不是上帝的婢女。人的存在就是人的自由。人有自由,就在于人有选择行动的权利,行动、价值和真理都是选择的结果。

---

① VICO G. The New Science of Giambattista Vico [M]. 3rd ed. New York: Cornell University Press, 1948: 310.
② VICO G. The New Science of Giambattista Vico [M]. 3rd ed. New York: Cornell University Press, 1948: 502.
③ VICO G. The New Science of Giambattista Vico [M]. 3rd ed. New York: Cornell University Press, 1948: 584.
④ VICO G. The New Science of Giambattista Vico [M]. 3rd ed. New York: Cornell University Press, 1948: 598.
⑤ VICO G. The New Science of Giambattista Vico [M]. 3rd ed. New York: Cornell University Press, 1948: 1104.
⑥ VICO G. The New Science of Giambattista Vico [M]. 3rd ed. New York: Cornell University Press, 1948: 1105.
⑦ VICO G. The New Science of Giambattista Vico [M]. 3rd ed. New York: Cornell University Press, 1948: 1106.

（三）精神使然

"尽管卢梭的思想是启蒙时代的产儿，不过，相对于其他的启蒙思想家，他更加强调自由，他把自由拔高到无以复加的程度，看成人的本质力量，甚至发出了'不自由，毋宁死'的呐喊，认为放弃自己的自由，就是放弃自己做人的资格，就是放弃人类的权利，甚至就是放弃自己的义务……取消了自己意志的一切自由，也就是取消了自己行为的一切道德性。"① 在他看来，放弃自由是不合人性的。自由就是自主，包括三个不断进展的层面：自然自由、社会自由和道德自由。所谓自然状态的自由，是天赋的，生而有之，不可剥夺；社会自由的实现是一个克服人性堕落、扬弃社会异化的动态历史过程；道德自由的实现则是这一历史过程的自觉化，亦是人性本身的完善化过程。"在所有一切的财富中最为可贵的不是权力而是自由。真正自由的人，只想他能够得到的东西，只做他喜欢做的事情。"② 教育的最高目的在于培养自由人，人的自由问题是卢梭关注和追求的核心问题，他把人的教育过程视为一个走向自由的过程。只要把这个原理应用于幼儿，就可以源源不断地得出各种教育的法则。

三、幼儿不自由之原因

世界上存在着两种依赖：对物的依赖和对人的依赖。对物的依赖属于自然的，对人的依赖属于社会的。卢梭认为："物的依赖不含有善恶的因素，因此不损害自由，不产生罪恶；而人的依赖则由于没有秩序，因此罪恶丛生，而且正是由于这种依赖，才使得主人和奴隶都互相败坏了。"③ 卢梭奉劝成人："要使孩子只依赖于物。你要在孩子的教育过程中遵循自然的秩序。"③ 在偏见和人类习俗没有败坏人们的自然倾向以前，孩子和成年人之所以幸福，完全在于他们能够运用他们的自由。当然，要抛开孩子因身体柔弱而受到限制这种生理状况。如果一个人是自足自由的，那么，他做什么都是快乐的；生活在自然状态中的

---

① 让-雅克·卢梭.爱弥儿：精选本［M］.彭正梅，译.上海：上海人民出版社，2011：2-3.
② 让-雅克·卢梭.爱弥儿：精选本［M］.彭正梅，译.上海：上海人民出版社，2011：35.
③ 让-雅克·卢梭.爱弥儿：精选本［M］.彭正梅，译.上海：上海人民出版社，2011：37.

儿童和成人就是这个样子。"为什么自由自在、无拘无束的人的孩子，同那些自以为用时时刻刻干预他的行动的办法能培养得更好的人的孩子相比，不仅不那样的虚弱多病，反而更结实。"① 卢梭的答案是他们拥有自由。当然，自由不是无限度的，没有绝对的自由。即使在自然状态中，孩子们也只能享受部分的自由。

　　孩子自由的缺失在于成人的限制，卢梭于是展开了对成人的批判："他们一生下来你们便妨碍他们的活动；他们从你们那里收到的第一件礼物是锁链，他们受到的第一种待遇是苦刑。除了声音以外，什么也不自由，他们怎能不用他们的声音来诉他们的苦呢？"② 要尊重幼儿，不要急于对他们做出好或坏的评判。我们要让孩子的生命尽量免受因人为而非由大自然强加于他们的束缚，只有让孩子享受天赋的自由，才可以使他们在一个时期中不会沾染奴性恶习，才会真正成为保护自己自由，也会尊重他人自由的人。

　　所以，我们要给孩子真正的自由，给他们自由玩耍的权利、自由做事情的权利、自由想问题的权利，让他们自己去尝试，去锻炼。在这个过程中，我们要做的就是当他们的观察者，在适合的时候帮助他们，不应该给他们过多的干预。自然赋予他们的权利，我们应该全部给他们。这样孩子就会有自由的空间，进行自由的行为和自由的思考，教育的功能就能更好地发挥出来。

四、自由教育之法

　　幼年时期因不受压制而形成的强大的创造力和精神世界将会对一个人的成功起到巨大作用。家长和教师是幼儿精神发展的见证人，他们无法阻碍幼儿精神发展的进程，却可以影响幼儿精神发展的质量。很多人都认为孩子长大成人是母亲教育的功劳，蒙台梭利却认为，实际上母亲仅仅是生了他们并辅助他们成长而已。幼儿在母亲身边，受母亲和周围环境影响长大，但幼年他离开母亲，在另外的环境中生存，他依然会成长，依然会塑造自己的人格特征。不过，"我们今天

---

① 让-雅克·卢梭.爱弥儿　论教育（上卷）[M].李平沤，译.北京：商务印书馆，1991：55.
② 让-雅克·卢梭.爱弥儿　论教育（上卷）[M].李平沤，译.北京：商务印书馆，1991：17.

的教育只注重方法、目标和对社会需求的满足，却对人本身未做任何考虑"①。为幼儿创造一种轻松愉快、没有压力、可以让幼儿自由吸收知识的环境，是幼教应该努力的方向。

蒙台梭利认为，在天生、自发和充满活力的作用下，幼儿具有强大的内在潜能和继续发展的积极力量，幼儿的脑海中有一种难以捉摸的东西，这是幼儿成长的一种隐藏模式。发展，只有在发展的过程中才能展现出来。蒙台梭利生动地描述了幼儿的生理和心理发展的过程，她使世界了解了幼儿具有丰富的潜能。但是幼儿只有在适合他年龄的环境中，心理才会自然发展，才会显示出他的内在秘密。

幼儿在蒙台梭利的幼儿园里过着简单、健康的生活。幼儿通过自主地选择适合自己的学习方式，自发地学习，构建完整人格的同时，也尊重他人的权利。蒙台梭利所倡导的自由学说在此是成立的。基尔帕特里克（Kilpatrick）曾进一步深入探讨了蒙台梭利关于自由的四个问题："（1）孩子运动是他自己的自由选择？（2）如果教师允许孩子自由选择，他们如何在小组活动中合作？（3）教师如何确保孩子掌握必要的技能和知识？（4）教师如何整合幼儿的自由以符合社会标准？"②蒙台梭利其实对这些问题做出了回答：每个孩子天生拥有无限的能力，教师应给予每个孩子天生的自由权，包括身体、道德和精神上的自由。

幼儿的心灵就像花园，需要充足的阳光、水分、肥料。因此幼儿所生活的环境一定要充满幼儿感兴趣的东西，这样可以更好地刺激幼儿，让幼儿可以充分释放自己的天性，自由发挥自己的潜能，幼儿的心智和性格也才能沿着正确的道路顺利发展。幼儿的思维方式与成人不同，因此他们处理问题的方式与成人也是不同的，幼儿有自己的方式方法，可以满足自己的真正需求。在亲身的自由实践中，幼儿获得了经验的积累，逐渐地学会自己解决出现的各种问题，成人只需要给予幼儿充足的自由选择和足够的信任即可。反之，成人的各种限制甚至是威胁只会让幼儿感受到更多的压力和束缚，反而会起到消极作用。

但现实是，限制幼儿自由行为的现象随处可见。蒙台梭利说："人们应该为

---

① 玛利亚·蒙台梭利.有吸收力的心灵［M］.高潮，薛杰，译.北京：中国发展出版社，2003：18.
② LANG I. A comparative study of the philosophies of John Amos Comenius and Maria Montessori on the education of children［D］.Chicago：Loyola University Chicago，1965.

忽视或者遗忘了幼儿的权利、没有认识到幼儿的价值、力量和幼儿的真正本性感到良心不安，感到愧疚。因为幼儿可以不受成人的任何约束、可以不接受任何自上而下的命令、压制与强迫，而能够随心所欲地做自己喜欢的活动，自然地发展。教师有责任不干扰学生的活动，不干扰自然赋予他的无懈可击的智慧，教师应当把一切都交给他。"① 关于如何培养幼儿自由精神的问题，蒙台梭利和卢梭持同样的观点：让幼儿到大自然中去，在允许幼儿自由表达自己需求的条件下观察他们。教师只有秉持这种态度才称得上是尊重幼儿。总之，蒙台梭利向我们展示了孩子真实的内心需求，向我们展示了孩子未知而陌生的秘密世界，这为我们认识孩子并为其发展提供自由的空间和环境奠定了重要的理论基础。

关于幼儿的自由问题，尽管上述思想家不遗余力地为此呼吁呐喊，但是，从解释学的角度来看，幼儿自由权利的获得，既需要保护的"消极"权利和适当的参与权，又需要获得国家和社会援助的"积极"权利。应该感恩的是，恰恰是因为这些思想家们的努力，当代幼儿的自由权利得到了社会的重视。幼儿权利与成人责任之间的特殊关系在1924年和1959年的早期国际协定中得到了更明确的承认，而1989年《儿童权利公约》是其中的一部分。成人和社会对幼儿的职责、对保护和照料特殊儿童的责任、幼儿对特殊保护的需求以及获得额外的爱与理解的需求在如今更加受到重视。

自由与教育是人的本质追求，于幼儿来说亦是如此。康德根据物的二重性引出人的二重性，人的二重性又决定了教育的二重性，即自然性的教育和实践教育。"自然性的教育通过规训人的野性，培养人的心灵能力，为人自由运用理性能力做准备；实践教育通过使人遵守道德法则，从而实现人的本质——自由，自然性的教育是实践教育的基础。"② 同时，幼儿的自由并非无限，而是应该与纪律统一起来。在教育实践中，教师要学会区分幼儿的自由和幼儿的为所欲为，如何既能够保证幼儿的自由，又能够让幼儿的自由得到正确的彰显，就成为教师需要不断思考与实践的问题。

---

① LANG I. A comparative study of the philosophies of John Amos Comenius and Maria Montessori on the education of children [D]. Chicago: Loyola University Chicago, 1965.
② 张晓密. 教育的本质是实现人的自由——康德的教育思想[J]. 濮阳职业技术学院学报, 2017（4）: 135-138.

第三节 自然教育的终极目标

教育的目标是培养人，自然教育的终极目标到底是培养什么样的人呢？笼统地说，当下社会在父母羽翼下生长的没有主见的"塑料儿童"太多，他们是被规则或规划目标牢牢框死的"机器小孩"，而自然教育其实就是培养一个"没病"的孩子。让我们回归经典，回顾自然教育思想家们所期盼培养的人，以审视当下儿童人才培养目标问题所在及其存在的原因。

一、培养全人

顺应自然的最终目的是什么呢？是培养具有知识、德性和虔信的全人，这是夸美纽斯自然教育的最终目的。上文已经谈到，这种人具有渊博的学识、良好的道德及虔信的品质。夸美纽斯对此进行了细致的解释："我们所理解的博学是指了解一切事物、人文学科和语文的知识。我们所理解的德行不是外表的装饰，而是我们内在的和外在的运动的全部倾向；我们所理解的宗教信仰是人的头脑据以归属于最高的神性，与最高的神性紧紧结合的内部的崇敬。"① 学问、德行和虔信这三颗种子在《大教学论》中提到过多次，学问体现了夸美纽斯对知识的崇敬；德行不是靠外在装饰就可以获得的，它不是一件装饰品，而是笃行的产物；虔信主要体现人对神以及宗教的信仰。

尽管"知识、德行和虔信的种子自然地深植在我们身上，但实际的知识、德行和虔信并没有给我们，必须靠祈祷、教育和行动才能得到这些"②。这里点明了虽然这三者是种植在我们身上的，可是这实际的内容却是靠后天的教育加以引导，才能真正体现在我们身上。"谁也不能对幼儿的性格负责，但是用恰当的训练使他们成为有德行的人，这是我们力所能及的。"③ 教师是儿童非常重要的人，因为在儿童学习的过程中，教师对儿童会起到引导的作用。如果教师对儿童的学习不加以引导的话，在以后的学习中，儿童就会产生厌倦，最终对儿童产生不良

---

① 夸美纽斯.大教学论·教学法解析[M].任钟印，译.北京：人民教育出版社，2006：37.
② 夸美纽斯.大教学论·教学法解析[M].任钟印，译.北京：人民教育出版社，2006：51.
③ 夸美纽斯.大教学论·教学法解析[M].任钟印，译.北京：人民教育出版社，2006：87.

的影响。

德行对人类而言是一种重要的品质,有一定的先天性,如果再加上自然的引导,儿童就会成为一个有德行的人。西塞罗说:"首先教给我们虔信的是自然。""德行的种子撒播在我们的气质中,如果我们得到发展,自然本身会引导我们达到幸福的生活。"①夸美纽斯又进一步说:"如果我们要想找到纠正自然缺陷的方法,我们必须从自然本身中去找,因为肯定无疑的是,人事若不模仿自然,就一事无成。"②《大教学论》中,很多地方都提到了宗教,但在自然面前,宗教需要给它让路。夸美纽斯所认为的全面发展的人,是遵守自然规则的人。

二、培养自然人

对卢梭而言,自然教育的目的非常明确,就是培养自然人。笼统地说,自然人即完全自由成长、身心协调发达、能自食其力、不受传统束缚、能够适应社会生活的一代新人。在人类社会中,他不被欲念、偏见和权利所吸引,而能用自己的眼睛去看、用心去想、用理智去判断,而不为其他因素所影响和控制。卢梭所要培养的自然人和所开展的自然教育是服务于社会生活的,并且是为了孩子能够更好地进行生活,让孩子能够成为自己,不轻易地受外界的干扰,有自己的思考能力和解决问题的能力。那么,具体什么样的人算是自然人?

(一)自力更生之人

卢梭认为的自然人首先是不依附于任何人、具有独立的生存和生活能力的人,他应该具有这种特质:"自然的学生,他从小就锻炼自己尽可能地依靠自己,所以没有经常去求助他人的习惯,更不善于向他人炫耀自己的学问。不仅如此,他对所有一切同他有直接关系的事物都要进行判断,考虑其后果和分析它的道理。"③ 卢梭提到孩子从小获得的许多经验是取之于自然而不是取之于人的,因为

---

① 夸美纽斯.大教学论·教学法解析[M].任钟印,译.北京:人民教育出版社,2006:45.
② 夸美纽斯.大教学论·教学法解析[M].任钟印,译.北京:人民教育出版社,2006:93.
③ 让-雅克·卢梭.爱弥儿 论教育(上卷)[M].李平沤,译.北京:商务印书馆,1991:139.

自然在孩子的成长中起着重要的作用。通过这种自然的教育方式，孩子将发展自己的观念，并受自己的意志支配，而不是他人的意志支配。教育者就是应该为孩子创造机会，让他们在生活中和自然中获得经验，学会对事物进行观察和思考。

（二）自制自爱之人

欲念是人的本性，欲念是自然的，而自爱符合自然的秩序，欲念和自爱存在相互关系。"所有一切欲念的本源，唯一同人一起产生而且终生不离的根本欲念，是自爱。"① 也就是从广义上说的自私。欲念是原始的、内在的、自然的。自然赋予我们的欲念是自爱，所以我们应该理解并去发展这种自爱。那么，怎样才算自爱呢？

由于每一个人对保护自己负有特殊的责任，因此，我们最重要的责任首先应当是不断地关心我们的生命，使自己免受各种外来的伤害自己身体和心灵的行为。其次，要培养敦厚温和的性情，减少欲念。因为偏执妒忌的性情易产生自私。如果一个人需要的越多，欲念就会越强，心理就会产生各种不平衡，矛盾也会随之而来。所以，要使一个人善良，就必须减少他的需要，并克服攀比心理。"如果一个人的需要多，而且又听信偏见，则他在本质上必然要成为一个坏人。"② 自爱不仅不是由自然产生的，而且它还限制着自然欲念的膨胀，当然，我们要自爱就要懂得付出，在自然的过程中爱别人。如果只会自爱，我们的爱就不会持久。再次，在教育领域里，自爱表现在使儿童学会谋生的手段，不去过那种依附高官厚禄的寄生生活，不受权贵的奴役，自由自在地享受大自然赋予的权利，人人平等，互助互爱。教师要理解孩子成长过程中的一些不好的行为，因为他们的任何行为都是有原因的。当然，教师要相信孩子的行为并没有恶意，只是未被我们理解而已。卢梭认为，只有经过教育，才能使儿童的心灵免受各种偏见的腐蚀，及早地养成支配自己身体和自由的能力，保持自然的习惯。待他长到成年时，他就会选择一个没有奴役的环境，谋求自己的幸福。他不会受等级、阶段和职业等外在因素的限制，完全是为他自己而生活。

为了让孩子意识到自然自我，成人需要给他权力，让他进行自由的探索。糟

---

① 让-雅克·卢梭.爱弥儿 论教育（上卷）[M].李平沤，译.北京：商务印书馆，1991：95.
② 让-雅克·卢梭.爱弥儿 论教育（上卷）[M].李平沤，译.北京：商务印书馆，1991：291.

糕的是，现实中的孩子的自我被"教育"压制。其实，孩子发展的最终目标不是模仿，而是自我实现，成为自己。为了使孩子实现自己是自然的独特的一部分，学校环境必须反映儿童与自然的相互联系，并尊重每个孩子独特的自我实现的自然需求。根据马斯洛（Maslow）的需求等级，实现是基本需求量表中的最后一项。这意味着家庭和学校必须成为能够满足儿童生理、安全、归属感和自尊需要的环境，然后鼓励儿童不断探索以实现自我。

（三）知足之人

卢梭构想的自然人，是处于一种内外平衡状态下的自然人，在这种状态下，他的需求没有超出自身的能力，他通过自己的刻苦努力满足了他的所有需求。自然人对自己的生活感到满意，他不需要别人认可和崇拜他，因此，凡事他都独立做出决定，不需要别人的意见。换句话说，他是自由的。但当人们将文明作为标准时，所有所谓体面的人的行为都变得虚浮，但自然人是真实的。

所有人都希望得到幸福，但为了取得幸福，就必须首先知道什么是幸福。卢梭认为的幸福的自然人就是简单生活的人："幸福就是免于痛苦，也就是说，它是由健康、自由和生活的必需条件组成的。"① 幸福是什么，就是不因外界的干扰而放弃自己，而是更好地去发现自己。"一个人要能够在自己的地位发生变化的时候毅然抛弃那种地位，不顾命运的摆布而立身做人，才说得上是幸福的！"② 自然人的幸福是我们追求的。在现在这个时代，很多孩子对于幸福还没有概念，教师要做的就是给他们树立一个好的幸福观，即简单的生活就是幸福。时代虽然在进步，有些东西依旧要回归自然。"人愈是接近他的自然状态，他的能力和欲望的差别就愈小，因此，他达到幸福的路程就没有那样遥远。只有在他似乎是一无所有的时候，他的痛苦才最为轻微，因为，痛苦的成因不在于缺乏什么东西，而在于对那些东西感到需要。"③ 自然的状态是一个很好的状态，人之所以不快乐，是因为追求的东西太多，越不知道满足，越感觉痛苦，自然的状态就是让我们看淡一些事情，只珍惜自己拥有的，便可。

---

① 让-雅克·卢梭.爱弥儿 论教育（上卷）[M].李平沤，译.北京：商务印书馆，1991：233.
② 让-雅克·卢梭.爱弥儿 论教育（上卷）[M].李平沤，译.北京：商务印书馆，1991：261.
③ 让-雅克·卢梭.爱弥儿 论教育（上卷）[M].李平沤，译.北京：商务印书馆，1991：75.

三、培养和谐人

福禄培尔明确指出，教育的目的是鼓励和引导人成为有意识、有思想和有感知力的人，以这种方式使他成为他内在纯粹和完美的代表。儿童要实现自己的选择，教育必须向他展示实现这一目标的方式方法。创设允许儿童实际工作和直接使用材料的教育环境，儿童的全面发展在那里就会得到满足。长此以往，孩子就会成长为一个好公民。

在福禄培尔看来，教育的基本定律是统一的法则。教育必须使孩子能够理解团结的原则，并使其与上帝有属灵的结合。教育应该引导儿童，在与自然和谐相处、与上帝团结的过程中，能够更加清晰地认识自己；教育就是使每个孩子都了解他的环境，不断认识自己和人类、认识上帝和自然。对福禄培尔而言，教育不是为未来生活做准备，教育就是现在，是当下真实自然的生活。

四、倡扬本性人

（一）爱意丰盈之人

蒙台梭利认为，儿童从本质上讲都具有爱，尤其是对抚养他的成年人，更是情意满满。儿童的特殊情感对象是成年人，他们从成年人那里获得物质上的满足，真诚地向成年人表明他们成长的各种需要；他们向成年人学习说话，学习认识周围的世界。对于孩子来说，成年人是可亲、可敬、可信赖的。孩子爱成年人天经地义，但他们的爱意不是无限度的，孩子的服从也不是没有边界的。当成年人要求他们放弃对自己成长有益的自然本能时，他们就不会服从，而会愤怒和抵制。这是他们的创造冲动与所爱的成年人不了解他们的需求相冲突的结果。当孩子不听话或对成年人发脾气时，我们应始终将其视为内在冲突的表现，并尽力将其解释为防御行为。爱不是原因，而是结果。

（二）迷于工作之人

根据蒙台梭利的说法，自然人是与自然互动的人，换句话说，就是按照自然法则行事的人。这种人最基本的本能是工作，因为孩子们工作时不会感到疲倦，儿童是为工作而生的。蒙台梭利因此强调，源于儿童的工作本能，阻止儿童工作就是一项非常危险的举措。对她而言，这样的尝试类似于从土壤中取出植物。从土壤中取出植物时，植物与自然的接触会减少。同样，当阻止孩子工作时，也消除了孩子与自然的接触。在这种情况下，儿童就无法发展出属于他们的特定性格。

自然人除了具有工作的本能外，也非常有纪律性、有耐心，并能够保持一致性和连贯性，这些特征都是勤奋工作的结果。对儿童来说，工作激发了他们的本领，并使他们在严明的纪律下继续不断地努力。这些孩子可以摆脱一切不稳定的习惯，例如不稳定的情绪、懒惰、叛逆和虚假等。孩子通过活动来顺应自然，当然，这些活动是有规则的，是朝向一定目标的。个人定期的活动满足了他与自然接触的愿望。据蒙台梭利介绍，自然界总是有趋向完美的趋势，大自然中的一切都会随着运动而改变，人也只有通过运动才能达到完美。工作的人通过顺从自然来保护自己的自由，自由就意味着他的完美。蒙台梭利以"工作的本能"为基础，在这种认识的框架内创建了蒙台梭利教育法。

（三）自我支配之人

一个理性的人是可以支配自己行为的人，他不受感觉刺激，而是能够用意志控制他本身。如果一个人不能达到这个目标，那么他就无法获得理性人所期望的结果。当成人不加思索地说孩子是一棵植物、一朵花时，这意味着他应该安静。所有这些都表明我们对儿童心灵的无知。成人与儿童之间的冲突主要是由成人引起的。如果成人不了解孩子的天性，就不了解孩子积极的精神生活，并错误地认为自己是孩子的创造者；成人只关注孩子的身体需要，不了解他们心理发展的规律；成人在与孩子打交道时，无论是出于自我利益还是以自我为中心，他们都将孩子置于自己的生活轨道上，或者从他们与孩子的关系中判断孩子的好坏。这样的教育，培养不出能够自我支配的人。

成人的环境不是适合儿童的环境，而是一系列阻碍孩子发展的障碍，这些障碍将助长儿童的抵御心理、增强儿童的防御能力、扭曲他们的心灵。其实，在适合儿童年龄的环境中，他们的精神生活可以自然发展并显示其内在秘密。如果教育不能坚持这一原则，那么今后所有的教育努力只会导致更深层次的不断混乱。

夸美纽斯、卢梭、福禄培尔以及蒙台梭利等思想家用鸿篇巨制来论述教育，其目的在于为当时社会培养合格的人，试图通过教育进行社会改良。我们欲彻底地理解作者的意图，只有完全理解作品的语言表达才能解释一部作品，理解部分才能理解作品的整体意义。要理解上文作者，前提是理解他们所处的历史时代以及他们所使用的语言，同时了解自然教育的其他部分，从而能够整体地理解作品所透露出的自然人的含义。

小结：教育是自然有机的发展

文本应该能激发灵感，使我们在解读作者的同时，能够看到过去和未来，否则毫无意义。我们要想更好地走进这些思想家的自然教育思想中，就需要通过客观的重构和主观的重构使自身与作者等同，将自己置身于夸美纽斯、卢梭、福禄培尔和蒙台梭利当时的语境中、时代精神中和个人的内心生活中，否则误解将不可避免地发生。

一、视阈的融合

"我们必须努力成为文本所期待的直接读者，以便理解暗示的意思和把握比喻的精确含义。"[①] 如前文所述，依据施莱尔马赫的"作者中心论"的观点，我们就是文本所期待的直接读者，而不是经过其他人解读过的文本的读者。

视阈的融合，是读者基于自身的学术素养和时代背景与作者的融合。对没有宗教信仰的人来说，读懂夸美纽斯和福禄培尔以及维柯，着实比较困难，不少人感觉他们的作品充满着宗教的神秘，类似于痴人呓语。缺乏捷克、罗马、法国、意大利等国家不同时代的历史背景知识，以及捷克文、拉丁文、意大利文和法文等的语言基础，要想真正理解这些教育思想的巨人，举步维艰。如果没有系统地阅读这些思想家的作品，而把持其中的一部，也很难说我们理解了作者某一方面的意思。因为某一时期的作品只能代表某一时期的观念。思想随着时代、个人生活经历、学术经历的变化而不断地变化，有些思想家会随着思想的成熟而不断地变化，甚至否定自己前期的思想，比如卢梭。所以，整部著作，笔者并没有对作

---

① 弗里德里希·施莱尔马赫.诠释学箴言（1805-1810）[C]//洪汉鼎.理解与解释——诠释学经典文选.北京：东方出版社，2001：24.

者的全部思想进行客观评述，一是缘于作者的学术积淀并不深厚，没有能力进行宏观而客观的评述；二是限于本部著作的重点，没有必要进行全面评述，研究只抽离了这些思想家的自然教育思想的积极之处，只为当代中国儿童自然教育研究和实践提供理论支持。

理解是一种对陌生事物的心理状态的再感觉和对个别物的重新理解。人类的幸福感就是建立在用现代人的意识来极目过去的文化，吸取过去文化的力量并追享着它们的魅力，所以人类努力尝试从这种对个别物的客观把握中推出普遍的合规则的关系和包罗万象的联系。如果要比他们更好地理解他们自己，我们必须掌握这些思想家所使用的那种语言知识和历史文化知识，这种知识应该比原来的读者所掌握的知识更精确，尽管原来的读者也必须将自己置身于这些思想家的位置上。这是古典阐释学的普遍观点，也是本研究极力去做的事情。

二、教育是自然有机的发展

由于儿童不能像成年人那样充分地发表自己的言论，当然，上文已叙，儿童权力被剥夺的方式多种多样，所以，最重要的是必须打破或重建成人拥有社会各种机会和权利的世界。那么，所需要的既包括成年人的自我改造，也包括儿童自身自我创造力的逐步发展。这种能力起源于儿童的游戏和想象力以及他们与社会互动和改变社会的能力。这些问题在儿童自然教育思想家那里，以"一种或另一种方式将一个变化的世界追溯到婴儿出生时产生的可能性"[1]，在一定程度上回应了上述的问题，即教育是自然有机的发展。这种发展最好借用哲学阐释学中的一个概念"Bildung"给予解释：它是德语的"教学"术语，指的是"教育自己或形成自我"。它指人的自我形成、教育或修养，是人文科学中的重要概念。作为18世纪理想主义的一部分，它最初指的是生物的有机生长，类似于自然科学中基于先天遗传原理将种子发展为果实的过程。然而，对于洪堡和席勒（Humboldt and Schiller）来说，将"Bildung"定位为人类的首要目标，因为我们人生的真正

---

[1] WALL J. Childhood studies, hermeneutics, and theological ethics [J]. The Journal of Religion, 2006: 523-548.

目的是将人的多样化才能整合成一个平衡的整体，所以被动成熟对人类来说并不够好。人类必须通过与周围世界的积极互动来发挥自己的全部潜能。伽达默尔强调，"Bildung"主张每个人都可以通过教育和修养得到发展，而不是被动作为一种既有形式的接受者，个人可以通过与其文化、社会和地理环境的互动来逐渐发展自己的先天潜力。因此，"Bildung"指出了人类发展或培养自身能力的方式，它与有机增长密切相关，是对个人追求自我实现的肯定。整部儿童自然教育论，其实就在说明这样一个问题，人的发展应该顺应自然并与社会、文化交互作用，主动地进行自我完善。幼儿在与自然进行自在、自由和自主互动的过程中，各种能力如自主发展能力、社会参与能力和人文素养能力[1]得到逐步提升，以便成为地球管家。

三、理解是一种实践经验

根据伽达默尔的观点，理解不是一种可选的行为，相反，理解构成我们日常生活的人、事件和实践，因为我们是天生存在于或被抛入社会历史语境中的，而这些语境充满了已经被解释过的各种含义。理解是一种普通的实践经验，我们通过参与、关心人与事件而获得经验。伽达默尔将这种理解称为"诀窍"，即一种了解周围情况和人们基本生活方式的方式。作为一种实际参与和体验的方式，理解永远是对自我的理解。对自然教育思想家的博大思想的理解和阐释，实际上是笔者参与获得自然教育概论的一次实践历程，也是笔者将这些理论运用到教育实践领域的基础。

伽达默尔说，要检验我们的假设并不是只能通过内省，而只有在与人和事件进行实际接触的过程中，我们根深蒂固的偏见以及构成个人理解的社会历史解释才可以被检查。本部作品梳理并阐述了儿童自然教育的系统思想，这些思想是否被现代人所内化？在什么情况下它们会被反思？在多大程度上它们会被应用于儿童的生活实践中？这些思想在儿童的自然生活世界到底能够得到多大程度的检验？种种省思，正是本文探讨的问题及下一步要做的事情。

---

[1] 林松柏.基于能力范式的教学改革理论创新和实践[M].北京：科学出版社，2023：28.

致　谢

　　笔者幼儿自然教育的研究，发端于博士后合作导师虞永平先生的指引。他博学多才，有深厚的学养积淀和见多识广的经验积累。他在四十余年耕耘幼教事业的生涯中发现：全国各地不同文化、不同地貌形态、不同园所级别、不同本土语言的幼儿园的自然教育实践，尽管园所在此领域竭尽所能，但仍普遍地存在"用自然教育的符号化行去自然教育之实"的问题。究其根源，在于教育者缺乏自然教育的理论底蕴。因此，挖掘历史上自然教育思想家的自然教育之观，以期改进传统的教育理念，本研究就此被寄予厚望。

　　在论文构思的过程中，先生给予多次方向的引领和帮助思路的构建。从主题上，几易此稿：先由区分内在自然教育与外在自然教育，到农村幼儿自然教育研究，再到自然教育理论与实践的结合研究。最后，由于本人到美国开展幼儿自然教育访学，获得了更多宝贵的资料和实践经验，便打破了原有的研究框架，将研究分为了理论和实践两部分，主要关涉自然教育的历史与理论。由是，方法论的选择亦有变化，从先生指导的荣格的无意识论走向了古典和现代阐释学。

　　导师虞永平先生温文尔雅，言谈举止处处散发着人格的魅力。几年来，先生对本人研究的支持，竭尽全力；对学术的要求，严谨求实。在论文的指导上，先生倾心倾力，从主题、思路到段落逻辑、句子表达乃至标点符号的运用，从头到尾，一字一点地修改。论文经过先生的修改，有了生机与活力。感恩先生，在本人研究处于迷茫之际，及时引领，为研究指明了方向。感恩先生，在肩负国家学前教育发展各项重大任务一刻千金之际，挤出时间修改拙文。感激恩遇！

　　博士生导师董标先生高瞻远瞩的指引，使本人深入研究社会科学的创始人维柯的幼儿教育思想，对幼儿教育思想的研究做出了一定的贡献。

　　南京师范大学为博士后的研究提供了各种便利条件。吴康宁、胡建华、周采、李如密、黄进等教授在开题和出站报告中的学术指导和引领，令人终生难忘；郭良菁、原晋霞、王玲艳等老师为研究提供了各种学术帮助；陈君、许刘英、王加强等同学给予我诸多的生活帮助和照顾；周平、张三花、刘颖、张晗、王成、苏寅珊、周剑铭、方晨瑶、柴林姗、唐敏杰、林路路、李晓敏、韩志辉、赵博颉、宋然、任秋燕等一众师门兄弟姐妹们的互帮互助，令人温暖备至。生命之路上遇到你们，真好！

鲁东大学原教育科学学院苏春景院长、孙承毅书记等领导对博士后研究给予了大力支持，教师教育学院原院长苏勇教授、孙盛杰书记等领导和同事们对幼儿自然教育访学研究给予了大力支持。历届本科生和研究生积极参与到自然教育的经典阅读和幼儿园实践中，使得自然教育研究后继有人，她们是：2014级本科生张君、张兰兰、李潇潇、邵心雨、何艳玲、连家佳、赵悠然、王迪、徐莹、刘艺唯、臧晓燕同学，2015级本科生李霞和曹洪菊同学，2016级本科生周静、黄晶、张亚文、鲁影、孙梅同学，2017级本科生张玉、王发琴、刘畅、谭文萱、白慧敏、郭欣玥、胡娜玮、孙伯玲、万心婕、张丽倩、杨安宁同学以及2020级殷子涵、张梦娇和高阳等几十名同学。名下学前教育专业研究生的研究领域主要聚焦于自然教育范畴，2020级的李霞、孙小杰、周显慧、王娜和王冠齐，2021级的马川越、宋言昕、庄秀梅、牟真、李蕾、李晨和宋睿杰以及2022级的张金芳、慕红菊、单文文和高佩瑶等同学，在总负责人马川越的带领下，都直接或间接参与到了本研究之中。

春晖博爱幼儿救助公益基金会的首席项目官赵雯博士，架起了中国和美国幼儿自然教育研究的桥梁，是她把我推荐给了导师朱莉娅·托尔夸提（Julia Torquati）博士。在美国两年多的时间里，赵博士给予了我学业上的指导和生活上的关照。在美国内布拉斯加林肯大学从事幼儿自然教育研究四十余年的访学导师朱莉娅教授，在我访学期间给予我学术引领和各种帮助：在林肯大学，参与她的两个自然教育的研究项目以及每周她为本人组织的自然教育文献的读书会；作为巴菲特婴儿心理健康学会主席，朱莉娅教授把我带进了0—3岁婴幼儿教育研究领域。舒特博士（Dr.Shuttee）、海伦博士（Dr. Helen Raikes）和道恩博士（Dr. Dawn Davis）为我提供了关于婴幼儿教育评价的学习和培训机会。内布拉斯加大学林肯分校儿童、青少年和家庭教育系（Department of Child，Youth and Family Study）实验室的露丝·斯泰博（Ruth Staple）、珍妮（Jenny）园长和幼儿园里的老师、准老师以及那些可爱的孩子们，给我提供了学习体验幼儿自然教育的真实场所。锡达（Cedar）幼儿园的主管爱玛（Emma）、马龙中心（Malone Center）以及巴菲特基金资助下的教育护理的主管米歇尔（Michelle），给我提供了参观和实践的机会。在林肯大学期间，幼儿教育领域的博士生陈柯汀、杨真巧、姚尧、蒋清玉、刘冬尔、海若木·师（Hyerim Shin）、乔希（Josh）以及卡莉·希尔伯恩（Carly Hillburn）等给予了我学业上的支持和生活上的帮助。

爱人于全龙律师，无论在本人的项目研究上还是在生活上，他都给予最大的精神和经济支持；在美国生病期间，感谢他接管了家里的一切事务以及对我的全力照顾。父母、女儿于彤以及哥哥宫塔基和弟弟宫团基始终如一对我大力支持。

感恩在美国新冠疫情期间，关心我健康的同学、同事、朋友和学生。感恩付红老师在图书资料室给予的极大支持以及在美国期间对我健康的关心。善的力量无穷之大！

感恩所有的遇见！

出生于农村，与大自然有着天然生命联系的我，对自然的执着，如同一棵树在寒冬中固执地不愿放弃最后那片绿叶。再次感恩虞永平先生的学术指引，幼儿自然教育的研究契合了本人内心深处最强烈的渴望；感恩他的人格感染，启迪我做"平世之士""江海之士"。

有生之年，我将继续行走在自然教育之路上。这颗笃定的心，岿然不动。因为美好自然的存在，希望永存！